"一带一路"倡议与中国经济发展

U0735983

"一带一路"背景下
商业银行风险预警机制研究

—— 基于全面风险管理的视角

刘宁◎著

中国财经出版传媒集团

经济科学出版社

Economic Science Press

图书在版编目（CIP）数据

"一带一路"背景下商业银行风险预警机制研究：基于全面风险管理的视角/刘宁著．—北京：经济科学出版社，2020.7

ISBN 978 - 7 - 5218 - 1693 - 8

Ⅰ.①—… Ⅱ.①刘… Ⅲ.①商业银行 - 风险管理 - 研究 Ⅳ.①F830.33

中国版本图书馆 CIP 数据核字（2020）第 122001 号

责任编辑：周秀霞
责任校对：刘 昕
责任印制：李 鹏 范 艳

"一带一路"背景下商业银行风险预警机制研究
——基于全面风险管理的视角
刘 宁 著

经济科学出版社出版、发行 新华书店经销
社址：北京市海淀区阜成路甲 28 号 邮编：100142
总编部电话：010 - 88191217 发行部电话：010 - 88191522
网址：www.esp.com.cn
电子邮箱：esp@ esp.com.cn
天猫网店：经济科学出版社旗舰店
网址：http://jjkxcbs.tmall.com
北京季蜂印刷有限公司印装
710 × 1000 16 开 17.5 印张 290000 字
2020 年 7 月第 1 版 2020 年 7 月第 1 次印刷
ISBN 978 - 7 - 5218 - 1693 - 8 定价：62.00 元
（图书出现印装问题，本社负责调换。电话：010 - 88191510）
（版权所有 侵权必究 打击盗版 举报热线：010 - 88191661
QQ：2242791300 营销中心电话：010 - 88191537
电子邮箱：dbts@ esp.com.cn）

　　"一带一路"倡议的实施为我国银行业发展带来了新的契机与挑战，截至 2018 年末，共有 11 家中资银行在"一带一路"沿线 27 个国家设立了 71 家一级分支机构。此外，共有来自 21 个"一带一路"国家的 55 家商业银行在华设立了机构。在服务"一带一路"建设过程中，中资银行已在制定相关战略规划、完善机构和服务网络布局、推动重大项目信贷支持、开展业务创新等方面进行强化。但由于"一带一路"项目金额大、贷款周期长、项目所在地差异等，"一带一路"倡议正在对以出口信贷和国际贸易融资为主的传统银行支持模式提出挑战，包括合规和反洗钱风险加大、盈利能力存隐忧、系统性风险隐患增多、国别风险大幅上升以及传统的信用和市场风险等，这对商业银行的风险防范能力提出了极大考验。

　　金融的安全与稳定直接关系到整个国民经济能否健康运行。2008 年暴发的全球金融危机，使各国政府意识到金融系统的稳定性是至关重要的，而风险管理能力也逐步成为国际银行核心竞争力的关键因素，并对本国金融体系的安全和经济的有效增长产生重要甚至决定性的影响。本书依据巴塞尔新资本协议所蕴含的银行管理原则，在"一带一路"背景下，将全面风险管理理念引入商业银行风险预警机制的研究中，通过对银行机构的不同类别风险（信用风险、流动性风险、市场风险、操作风险）进行连贯一致、准确和及时的度量，最终建立了一个面向全面风险管理的商业银行风险预警机制，旨在防范和化解金融危机环境下商业银行所面临的金融风险。本书主要研究工作如下：

第一，提出了一种基于 MCMC 有效估计与非对称随机波动（SV）模型的商业银行流动性风险度量方法。针对高频时间序列存在的波动聚类特征，采用扩展 Kalman 滤波及前向滤波、后向抽样（FFBS）算法对非对称随机波动模型的参数进行估计，进而构建了能精确描述银行流动性净头寸时变波动特征的度量模型。

第二，提出了基于离散 Hopfield 神经网络的商业银行信用风险度量模型。由于人工神经网络具有较强的"鲁棒性"、较高的预测精度及非结构化性等优势，本书利用 DHNN 的联想记忆功能，构建了基于离散 Hopfield 神经网络的信用风险度量模型。仿真实验结果表明，该模型能准确反映银行所处的信用风险状态。

第三，提出了基于模糊信息粒化与支持向量机的商业银行市场风险度量模型。针对市场风险影响因子的复杂多变，利用模糊集方法对时间序列进行模糊粒化，进而构建了基于支持向量机的商业银行市场风险度量模型。仿真实验证明，该模型不仅能给出股指（或利率、汇率）未来的波动空间及波动趋势，而且预测精度也非常高。

第四，提出了基于贝叶斯网络的商业银行操作风险度量模型。针对操作风险损失事件的统计样本量小、信息不完全等特点，构建了由关键风险指标和关键风险诱因组成的操作风险拓扑结构，进而提出了基于贝叶斯网络的商业银行操作风险度量模型。实证结果表明，该模型能有效帮助监管部门在出现可能导致巨额操作风险损失事件前及时采取措施化解风险。

第五，提出了基于 TGARCH 模型与极值理论的商业银行全面风险控制模型。针对金融时间序列所存在的"尖峰厚尾"现象，在利用极值理论描述金融资产收益尾部特征的基础上，把 ARMA - TGARCH 模型和极值理论有机地结合起来，构建了基于 ARMA - TGARCH - POT 的商业银行全面风险控制模型，并利用该模型对用于风险控制的 VAR 值及 ES 值进行了估计。实证结果表明，该模型在一定程度上克服了传统单纯采用极值理论时，由于金融数据序列自相关和波动率聚类现象不能满足极值理论假设所造成的估计误差。

第六，构建了基于全面风险管理的商业银行风险预警机制。根据商业银行风险管理的需求，提出了具有数据采集与整合、风险模拟与分析、结果输出与反馈等功能的风险预警机制，并通过某范例银行（ZSB 银行）的实际应用，证明了本书所构建的商业银行风险预警机制是可行且有效的。

目录
CONTENTS

第 1 章

绪　　论

　　由美国次级贷款危机引起而席卷全球的金融危机，其产生的金融动荡广泛而迅速地影响着经济的每一个层面，更是历史性地改写了美国金融市场的运作模式。当拥有 158 年历史的美国第四大投行雷曼兄弟申请破产保护，情况就如推倒金融体系中的危机环环相扣的第一张多米诺骨牌，短短的十几天里：美林证券公司被收购，最大保险公司 AIG 以控股方式被美联储接管，摩根士丹利和高盛转型为银行控股公司。而在这一系列事件的背后，银行业不健全的内部控制、监管和风险管理体系被认为是此次金融危机的根源。银行负债经营的独特性质决定了银行经营与风险相伴而生，并与公众利益紧密相连。可见风险管理能力已成为国际银行核心竞争力的关键因素，并对本国金融体系的安全和经济的有效增长具有重要甚至决定性的影响。本书在此背景下，从全面风险管理角度，对商业银行风险管理的理论和方法进行较系统、深入地研究。绪论部分主要对整个论文的研究背景、目的、意义、方法、技术路线和主要创新点进行概述，并对主要研究内容作简单介绍。

1.1　研究背景及意义

1.1.1　研究背景

　　银行对现代经济和金融的稳健良好运行具有关键性的作用，正如经济学家彼得·伯恩斯坦（Bernstein，Peter L.，2001）[1] 所概括的"管理风险的能力，以及进一步承担风险以做长远选择的偏好，是驱动经济系统向前发展的关键因素"。花旗银行前董事长纳德勒（Nadler，1995）[2] 曾给银行下过如下定义，"所谓银行，就是基于风险处理能力而盈利的组织"。综观世界各经济发达国家和地区，均具有一个高效稳健的银行体系，并且也已成为本国或地区参与国际竞争的重要手段，如第二次世界大战后日本和德国经济的重振与强盛均依赖于本国发达的银行业。

银行负债经营的独特性质决定了银行经营与风险相伴而生，并与公众利益紧密相连。自银行诞生以来，尤其是 20 世纪 80 年代以来，发生的几次震惊世界的由银行破产倒闭而引起的金融危机无疑给各国经济带来了严重破坏。自此，世界各国银行业及其监管当局对银行风险管理的重视程度与日俱增，由十国集团（G10）成立的巴塞尔银行业监管委员会（Basel Committee on Banking supervision，BCBS，下称委员会）制定并于 1988 年公布的《统一资本计量和资本标准的国际协议》（International Convergence of Capital Measurement and Capital Standards，下称巴塞尔资本协议或旧协议）与 1996 年 1 月推出的《资本协议关于市场风险的补充规定》（下称补充协议）反映了国际银行业风险管理的经验教训和最新理念，成为国际银行业风险管理领域的"圣经"，2004 年 6 月发布的《统一资本计量和资本标准的国际协议：修订框架》（International Convergence of Capital Measurement and Capital Standards：A Revised Framework，下称巴塞尔新资本协议或新协议）所蕴含的全面风险管理思想更是银行业风险管理的最新理论成果。风险管理能力已成为国际银行核心竞争力的关键因素，并对本国金融体系的安全和经济的有效增长具有重要甚至决定性的影响[3]。对于我国银行业而言，由于商业银行经营体制建立与运行时间不长，其风险管理能力薄弱，但在时间和空间上，参与国际竞争和促进经济发展已刻不容缓。增强我国银行业参与国际竞争能力的有效途径是研究并理解新协议，借鉴国际活跃银行的风险管理经验，提高商业银行全面风险管理能力。

1.1.2 研究意义

新协议是在旧协议和补充协议执行效果的基础上，接受了国际银行界的反馈意见，总结了近年来国际银行业风险管理技术的最新发展成果，创新构建出最低资本要求、监管当局的监督检查和市场约束三大支柱相互配合的银行资本监管框架。在内部风险资本覆盖面和外部资本监管上，不仅涵盖信用风险、市场风险、流动性风险，更明确地将操作风险也纳入风险资本的覆盖和资本监管范围之内，对风险的防范要求更为全面。在信用风险资本计量上，不仅对较为成熟的标准法进行了更为完善的修正和补充，使风险权重的标准更为严格；而且在循序渐进的基础上，提出了新的衡量信用风险的方法——内部评级法（the Internal Ratings-based Approach，IRB）。与标准法交由外部评级机构评判资产质量的做法不同，IRB 给银行以充分的自主权，银行可根据自身估计的 PD、LGD 等风险要素计量风险损失并进行资本配置；IRB 还借鉴了 Credit Metrics、KMV 等现代信用风险模型的资产组合管理思想，能够在风险分散的基础上进行资本配置，从而极大地提高了风险计量的准确性和资本配置的风险敏感性。因此，新协议蕴涵了以 IRB 法为核心，以信用风险管理为重点，涵盖市场风险、流动性风险和操作风险的银行内部全面风险管理的新思想，以及通过外部资本监管和市场约束促使银行改善内部全面风险经营管理的新理念，从而促使银行业更稳健地经营。通过银行全面风险管理体系、内部评级体系和操作风险内控体系的建设，激励银行在更敏感、更全面地把握银行经营面对的各类风险的同时，通过提高内部风险管理水平并精确衡量用来补偿风险需要的资本，以达到承受风险和获取收益的平衡[4]。

新资本协议代表了风险管理的发展方向，提高了资本监管的风险敏感度和灵活性，有助于商业银行改进风险管理和推动业务创新。新资本协议的实施将推动银行监管技术进步，强化市场约束的有效性，增强国际银行体系的安全性。鉴于此，委员会积极推动新资本协议在全球范围内的实施，近百个国家（地区）明确表示将实施新资本协议。

2009 年我国银监会主席刘明康[5]明确指出，"银行业当前要高度关注三大风险：产能过剩和产业结构调整可能带来的信用风险、不断加大的市场风险以及案件频发造成的操作风险"。从我国商业银行风险管理的角度看，在间接融资模式下，我国商业银行在促进经济增长的同时，也发放了很多具有较大信用风险的贷款；在新的利率市场化和汇率形成机制改革中，利率、汇率等市场风险也逐步显现；由于间接融资体制下银行分支机构网点众多，加之长期以来缺乏有效的公司治理和内部管理松懈，操作风险急剧上升。由此，我国各商业银行均不同程度地存在资产质量差、资本充足率低、风险管理薄弱、核心竞争力不强等问题，还没有建立起完备的风险防范体系，潜在风险严重。其总体风险管理水平离国际活跃银行的先进水平还相差很远，但是参与国际乃至国内金融市场上的竞争却已是迫在眉睫。

从我国银行业监管当局角度看，银监会推行资本充足率管理后，国内银行业开始逐步确立刚性的资本约束机制。银监会在采取过渡性资本监管方案的同时，鼓励商业银行积极改进风险管理，采取风险敏感性高的资本计量方法。在此背景下，国内商业银行如何在资本约束下稳健经营，实现持续盈利目标，达到股东、监管机构、客户和公众的基本要求，是我国商业银行在新的市场条件下面临的新挑战。研究商业银行全面风险管理体系对掌握商业银行资本监管的最新进展与风险管理的最新理念，增强银监会履行自身监管职责，更科学地指导商业银行经营也是大有裨益的，也将促使外部监管规范化、管理手段科学化、监管标准国际化，为我国商业银行提高核心竞争能力提供有效的外部监管环境[6]。

从银行业参与国际竞争角度看，加入 WTO 要求我国银行业在经济活动的意识和做法上要与国际接轨，既要完全按照国际惯例行事，也要遵守新协议的规定——公平竞争。在一个公平的竞争环境中，我国银行业逐步发展壮大起来正是从事金融理论和实践工作者所期待的，但发展壮大并不仅仅意味着规模的无限扩展。现代银行业的竞争是在资金、资产规模上的核心竞争力的比拼，而核心竞争力的综合体现就是全面风险管理能力[7]。

委员会指出，新协议的各项基本原则普遍适用于全世界的所有银行。作为国际清算银行成员国的我国，也将接受这一监管标准。2003 年 7 月31 日，在三次征求意见稿的咨询回复中，银监会主席刘明康指出："经过认真考虑，至少在十国集团 2006 年底开始实施新协议的几年内，我们仍将继续执行 1988 年的老协议。然而，为提高资本监管水平，我们已对现行的资本规定进行了修改，将第二支柱和第三支柱的内容包括在内。我们还强调，在满足最低资本监管要求的同时，银行还应该重视改善风险管理。"银监会于 2007 年 2 月公布《我国银行业实施新资本协议指导意见》，要求在其他国家或地区（含中国香港、澳门等）设有业务活跃的经营性机构、国际业务占相当比重的大型商业银行应实施新资本协议；银监会自2010 年初开始接受新资本协议银行的申请；发布的《商业银行资本管理办法（试行）》（下称《办法》）自 2013 年 1 月 1 日起开始实施。

随着"一带一路"倡议的实施及我国金融业的对外开放，国内商业银行的经营面临着巨大的机遇和挑战，银行业竞争日趋激烈，银行风险逐渐积累并凸显。因此，控制和化解银行风险在维护金融安全与稳定中必将首当其冲，随着国内各商业银行陆续实施新资本协议，为推动商业银行从高资本消耗的规模扩张模式向资本节约的内涵发展模式转变，避免国家声誉风险和技术壁垒风险，从提高我国商业银行核心竞争力、强化外部监管、开拓国际金融市场，跻身国际先进商业银行的角度，认真地研究新协议下的全面风险管理机制，具有重要的理论和实践意义。

1.2　国内外研究文献综述

风险管理是一个古老的全球性问题，从 20 世纪 60 年代起美国与欧洲许多国家的研究者们就已经开始研究，在理论和实证两方面都已经取得了大量的有价值的研究成果。巴塞尔银行监管委员会通过分析研究，提出并不断修改推出的巴塞尔资本协议，不仅为政府监管银行风险提供了有意义的借鉴和巨大的帮助，同时对于金融风险预警机制的深入研究也起到了巨大的推动作用。本节将对国内外有关全面风险管理以及商业银行风险预警模型研究的理论成果和实证成果进行综述。

1.2.1　有关全面风险管理的研究综述

商业银行风险管理的历史按照理论和时间的发展脉络可分为四个发展阶段，对应四种管理模式：①20 世纪 60 年代之前是第一阶段，大多采用资产风险管理模式，偏重资产业务风险管理，强调保持银行资产的流动性；②20 世纪 60 年代后进入第二阶段，当时全球经济繁荣，资金需求旺盛，商业银行变被动负债为主动负债，负债风险加大，于是银行纷纷采取负债风险管理模式；③20 世纪七八十年代，商业银行因资产风险管理进取不足，负债风险管理稳健不足，进入第三阶段，即采取资产负债风险管理模式，强调资产和负债相对应；④20 世纪八九十年代发生的一系列银行危机表明，银行的损失不再由单一风险造成，而是由市场风险、信用风险、操作风险等综合引起的，由此进入第四个阶段，采取全面风险管理模式，全面风险管理由此兴起。进入 21 世纪以来，全面风险管理开始大行其道，快速进入金融机构风险管理前沿，对我国银行业运行和监管开始产生重大影响（陈岱松、蔡利初，2009）[8]。

最早开始探索全面风险管理的是部分实业界先觉者的自发行为。号称世界第一位首席风险官（CRO）的美籍华人詹姆斯·林（James Lam，

2001)[9][10] 于 1993 年在通用资本公司（GE Capital）尝试对信用风险、市场风险和操作风险进行总体管理，后于 1995~1998 年在富达投资公司正式设立企业全面风险管理项目，对风险和组织进行了比较成功的整合。这些实践成果后来集中体现在其著作《企业风险管理：从激励到控制》（Enterprise Risk Management：From Incentive to Control, 2004）中，他第一次比较系统地阐述了全面风险管理框架，包括公司治理、部门管理、组合管理、风险转移、风险分析、数据和技术资源和权益方管理七个方面。

后来强力规范地推动全面风险管理的现实力量更多地来自半官方的国际性组织。其中以国际会计准则委员会（IASC）、巴塞尔银行监管委员会（BCBS）和发起组织委员会（COSO）这三股力量最具代表性，其标志性成果分别是在 2004 年前后公布的标准文件（Basel Accord Ⅱ，COSO ERM，IAS39，IAS7）。罗伯特（Robert, 2004）[11] 利用标准化的分析框架，详尽地论述了全面风险管理的重要性、构成、目标及其与内控、萨班斯法、IT、风险文化等之间的关系。刘堃、巴曙松、任亮（2009）[12] 对三大组织及其成果文件进行了详细分析和比较，指出它们的共同趋势就是全面风险管理，是有关全面风险管理成果的集大成者。陈德胜等（2009）[13] 则重点论述了巴塞尔系列协议对商业银行全面风险管理的总体要求。

从国内研究来看，陈忠阳（2002）[14] 在概括现代金融机构风险管理十大趋势时，指出全面风险管理是趋势之一。唐国储（2002）[15] 对内部控制、全面风险管理和新资本协议进行了对比。后来，逐步出现了研究全面风险管理框架如何应用于我国银行业的文献（毛应梁，2007[16]；孙劫，2007[17]；苏邃墨，2008[18]），认为其对我国商业银行具有借鉴意义，应尽早借鉴和学习。但总体看，这些文献均以一般性介绍为主，研究深度明显不够。直到最近几年，随着我国金融业的全面开放以及金融风险引起经济发展的剧烈波动，使得国内学者逐渐将研究重点转向全面风险管理对我国银行业影响的实证分析。高志强、张梦琳（2009）[19]，利用 Copula 和蒙特卡洛模拟方法对边际分布的选择和边际分布间的尾部相关关系两个方面进行了实证分析，进而研究了全面风险管理中的风险整合。刘堃（2010）[20] 从全面风险管理角度，对信用风险预警与信用风险释缓进行了深入研究。

从国内业界来看，最早提出全面风险管理概念的可能是中国银行，其风险管理部总经理董唯俭（2000）[21] 提出：为建立现代化商业银行，要实施全面风险管理。但细究其内涵，则基本限于信贷领域。其继任者陈四清（2006）[22] 进一步扩展到其他风险，有关成果反映在其著作《商业银行风险管理通论》中。建设银行的风险管理人员在咨询公司帮助下提出了银行全面风险管理体系框架（赵志宏等，2005）[23]。据此，中国建设银行从2006年开始在全行实施了一揽子的风险管理改革方案。2005年，中国工商银行聘请普华事务所提供咨询，最终形成了一份全面风险管理实施方案。在股份制银行中，交通银行较早明确提出全面风险管理，从2005年开始连续制定实施三年全面风险管理规划，取得明显进步。其他如光大、民生等银行也明确提出了建设全面风险管理。国内银行对于全面风险管理理念以及三大组织最新文件的接纳、消化、吸收和实践的速度之快、力度之深，在商业银行不长的风险管理发展历程中实属前所罕见。目前我国主要商业银行的全面风险管理基本框架已现雏形，全面风险管理文化作为银行风险管理活动的凝练和升华逐渐形成，对商业银行风险管理有着重要的积极影响（杜平，2009[24]；李广海，2010[25]；岳毅，2011[26]）。

综上所述，全面风险管理是推动全球风险管理的三大国际机构的共同核心理念，代表着现代风险管理的最新成果和未来的主流方向。我国的银行业也迅速走上了全面风险管理的探索之路，当然还只是刚刚起步。

1.2.2 有关商业银行金融风险预警模型的研究综述

频繁发生的金融风险促进了预警机制的研究，特别是1999年以来国际货币基金组织（IMF）开始注重金融风险预警机制的研究和开发以来，风险预警机制不断得到改善。由于金融风险产生的条件和背景复杂多样，尽管目前还没有对所有情况都适用的模型和方法，但已形成建立风险诊断系统的基本框架[27]。本节将对目前国内外有关金融风险预警模型的研究进行综述。

1. 经典模型

在已有的金融风险预警模型研究成果当中，影响范围广、可操作性强且广泛得到认可的有三种：弗兰克尔和罗丝（Frankel & Rose，1996）[28]提出FR概率模型（Probit/Logit model）；萨克斯等（Sachs et al.，1996）[29]建立横截面回归模型（STV模型）；卡明斯基等（Kaminsky et al.，1998，1999）[30][31]创建"信号法"（KLR模型）。约半数的金融风险预警研究使用两类基本方法建立风险预警机制：离散应变量（probit/logit）模型和KLR的"信号法"。在这些经典模型研究的基础上，一些学者主要是从指标体系，指标引入方法，风险的定义或者有效性检验几个方面有所创新。

（1）FR 概率回归模型。弗兰克尔和罗丝在 1996 年运用单位概率模型基于 105 个发展中国家在 1971～1992 年的季度数据构建了金融风险预警的 FR 概率回归模型。该模型假定金融事件是离散且有限的，投机性冲击引发的货币危机是由多个因素综合引起的。该模型用 Y 表示金融风险变量，Y 取值为 1 时表示风险发生，Y 取值为 0 表示风险未发生。向量 x 表示引发金融风险的各种因素，q 是 x 所对应的参数向量，则可以用引发因素 x 的联合概率来衡量金融风险发生的可能性大小，并假定各种引发金融风险的金融事件是离散的且有限，于是，该预警模型可表示为：

$$P(Y=1) = F(x, q)$$
$$P(Y=0) = 1 - F(x, q)$$

当样本中有 n 个国家，样本时期为 1，2，…，T 时，若

$$P(i, t) = \begin{cases} 1 & \text{当 i 国在 t 时发生危机} \\ 0 & \text{当 i 国在 t 时未发生危机} \end{cases}$$

以 X(i, t) 表示 i 国在 t 时对应的 X 值时，则可以通过计算 FR 概率回归模型的对数似然估计值，求解得到 q 的估计值，进而可求得 P(i, t) 的估计值。

弗兰克尔和罗丝认为，引发金融风险的因素 x 包括 GDP 增长率、国内信贷增长率、外国利率、经济开放度、外债总额、政府预算/CDP、国际储备/进口、经常项目/GDP 和实际汇率高估程度等。在实际建模过程中，一是要利用历史数据采用最大似然估计法估计引发因素的参数向量 q，二是将金融风险的触发因素当年的取值带入模型，并可计算出当年发生金融风险的可能性。他们把风险定义为货币贬值至少 25%，并至少超出上一年贬值率的 10%。当经济增长越低，国内信贷增长越快，国际利率越高，外商直接投资与外债的比例越低、外汇储备越低以及实际汇率被高估的时候，货币危机越可能发生。

单位概率模型和单位对数模型在预警金融风险时存在以下优点：第一，预警模型很容易预测出风险的发生概率。第二，它们能够同时考虑到所有变量，但是这一优点又使其很难识别出单个预警指标的影响能力和程度。第三，风险爆发点是从稳定走向混乱的分叉点，预警指标在过去伪超其阈值的表现将不会得到"延续"，如果系统稳定，那么外推可能会是有效的；如果系统是不稳定的，或者稳定的系统演化到了临近分叉结点的附

近，那么无论预测模型对历史数据拟合得多好，外推总是不可靠的。而非线性单位概率模型和单位对数模型很容易识别出预警指标超出其阈值时的影响程度。

FR 模型的缺陷主要有三点。第一，多重估计导致信息过度使用，增加了误差，在客观上限制了模型的准确性。第二，在定义金融风险是否发生与否等方面，模型没有考虑国家之间的差异性。一是在定义货币危机是否发生的标准上没有考虑到国别之间的差异，二是在确定引发因素、样本数据方面对没有区分国别影响。第三，FR 模型的样本数据采用的是年度数据或季度数据，数据难以满足"大数定律"的要求，客观上限制了模型的实用性。

贝尔格（Berg，1999）[32]和帕蒂洛（Pattillo，1999）[33]曾经对弗兰克尔和罗丝的研究进行评估，发现该模型在预测泰国 1997 年发生货币危机时的概率不到 10%，而墨西哥、阿根廷发生货币危机的预测概率分别为 18% 和 8%，这与事实偏差较大，说明 FR 模型在预测的准确度方面还存在一定的缺陷。布西尔和弗拉茨彻（Bussiere & Fratzscher，2002）[34]也指出了传统的双变量 Probit/Logit 模型在预测金融风险时的缺陷：该类模型混同了风险前的诱发期和风险后的恢复期。而实际上在这两个时期风险预警指标的表现差异很大。因此，他们提出使用三元变量 Logit 模型进行风险预测，在他们的模型中风险被定义为汇率市场压力指数偏离其均值超过两个标准差。他们使用了 20 个国家 1993 ~ 2001 年的月度数据为样本，并以 20% 为临界值，在样本内可正确预测亚洲金融风险 73% 的风险和 85% 的平静期，而在样本外预测时，可以正确预测 57% 的风险和 83% 的平静期。

（2）KLR 模型。卡明斯基（Kaminsky，1998）、利松多（Lizondo，1998）和莱因哈特（Reinhart，1998）于 1998 年创建了"信号法"（KLR 模型），经卡明斯基于 1999 年的完善，弥补了该方法在亚洲金融风险预警方面的缺点，使之成为当今较受重视的预警模型之一。KLR 信号法预测步骤分为两步：第一步，选取预警指标。通过研究货币危机发生的原因来确定哪些指标可以用于货币危机的预警。第二步，对历史数据进行统计分析，寻找与货币危机发生有显著关系的变量，以此作为货币危机发生的先行指标，并计算该指标对风险进行预测的阈值。一旦某国经济中相应的指标变动超过阈值，则称之为货币危机将在 24 个月内发出信号。

KLR 信号法的原理如下所述：对于一国风险预警时要广泛选择多个预

警指标，并根据其历史数据确定阈值，当某个指标偏离均值的程度超过其阈值时，就意味着该指标发出了一个风险预警信号；风险信号发出的越多，表示该国在未来爆发风险的可能性越大。其中，指标预测风险能力的信号水平时期一般被定义为风险前的 24 个月。一个信号显示后在 24 个月内发生风险为一个好信号，在 24 个月之内未出现风险的信号则称之为一个坏信号或噪声。实际发出的坏信号（噪声）的份额除以实际发出的好信号的份额为噪音信号比率，阈值则被定义为最小化的噪音信号比。KLR 信号分析中阈值大小的选择至关重要。如果阈值定得太"紧"，则会降低错误信号的数目，除了最严重的风险外，它将不能预测出其他所有的风险；相反，如果阈值定得太"松"，模型过于敏感，会预警出所有的风险，但与此同时很可能将没有发生风险的情形预警为风险，发出错误的预警信号。

KLR 信号分析法的优点是：信号分析法不仅给出了一套用于预测风险的指标体系与相应的阈值，而且更为重要的是，它能够揭示风险发生的根源所在，从而为各国政府与国际社会进行监控并采取防范风险提供了指南。但在衡量风险发生可能性大小上，该方法存在一定缺陷。贝尔格和帕蒂洛在 1998 年运用该方法对亚洲金融风险进行了预测，发现大多数风险（68%）都没有提前发出预警信号，并且发出的大多数信号都是错误的[35]。在增加了经常账户余额与 GDP 之比和 M2 与外汇储备之比两个预警指标之后，结果有所改善，但是预警效果仍不太理想。KLR 信号分析法的缺点是：第一，样本依存的临界值有一个固有的缺陷，即未来的数据能够影响对过去风险的识别，人们甚至能观察到以前风险的消失。因为临界值是按照样本标准差定义的，所以发生了新的、较大的风险将直接导致现在识别不了以前曾被识别的风险。爱迪生（Edison，2003）[36]发现，当把样本扩展到 1999 年以后，那些使用 KLR 方法利用 1997 年以前的数据识别出来的 5 次马来西亚的风险全部消失了，只有那次最猛烈的 1997 年的风险得到了识别。第二，KLR 方法中一个标准做法是使用"排斥窗口（exclusion window）"，若一次新的风险发生在上一次风险所在的"排斥窗口"之内，则这次风险将被忽略。使用"排斥窗口"的基本动机是避免把风险延续的时期识别做另一次风险。但这样做就忽略了"排斥窗口"所在时期的许多有用信息。不仅如此，由于"排斥窗口"宽度的主观性，还导致了人为的序列相关。第三，复合指标的解释变量被转换成了双元信号，这样就抛弃了由它的动态性产生的许多有用信息。

（3）STV 模型。萨克斯等建立了横截面回归（STV）预警模型。该方法在分析中使用横截面（面板数据）数据为基础，以线性回归方法进行模型。尽管该方法不能预测风险发生时机，但对改变全球金融环境事件中哪些国家将受到严重影响进行预测。

萨克斯等选取了 20 个新兴市场国家的截面数据进行建模，将货币危机指数（IC）定义为储备减少百分比和汇率贬值百分比的加权和，利用横截面数据估计模型，然后检验。他们认为：实际汇率贬值、贷款增长率、国际储备与广义货币供应量的比率是对一个国家是否发生货币危机至关重要的的监测指标。除了这 3 个指标外，他们还确定了两个虚拟变量（D_1、D_2）：D_1 表示当国际储备与广义货币的比率的取值处于低四分位时，虚拟变量取值为 1，其他情况为 0；D_2 表示当实际汇率贬值幅度处于低四分位或国内私人信贷增长率高四分位时，虚拟变量取值为 1，其他情况则为 0。这样，在构建回归模型时，自变量包括实际汇率贬值幅度、私人国内信贷增长率和两个虚拟变量与实际汇率贬值幅度、私人增长率两两组合形成 4 个新变量，一共 6 个自变量，再加上常数项，合计 7 个估计参数。因变量则为货币危机指数，模型如下所示。

$$IC = \beta_1 + \beta_2 RED + \beta_3 PCG + \beta_4 RED \times D_1 + \beta_5 PCG \times D_1 + \beta_6 RED \times D_2 + \beta_7 PCG \times D_2$$

结果表明，如果一国的银行体系比较脆弱，实际汇率高估，同时外汇储备水平较低的话，经济基本面脆弱就会遭到严重的攻击。

萨克斯[37]等 2000 年选用 20 个新兴市场国家的截面数据再次对模型进行了实证检验，研究结果表明，模型对马来西亚和泰国两国在 1997 年发生金融风险的预测基本上与实际相符合，对巴西和阿根廷两国的预测与实际情况也相差不大，但对印度尼西亚和韩国两国的预测准偏差较大。

STV 模型具有如下优点：第一，指标选取容易获取，模型构建简单，方便实用；第二，使用横截面数据进行参数估计，注重国别比较，克服了 FR 概率模型没有考虑国别差异的不足；第三，该模型的主要应用是分析哪些国家最有可能发生货币危机，而不是判断什么时候会发生货币危机。该模型还存在一定的缺陷：第一，STV 模型在实际应用中要求找到一系列相似的样本国，这是很困难的。例如，对于我国而言，很难找到相似的国家，客观上制约了模型的应用广泛性。第二，STV 横截面回归模型考虑变量范围过于狭窄，只考虑了汇率、国内私人贷款、国际储备与广义货币供应量的比率等指标。预警指标范围较少不能覆盖所有可能的风险因素。第三，模型的估计方法是线性回归，过于简单，而事实上很多风险暴发的原因往往是非线性的。第四，模型对风险指数的定义不准确。尽管风险指数综合考虑了银行风险、货币危机和外债风险，但是在模型中却将风险指数简单化，只是应用国际储备减少的百分比代表。第五，STV 模型关注哪些因素对货币危机发生起到决定因素，哪些国家发生金融风险，但是人们不仅关心决定风险发生的因素，更希望能够预测风险发生的时间[38]。

2. 创新模型

近年来，伴随着数量经济学的发展，金融风险预警模型借鉴了诸多数量经济的研究成果，并不断改进与创新。刘遵义（1995）[39]提出了主观概率法；库马尔等（Kumar et al.，2002）[40]提出了基于滞后宏观经济和金融数据 Simple Logit 模型；纳格和米特拉（Nag & Mitra，1999）[41]使用人工神经网络建立了货币危机预警机制；IMF 提出了"in-house"模型；一些私人投资银行开发了"Private Sector"模型；阿比德（Abiad，2003）[42]建立了基于马尔科夫区制转移模型的风险预警机制。本书将首先详细介绍基于马尔科夫区制转移法的预警模型，然后简略介绍其他的金融风险预警模型。

（1）区制转移模型。马尔科夫区制转移法（Markov - Switching Approach）是实证经济学家的一个常用工具，关于它的早期工作可以追溯到科万特（Quandt，1958）[43]、戈德菲尔德（Goldfeld，1976）[44]和科万特（1967）[45]、海明顿（Hamilton，1990）[46]。由于区制转移模型简化了标准模型的诸多假设，能够刻画风险期的内生性，该模型已经被诸多学者广泛地应用于建立金融风险预警机制。珍妮和马森（Jeanne & Masson，2000）[47]、弗拉茨彻（1999）[48]发展了多重均衡的货币危机模型，使用区制转移模型描述多重均衡间的相互转化过程。塞拉和萨克希纳（Cerra & Saxena，2002）[49]使用该模型研究了印度尼西亚风险，研究风险是否是源于国内因素、季节因素抑或邻国传染。马丁内斯 - 皮里亚（Martinez - Peria，2002）[50]利用区制转移模型研究了欧洲货币危机，发现该模型具有良好的确认风险事件的能力。阿比德（2003）使用区制转移模型研究了受东亚金融风险冲击的五个国家，得到了良好的风险预测结果，该方法无论在警示风险方面还是在降低错误警报方面都优于以往的预警模型。张伟（2004）[51]借鉴阿比德提出的区制转移模型对我国等 12 个国家或地区可能发生的货币危机进行了比较研究，发现该模型能够较为准确地预测风险发生的可能性，预警能力强。

使用马尔科夫区制转移法预测风险可以弥补 KLR 方法和 Probit/Logit 模型存在的许多缺陷。最重要的一点是，在马尔科夫模型中可直接使用投机压力指标预测风险，避免了把连续变量转换为离散变量所造成的信息损失，特别是在前两个模型中得不到利用的指标自身动态性所包含的有关投机攻击的重要信息。基于珍妮和马森（2000）[52]、弗拉茨彻（1999）[53]和马丁内斯—皮里亚（2002）[54]的早期工作，阿比德（2003）使用时变转移概率（time-varying transition probability）的马尔科夫模型来预测金融风险。首先，阿比德在其他金融预警机制使用的标准宏观经济变量基础上，开发了资本流动和金融部门脆弱性指标，较全面地扩充了预警指标集。其次，为检验模型的实用性，他对模型在样本内和样本外都作了预测。另外，阿比德还摒弃了模型的参数在国家间一致的假设。这个假设虽然对那些经济环境大体相似的发达国家来说是适用的，但对风险频发的发展中国家而言可能不成立[55]。

阿比德利用 1972～1999 年的月度数据，对五个亚洲金融风险国家（印度尼西亚、韩国、泰国、马来西亚和菲律宾）分别作了估计。他从 22 个备选预警指标开始，针对每个国家选取了影响最显著的几个指标预测风险。实证结果表明，本模型在预测风险方面效果较好。以 50% 为临界值，它明确预测了样本中 65% 的风险，89% 的平静期。阿里亚斯和埃兰德松（Arias & Erlandsson，2004）[56]使用了一种改良的马尔科夫区制转移法进行风险预测。他们指出包含多个解释变量时传统的马尔科夫模型存在明显的偏误。这将导致在模型中短期解释变量更易被捕获。当构建金融预警机制时，这种偏误会引起严重误导。如人们可能发现传染指标高度显著，而经济基本面的长期不平衡却并不显著，这不利于政策制定者筛选真正有效的金融预警指标及采取相应的经济政策。因此，他们提出使用一种惩罚最大似然法（penalized maximum likelihood methodology）来弥补这个缺陷。这种方法实际上就是在马尔科夫模型的似然函数（likelihood function）中加入了一个惩罚项，这个惩罚项可以使设计的转移概率更加接近真实的转移概率。他们使用了六个亚洲金融风险国家（印度尼西亚、韩国、泰国、马来西亚、菲律宾和新加坡）1989～2002 年的月度数据对风险进行了估计。结果证明在样本内，以 40% 为临界值，他们的模型可正确预测 71% 的风险和 90% 的平静期。其结果相对于上一个模型有所改善。

使用马尔科夫模型同样有其不足之处。第一个缺陷是关于计算能力的问题，具有时变转移概率的马尔科夫模型对计算机计算能力要求较高。当然这种缺陷正在逐渐消失，因为越来越多的研究人员正在使用这种方法并且公开他们的程序编码。第二个缺陷是在检验马尔科夫模型时对"不转移作为零假设"这个前提的检验比较困难。第三个缺陷是似然面（likelihood surface）可能有几个局部最优解，并且有时它们的性态表现并不良好。而且因为要大量计算微分，t 检验对选择的步骤多寡比较敏感。

（2）主观概率模型。斯坦福大学刘遵义教授（1995）在联合国世界经济预测项目秋季年会上在《下一个墨西哥在东亚么》的报告中，使用实证比较的数量分析方法和综合模糊评价方法，以墨西哥为参照国家，分析了东南亚地区发生金融风险的可能性。为了比较这些国家和地区的经济及金融与墨西哥的异同，选用 10 项经济和金融指标：实际 GDP 增长率、实际汇率、相对通货膨胀率、国际国内利率差、国际国内利率差变化、实际利率、国内储蓄率、国际贸易平衡、经常项目平衡及外国组合投资与外商直接投资比例。他认为，一国金融风险的最重要特征是改过货币的突然大幅贬值，并伴以股市的大幅下跌。造成这种现象的主要原因是风险前一段时间内该国本币的持续长期高估。而判断高估状态要从世界经济和国际金融具体环境出发，讨论和分析这种货币的地位和状况[57]。

以墨西哥为参照国，刘遵义教授考察了 1985～1995 年 10 年来东亚 9个国家和地区的经济发展和金融状况，他将一国在指标表现好时记为"√"，较差时记为"×"。若以"一国表现较差的指标个数与总指标个数之比"作为该国发生金融风险的主观概率，则可以得出如下结论：菲律宾、泰国、韩国、印度尼西亚和马来西亚是东亚地区主要发生金融风险的国家，而中国大陆、中国台湾、中国香港和新加坡是不大可能发生墨西哥式金融风险的国家和地区。

（3）人工神经网络模型。人工神经网络（Artificial Neural Network，ANN）是近期发展最快的人工智能领域研究成果之一。人工神经网络是对生物神经网络系统的模拟，其信息处理功能是由网络单元的输入输出特性（激活特性）、网络的拓扑结构（神经元的连接方式）所决定的。ANN 对问题的求解方式与传统方法不同，它是经过训练来解答问题。训练一个ANN 是把同一系列的输入例子和理想的输出作为训练的"样本"，根据一定的训练算法对网络进行足够的训练，使人工神经网络能够学会包含在"解"中的基本原理。当训练完成后，该模型可以用来求解相似的问题。纳格和米特拉（1999）使用 ANN 建立货币危机的预警机制，基于印度尼西亚、马来西亚和泰国 1980 ~ 1998 年的月度样本实证建模，并将计算结果与信号法进行了比较。他们利用十六个指标的 KLR 方法进行逐国分析，发现不同的指标在预测不同的国家风险的作用不同；令人奇怪的是，他们发现实际币值的高估不是一个显著的指标。然后对各个国家估计不同的人工神经网络模型，如隐藏层和隐藏神经的数量，使用的转化函数，遗传算法的参数。因为允许存在一年左右的滞后期，最后每个国家的预测模型中都有大量的变量，从印度尼西亚的 13 个指标到马来西亚的 23 个指标不等。他们没有给出模型内检验，但是他们的样本外检验给出了很高的风险预测结果，三个国家风险爆发前的预测能力接近 80% 。

　　ANN 的主要优点是其灵活的规则和捕捉变量间复杂的相互关系的能力。ANN 可以用来逼近复杂的非线性动态函数，将训练后的神经网络用于金融风险预警综合评价，既可以摆脱主观因素及模糊随机性的影响，又能提高评价的准确性。运用神经网络知识存储和自适应特征，通过适应补充学习样本，可以实现历史经验与新知识的完美结合，在发展过程中动态地评价系统的稳定状态。利用神经网络理论的容错特征，通过选取适当作用函数和数据结构可以处理各种非数值性指标，实现对系统安全状态的模糊评价。ANN 同样存在一些缺陷。在给定了大量的变量和神经层适应数据的条件下，过度拟合的数量远远超过了其他方法。另一个缺陷是ANN 的"黑箱"特性，因为没有参数被估计而变量间的相互影响可能是非常复杂的，所以很难确定哪一个指标的行为异常，哪一个指标推出预测概率。

　　(4) Simple Logit 模型。库马尔等（2002）提出基于滞后宏观经济和金融数据的 Simple Logit 模型构建了投机冲击预测模型。该预警模型实际上是一种改进的 FR 模型，其特点主要表现在以下四个方面：①它考察了两种对货币危机定义情况下风险发生的可能性（利率调整引起的汇率的大幅贬值；货币的贬值幅度超过以前的水平），而传统的预警模型只考虑一种货币危机定义的情形。②该模型在进行样本内（in-sample）预测的同时还进行样本外（out-of-sample）预测，从而使模型的预警能力更强。③使用引入滞后宏观经济信息和金融变量的 Simple Logit 模型对 32 个发展中国家 1985 年 1 月至 1999 年 10 月的风险进行了预测，扩展并补充了现有预警文献。④该模型可以对预测结果进行比较和检验，从而克服了过去模型只能解释风险的局限。该模型能够在一定程度上克服上述预警模型事后预测的缺陷，综合了 FR 模型中的概率分析法和 KLR 模型中的信号分析法，并在此基础上提高了对未来投机性货币冲击的发生和货币危机预警的水平。

（5）其他模型。

①IMF 和投行系列模型。1997 年东南亚金融风险以后，具有影响力的研究成果包括两大类。一是 IMF 所进行的研究，被称为"in-house"模型，主要包括 KLR 模型、DCSD 模型（Developing Country Studies Division Model）以及 PDR 模型（Policy Development and Review Model），目前这些模型广泛运用在 IMF 的国际金融监测活动中。其中 DCSD 预警模型综合了 FR 方法与 KLR 方法的优点，同时相互抵消了一部分各自的不足之处，最大限度地利用了 KLR 模型提供的月度预警指标的预测能力。二是一些私人投资银行所开发和运用的模型，统称为"Private Sector"模型，主要有科尔德曼·萨克斯（Coldman Sachs）的 GS—WATCH 模型、瑞士信贷第一波士顿（Credit Suisse First Boston）的新兴市场风险指数（Emerging Markets Risk Indicator，CSFB—EMRI 模型），以及 DBAC 模型（Deutsche Bank Alarm Clock）。

②ARCH 模型。张（Zhang，2001）[58] 提出使用自回归条件风险模型（autoregressive conditional hazard）进行风险预警。实证结果表明，传统方法识别不了的泰国1997 年5 月的投机压力期在本模型中得到了较好的识别。对印度尼西亚、韩国、菲律宾和泰国使用1993～1997 年的月度数据作为研究样本，张估计出了概率模型和 ARCH 模型，并且判断 ARCH 模型对数据的适应能力更好。

③Fisher 判别法。伯卡特和库代尔（Burkart & Coudert，2002）[59] 利用 Fisher 判别式分析对货币危机进行研究。判别式分析目的是基于一系列预测变量的信息将独立变量分类，使其成为给定的状态 K 中的一个。分析的原则在于决定是否 K 状态与一个变量的均值不同，然后利用那个变量来构造状态的预测。判别式模型具有良好的表现：4/5 的风险被正确的预测，而只有1/5 非风险导致错误的警报。

④VaR 和压力测试法。布莱赫尔和舒马赫（Blejer & Schumacher，1998）[60] 使用风险价值方法（Value at Risk）来分析中央银行的清偿力和风险敞口。VaR 就是在一定置信水平下资产在一定期间内的最大可能损失值。它可以把各种资产组合以及金融机构总体的市场风险具体化为一个简单的数值，让使用者能十分清楚地了解其资产在某段时间所面临的最大风险。布拉施克等（Blaschke et al.，2006）[61] 把压力测试（stress testing）

应用于金融部门评估计划。这个计划是自 IMF 和世界银行共同发起的，主要目标是通过详尽的评估金融部门的风险和脆弱性来强化国家的金融体系。

3. 金融风险预警机制评析

国外学者对金融风险预警机制开发做了大量的理论及建模研究，预警理论较为成熟、模型方法种类繁多。而国内的相关研究起步较晚，大部分停留在对国外金融风险预警理论和模型的介绍上，近几年才逐渐出现一些实证研究方面的工作，但实证研究的角度主要集中于单类风险预警方面，鲜有从整个金融体系考虑我国商业银行整体金融风险的研究成果，并且应用和开发的模型较为简单[62]。2008 年次贷风险暴发，其危害性和影响性令全球关注，也使我国经济界、金融界学者开始着手探讨建立符合我国现实的商业银行预警机制，深入研究金融风险预警的模型方法。刘志强（1999，2000）[63][64] 较早介绍了有关金融风险的定义，国外金融风险预警的方法，并设计了一套金融风险预警指标体系。唐旭等（2002）[65] 综合预警方法、指标、模型、制度安排与管理信息系统几个方面的研究，提出了建立我国金融风险预警机制的构架。冯芸、吴冲锋（2002）[66] 提出了基于综合指标的多时标预警流程，引入了多时标和扩充观测指标集的方法，以提高系统洞察市场变化的能力。张元萍等（2003）[67] 利用 STV 横截面回归模型和 KLR 信号分析法对我国发生金融风险的可能性进行了实证分析。张瀛（2004）[68] 对货币危机预警方法进行了详细综述，并建立了一套金融风险预警指标体系，从经济总体状况等 6 个方面对风险预警。石柱鲜等（2005）[69] 利用三元 Logit 模型对我国外汇风险预警进行了实证分析。陈守东等（2006）[70] 采用因子分析法研究我国银行金融风险的来源，运用 Logit 模型建立我国金融风险的预警体系。陈守东、马辉（2009）[71] 采用马尔科夫区制转移模型建立了我国金融系统的货币危机、银行风险和资产泡沫风险预警机制，取得了较好的预测效果。刘堃[20]（2010）以某大型银行实际应用为例，对基于企业关联关系和信贷行为的 C&B 预警模型进行实证检验和结果分析，研究了全面风险管理框架下信用风险预警问题。

综上所述，随着金融理论与技术的发展，金融风险量化研究取得了长足的进步，其中的一些成果已成为国际先进银行风险管理核心技术的构成部分。国外学者在风险预警模型开发方面的研究较为充分，而国内学者则在各类型的预警模型的运用方面做了大量的探讨，这对风险预警模型的广泛运用具有良好的指导作用。但在商业银行风险预警理论的研究方面，现有的学术成果大多集中在对某一种类别风险的单一时间点、风险大小转化成预警级别的研究，如绝大多数文献都仅以信用风险或者市场风险为研究对象等。这些研究从本质上看都是对银行金融风险度量方法的简单应用和延伸，并未从整个银行体系进行全面风险管理。因此，面对日益复杂的客观环境，针对上述研究不足之处，本书依据巴塞尔新资本协议所蕴含的银行管理原则，将全面风险管理理念引入商业银行风险预警机制的研究中，通过对银行机构的不同风险类别（信用风险、流动性风险、市场风险、操作风险）进行连贯一致、准确和及时的度量，最终建立一个科学严谨的风险预警机制来分析银行总风险在各种经营活动范围内是如何分布的，旨在防范和化解金融危机环境下商业银行所面临的金融风险。

1.3 研究内容和主要创新点

1.3.1 本书的研究内容及框架结构

针对目前商业银行风险预警研究的不足，本书从全面风险管理理念角度系统研究了商业银行风险预警机制的问题。本书共 10 章，除第 1 章绪论和第 10 章结论与展望以外，主体部分有 8 章。第 2 章是本书的理论框架构建部分，详细论述了巴塞尔新资本协议原则下，商业银行全面风险管理的相关概念。第 3 章介绍了"一带一路"背景下我国银行业的国际化战略。第 4 章至第 7 章分别对银行的四类风险即流动性风险、信用风险、市场风险及操作风险的度量进行了研究。第 8 章以风险价值为基准，研究了商业银行风险控制理论。第 9 章研究了基于全面风险管理的商业银行风险预警机制的构建与应用。本书主要研究内容及方法如下：

第一，基于巴塞尔新资本协议的全面风险管理理论研究。作为本书研究的理论基础，这一部分首先论述了巴塞尔新资本协议框架下的全面风险管理的概念以及以传统管理模式相比，全面风险管理模式所具有的优势和特点，并在此基础上对全面风险管理体系的结构进行阐述；然后结合本书研究重点，对巴塞尔新资本协议下的现代风险管理新方法即风险调整资本收益率法、资产组合调整法、风险价值法进行了介绍；最后根据论文研究目标详细论述了商业银行风险预警机制建立的必要性和可行性，以及风险预警机制的组成部分。

第二，基于非对称随机波动模型的商业银行流动性风险度量研究。在流动性风险管理相关理论的基础上，针对目前我国商业银行流动性管理现状，考虑流动性头寸与银行资金收益率之间的特殊相关性，提出了一种基于 MCMC 有效估计的非对称随机波动（SV）模型来对商业银行的流动性风险进行度量。经过随机模拟以及两家银行（一家为国有商业银行，另一家为股份制商业银行）的仿真实验，得出以下结论：商业银行流动性头寸波动率与银行资金收益率之间存在显著的杠杆效应，且股份制商业银行杠杆效应强于国有商业银行杠杆效应；在对两家商业银行收益率非对称 SV 模型的 MCMC 估计中，参数 MCMC 迭代的自相关图和无效性因子表明本书给出的非对称 SV 模型估计方法是非常有效的，且 MCMC 估计的收敛性较快；通过非对称 SV 模型拟合后，获得的随机波动率能够很好地描述商业银行的流动性头寸波动情况，标准化后的收益率序列基本上服从为标准正态分布，从而证明本书提出的基于改进 MCMC 估计的非对称随机波动模型可以作为监管银行流动性风险的辅助决策工具。

第三，基于离散 Hopfield 神经网络的商业银行信用风险度量研究。首先，我们借鉴常用的专家调查法及先前学者研究成果及经验，实现监管指标从定性到定量的转化。其次，构建基于 Hopfield 网络的信用风险度量模型，以期进行对信用风险的评价。最后，利用某商业银行的真实数据进行仿真实验。结果表明，基于 Hopfield 神经网络的信用风险度量模型是有效且可行的。本书所提出的信用风险度量模型不仅具备为商业银行管理者提供辅助决策的功能，也是金融监管部门及时掌握风险变动趋势的有效途径。

第四，基于模糊信息粒化与支持向量机的商业银行市场风险度量研究。首先根据前文有关市场风险理论的分析构建监管指标体系，其次根据本书所提出的改进的 SVM 方法对监管因子进行仿真试验，最后给出影响商业银行的各市场风险因子的波动趋势。实验结果证明，本书提出的基于模糊信息粒化与支持向量机的股指波动预测度量模型不仅能给出未来股指的波动空间及波动趋势，而且预测精度也非常满意，该度量模型应用在商业银行市场风险的度量中是可行有效的，并且对商业银行管理者及时掌握市场风险因子波动趋势、快速做出正确的决策起到重要的辅助作用。

第五，基于贝叶斯网络的商业银行操作风险度量研究。根据贝叶斯网络方法，通过构建由关键风险指标和关键风险诱因组成的操作风险拓扑结构，分析了各类操作风险指标对操作风险的作用形式，在对各级指标节点赋值的基础上，运用贝叶斯网络测算了各类指标对操作风险的影响程度，从而建立操作风险的预警模型。计算结果表明，基于贝叶斯网络的商业银行操作风险预警模型能有效帮助监管部门在出现可能导致巨额操作风险损失事件前及时采取措施化解风险。

第六，基于 TGARCH 模型与极值理论的商业银行风险控制研究。在传统单纯采用极值理论（假设被分析数据是独立同分布的）描述金融资产收益尾部特征的基础上，把 ARMA – TGARCH 模型和极值理论有机地结合起来得到调整后的 VaR 值。首先利用 ARMA – TGARCH 模型捕获金融数据中的序列自相关和异方差现象，利用 GMM 估计参数，获得近似独立同分布的残差序列，再采用传统的极值理论对经过 ARMA – TGARCH 模型筛选处理过的残差进行极值分析，在一定程度上克服了传统单纯采用极值理论时，由于金融数据序列自相关和波动率聚类现象不能满足极值理论假设所造成的估计误差。另外，还采用 Bootstrap 的方法给出了采用极值理论估计出的 VaR 和 ES 在某一置信水平 α 下的置信区间，改进了采用似然比率法估计置信区间时，由于极值事件的小样本所造成的误差。最后，利用某商业银行的真实数据进行实证研究给出银行风险的动态 VaR 和 ES 值及置信区间。

第七，基于全面风险管理的商业银行风险预警机制的构建。这一部分是在前几章的研究基础上，将各类业务、各种客户承担的信用风险、市场风险、流动性风险、操作风险纳入全面风险管理范畴，构建了面向全面风险管理的商业银行风险预警机制。并以国内具有代表性的某商业银行（ZSB 银行）为范例，对本书所构建的风险预警机制进行实际运用。针对报告期内主要监测数据的统计结果，利用前文提出的风险度量模型对 ZSB 银行进行全面风险评估，并以评估报告为基础制定了该行规避风险的最佳策略。

从整体上来说，本书主体部分即第 2 章至第 8 章是全书的难点与重点，也是本书的核心所在。本书涉及的创新点主要分布在上述章节。图 1 – 1 给出了全书的写作思路，其中图示的"灰色"部分表示本书的创新之处。

研究思路 | 提出问题 | 分析问题 | 解决问题

国内外研究综述 → 基于巴塞尔新协议的商业银行全面风险管理：理论框架

风险预警机制的整体结构及构成

流动性管理现状

基于非对称随机波动的模型 → 商业银行流动性风险度量研究

预警机制的实际运用：ZSB银行全面风险评估

信贷管理现状

基于离散Hopfield网络的模型 → 商业银行信用风险度量研究

研究内容

市场运行现状

基于改进支持向量机的模型 → 商业银行市场风险度量研究

操作风险管理现状

基于贝叶斯网络的模型 → 商业银行操作风险度量研究

传统VaR的缺陷

基于TGARCH极值理论的风险控制模型 → 商业银行全面风险控制研究

基于全面风险管理的商业银行风险预警机制

报告期内ZSB银行数据监测统计

报告期内ZSB银行的全面风险评估

ZSB银行规避风险的最佳策略

研究方法 | 文献检索调查分析 | 机器学习 | 金融计量 | 实证分析 | 案例分析

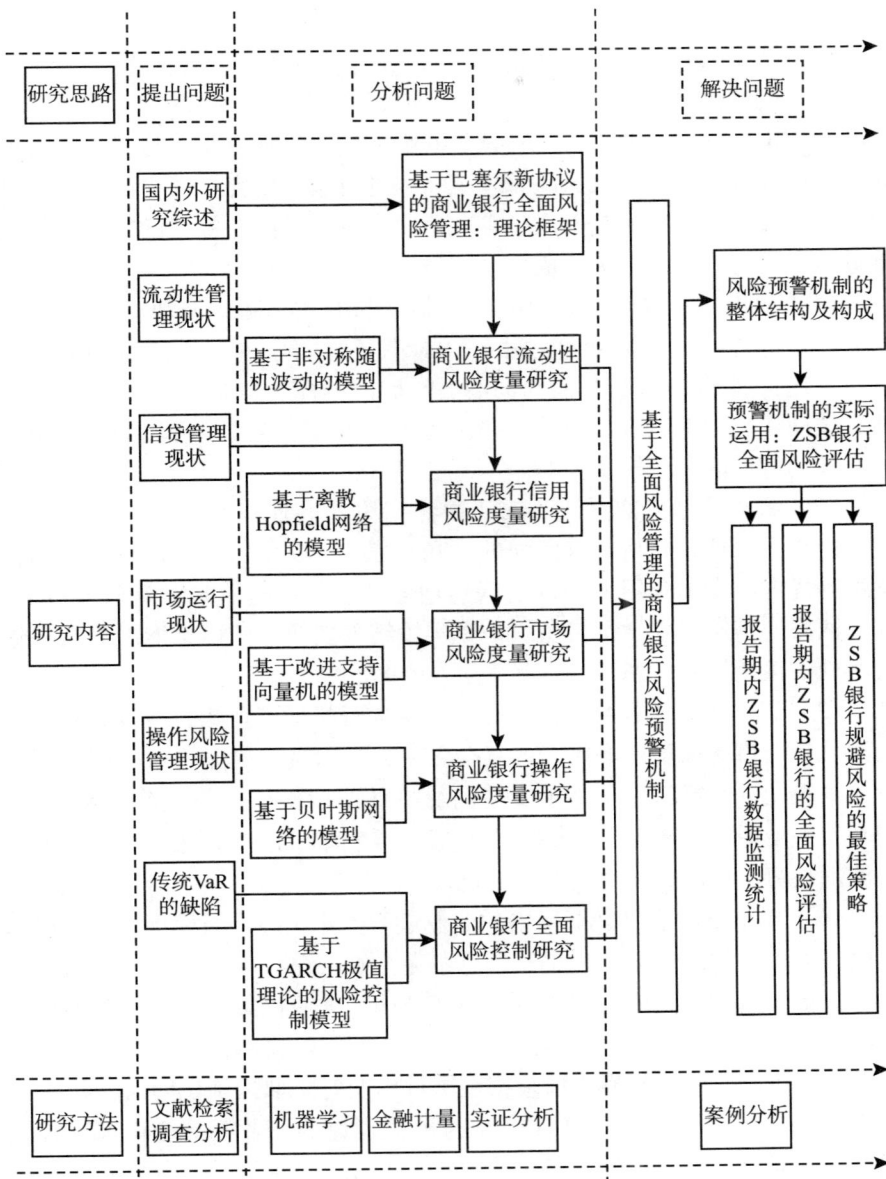

图 1-1　本书的研究思路与主要创新点

1.3.2 本书的主要创新点

目前国内外在商业银行风险预警研究方面，很少有学者将商业银行的四大类风险统一纳入全面风险管理范畴内进行系统研究，国内的相关文献更是少之又少。本书从全面风险管理角度出发，对商业银行的风险预警机制进行了研究，主要的创新成果总结如下：

（1）提出了一种基于 MCMC 有效估计与非对称随机波动（SV）模型的商业银行流动性风险度量方法。针对高频时间序列存在的波动聚类特征，采用扩展 Kalman 滤波及前向滤波、后向抽样（FFBS）算法对非对称随机波动模型的参数进行估计，进而构建了能精确描述银行流动性净头寸时变波动特征的度量模型。

（2）提出了基于离散 Hopfield 神经网络的商业银行信用风险度量模型。由于人工神经网络具有较强的"鲁棒性"、较高的预测精度及非结构化性等优势，本书利用 DHNN 的联想记忆功能，构建了基于离散 Hopfield 神经网络的信用风险度量模型。仿真实验结果表明，该模型能准确反映银行所处的信用风险状态。

（3）提出了基于模糊信息粒化与支持向量机的商业银行市场风险度量模型。针对市场风险影响因子的复杂多变，利用模糊集方法对时间序列进行模糊粒化，进而构建了基于支持向量机的商业银行市场风险度量模型。仿真实验证明，该模型不仅能给出股指（或利率、汇率）未来的波动空间及波动趋势，而且预测精度也非常高。

（4）提出了基于贝叶斯网络的商业银行操作风险度量模型。针对操作风险损失事件的统计样本量小、信息不完全等特点，构建了由关键风险指标和关键风险诱因组成的操作风险拓扑结构，进而提出了基于贝叶斯网络的商业银行操作风险度量模型。实证结果表明，该模型能有效帮助监管部门在出现可能导致巨额操作风险损失事件前及时采取措施化解风险。

（5）提出了基于 TGARCH 模型与极值理论的商业银行全面风险控制模型。针对金融时间序列所存在的"尖峰厚尾"现象，在利用极值理论描述金融资产收益尾部特征的基础上，把 ARMA – TGARCH 模型和极值理论有机地结合起来，构建了基于 ARMA – TGARCH – POT 的商业银行全面风险控制模型，并利用该模型对用于风险控制的 VaR 值及 ES 值进行了估计。实证结果表明，该模型在一定程度上克服了传统单纯采用极值理论时，由于金融数据序列自相关和波动率聚类现象不能满足极值理论假设所造成的估计误差。

（6）构建了基于全面风险管理的商业银行风险预警机制。根据商业银行风险管理的需求，提出了具有数据采集与整合、风险模拟与分析、结果输出与反馈等功能的风险预警机制，并通过某范例银行（ZSB 银行）的实际应用，证明了本书所构建的商业银行风险预警机制是可行且有效的。

第 *2* 章

基于巴塞尔新协议的商业银行
全面风险管理：理论基础

风险，源于事物的不确定性。简单地说，就是一种损失或收益的机会。任何行业面临对充满各种不确定性的经济气候和微观经营环境，都存在着一定的经营风险；同时，风险是金融体系和金融活动的基本属性之一，风险分析和管理是各类金融机构所从事全部业务和管理活动的核心内容。由于银行经营的产品众多，涉及范围广，面临信用、操作、市场等众多风险，因此全面风险管理（ERM）理念越来越受到重视。作为本书研究的理论基础，本章论述了巴塞尔新协议下全面风险管理的相关概念以及现代风险管理的最新计量方法，并在全面风险管理理念下构建了商业银行风险预警机制的理论框架。

2.1 巴塞尔新资本协议与全面风险管理

通常情况下，风险管理是指银行识别、计量、监测和控制所承担的各类风险的全过程。其大致经历了三个阶段：第一，20 世纪 80 年代，由于信用风险导致金融机构大量倒闭，结果是产生了"巴塞尔协议"对资本充足性管理的理论与实践。第二，20 世纪 90 年代以后，随着衍生金融工具及交易的迅猛发展，市场风险日益凸显，其结果是出现了市场风险测量新方法 VaR（风险价值方法）。第三，1997 年亚洲金融危机暴发以后，银行风险管理理念、方法与模式需要重新设计，于是全面风险管理应运而生。

2.1.1 巴塞尔新资本协议：全面风险管理理念的提出

巴塞尔银行监督委员会（The Basel Committee Banking Supervision）于 1988 年提出以规范信用风险为主的"统一计量资本和资本标准的国际协议"，对银行的资本比率、资本结构、各类资产的风险权重等方面作了统一规定。然而，此协议存在着诸多不足，主要表现在粗线条的风险权重不能精确地把资本与银行面临的风险密切地结合在一起，未能从监管上为银行改善自己的风险管理水平提供激励；在计算资本充足率时，对所有的企业，无论其信用如何，风险权重均为 100%；没有充分认可风险缓解技术的作用，例如抵押和保证。有鉴于此，巴塞尔委员会不断修改完善协议，于 1999 年 6 月公布了"巴塞尔新资本协议（征求意见稿）"（简称新协议）；其后，在广泛征求各国银行业和监管当局意见的基础上，新协议又经过多次修改，于 2004 年 6 月公布正式稿，并从 2006 年底开始在成员国推广实施。

新协议由三大支柱组成，分别从资金管理者和风险管理者角度、监管者角度以及投资者角度对银行风险的内涵、计量方法以及风险防范方式等做出了更加全面系统的阐述。

第一支柱：最低资本充足率要求（资金管理者和风险管理者角度）。主要包括三个基本要素：监管资本的定义、风险加权资产和资本对风险加权资产的最低比率。新协议将银行风险的范围确定为信用风险、流动性风险、市场风险和操作风险四个方面，并为计量风险提供了几种备选方案。在计算资本比率时，市场风险和操作风险的资本要求乘以 12.5（即最低资本比率 8% 的倒数），再加上针对信用风险的风险加权资产，就得到总的风险加权资产，分子是监管资本，两者相除得到资本比率的数值。总的资本比率不得低于 8%，二级资本仍然不得超过一级资本，即限制在一级资本的 100% 以内。

第二支柱：监管部门的监督检查（监管者角度）。这部分内容是第一次纳入协议框架。新协议认为，为了促使银行的资本状况与总体风险相匹配，监管当局可以采用现场和非现场稽核等方法审核银行的资本充足状况。监管当局应该考虑银行的风险化解情况、风险管理情况、所在市场的性质、收益的可靠性与有效性等因素，全面判断银行的资本充足率是否达到要求，在其资本水平较低时，监管当局要及时对银行进行必要的干预。

该支柱特别适合于处理以下三个主要领域的风险：第一支柱涉及但没有完全覆盖的风险（例如贷款集中风险）；第一支柱中未加考虑的因素（例如银行账户中的利率风险、业务和战略风险）；银行的外部因素（例如经济周期效应）。第二支柱中更为重要的一个方面，是对第一支柱中较为先进的方法是否达到了最低的资本标准和披露要求进行评估，特别是针对信用风险 IRB 框架和针对操作风险的高级计量法的评估。

第三支柱：市场约束（投资者角度）。它是现代公司治理结构研究重大进展的体现，其作用在于进一步强化资本监管和促进银行体系运作中的安全与稳健。新协议充分肯定了市场具有迫使银行合理地分配资金及控制风险的作用，市场奖惩机制可以促使银行保持充足的资本水平，支持监管当局更有效地工作。为了市场约束的有效实施，必须要建立和完善银行信息披露制度。

新巴塞尔协议对风险考察更广泛、全面、灵活。它摒弃旧协议"一刀切"式的监管框架，为银行提供了更多的风险计量方式，银行和监管当局可以根据业务的复杂程度、自身的风险管理水平等灵活地进行选择。同时，新协议提供的衡量风险的方法具有更高的敏感性和准确性，从而能够更为有效地确保监管目标的实现。此外，新协议重点强调市场约束，这使银行经营更加透明。随着银行一系列敏感信息被定期、强制地披露，公众能够更为准确地了解银行的清偿能力，充分发挥外部监管的作用，保证银行经营的合法、高效、透明，同时也有效避免了由于信息不对称给客户造成的损失。为达到新协议的要求，银行必须将构建自身全面风险管理体系作为今后的工作重点。

2.1.2　全面风险管理的内涵

作为经营风险的特殊企业，银行无时无刻不在与风险打交道。由于经济金融环境日益多样化，金融创新层出不穷，银行业务日益复杂，银行面临的风险也比以往多了很多。鉴于此背景，在 2004 年正式公布的巴塞尔新资本协议中，全面风险管理概念被正式提出。

巴塞尔新资本协议指出现代银行业面临的风险有信用风险、流动性风险、市场风险、操作风险、声誉风险及法律风险等（见表 2 - 1），其中信用风险、流动性风险、市场风险及操作风险是巴塞尔委员会明确要求银行重点监管的主要风险。本书即是以这四类银行风险为对象，试图在全面风险管理框架下进行系统的研究。

表 2 –1　　　　　　　　　　　现代银行面临的主要风险

风险类别	子类	典型风险业务	识别方法和模型	主要防范措施
信用风险	违约风险	贷款	财务指标分析和违约率模型	建立授信额度、提交抵押品
	交易对手风险	衍生产品交易	信用敞口模型	授信额度、签订ISDA CSA、提交抵押品
	国别风险	新兴市场债券投资	根据国家经济、政治、社会发展指标构建国别风险模型	设置国别信用额度
市场风险	交易账户市场风险	债券投资	估值模拟和风险价值	设置风险价值额度和敏感度指标
	银行账户的汇率风险	银行资产负债匹配后的外汇敞口	货币敞口分析、现金流量匹配模型或者收入模拟模型	设置风险限额
	银行账户的利率风险	贷款和债券投资	收入模拟模型、动态财务分析模型	设置风险限额
操作风险		零售业务	流程检讨和操作风险	设置操作风险发生频率和损失限额
流动性风险		短期资金长期运用	情景分析	制定分层次的流动性预警和预案

风险类别	子类	典型风险业务	识别方法和模型	主要防范措施
其他风险	战略风险	兼并与收购		
	声誉风险	私人理财服务		
	法律与合规风险	资产管理业务		

资料来源：《巴塞尔新资本协议》。

全面风险管理理念始于 20 世纪 90 年代中后期，其内在推动力主要有两方面：其一是金融风险机构面临的风险因素多样化，各银行都会因风险控制措施不当而发生损失，有的案例损失金额巨大；其二是银行风险管理模型和风险度量技术日趋成熟，尤其是信用风险和操作性风险量化取得了较大突破，全面风险管理具备可行性。

按照 2003 年 7 月美国 COSO（The Committee of Sponsoring Organization of the Treadway Commission）公布的《全面风险管理框架》（草案）所描述的内容，全面风险管理是一个从企业战略目标制定，到目标实现的风险管理过程。它可以简单用"348"的框架来描述。即三个维度：企业目标、全面风险管理要素、企业的各个层级；企业目标包括四个方面：战略目标、经营目标、报告目标和合规目标；全面风险管理要素有八个：内部环境、目标设定、事件识别、风险评估、风险对策、控制活动、信息和交流、监控。全面风险管理的八个要素为企业的四个目标服务；企业的各个层面要坚持同样的四个目标；每个层面都必须根据八个要素进行风险管理。

2004 年公布的巴塞尔新资本协议也给出了商业银行的全面风险管理概念。巴塞尔新资本协议框架下的全面风险管理，是指对整个银行内各个层次的业务单位，各个种类风险的通盘管理，这种管理要求将信用风险、流动性风险、市场风险和操作性风险等不同风险类型，公司、零售、金融机构等不同客户种类，资产业务、负债业务和中间业务等不同性质业务的风险都纳入统一的风险管理范围，并将承担这些风险的各个业务单位纳入统一的管理体系中，对各类风险依据统一的标准进行测量并加总，依据全部业务的相关性对风险进行控制和管理。其中核心理念是：对整个机构内各个层次的业务单位、各个种类的风险的通盘管理。

全面风险管理是指统一集中管理整个机构的各种风险。这是一种思想或理论，而不是具体的风险管理方法或技术，是基于风险一体化的基础，采用一致的标准测量并加总这些风险。对于银行而言，全面风险管理就是银行为了达到经营目标，由董事会推动和参与，由具体业务和管理部门实施的风险管理程序。该程序贯彻于战略制定和业务经营各个环节，覆盖各风险类别和业务单元，目的在于将风险控制在可接受范围内，并实现银行利润目标。其内涵包括：一要覆盖全面的风险因素，这些因素来自不同风险种类（信用、市场、操作、流动性及其他风险）、不同地理区域、不同业务部门和不同的管理层面；二是强调从银行整体的角度对这些风险因素进行全面的汇总和整合，但不是简单罗列和汇总。

2.1.3　全面风险管理模式的特点

全面风险管理体系不同于以往传统的风险管理模式，在体系的建立和运行上，全面风险管理体系有其与众不同的特点，主要包括以下几个方面：

1. 分层管理的原则

作为全面风险管理体系，其风险管理部门的设置，呈现一种分层设置，分层进行管理的特点，同时强调最高管理层在风险管理中的强大作用。在全面风险管理体系中，其风险组织机构的设计要求在每一个基层的业务部门单位中，都设立相应的部门或者岗位，专项负责该部门的风险管理工作（见图 2-1）。通过这些风险管理部门或岗位对基层的每一项经营业务进行风险管理，然后，通过这些部门，将银行日常经营过程中的风险信息向上传递，一直到直接由董事会领导的风险管理委员会，在那里对银行经营中的整体风险进行评估，从而做出有利于银行的经营决策。

因此，分层管理可以说是全面风险管理体系的一大特点。这种分层管理的优势在于，可以使银行获取更充分的关于日常经营中的关于风险的因素，从而使银行的高层能够更准确地对银行的风险状况进行判断。这无论是对过去风险情况的总结，还是对未来情况的预测，都具有很重要的意义。

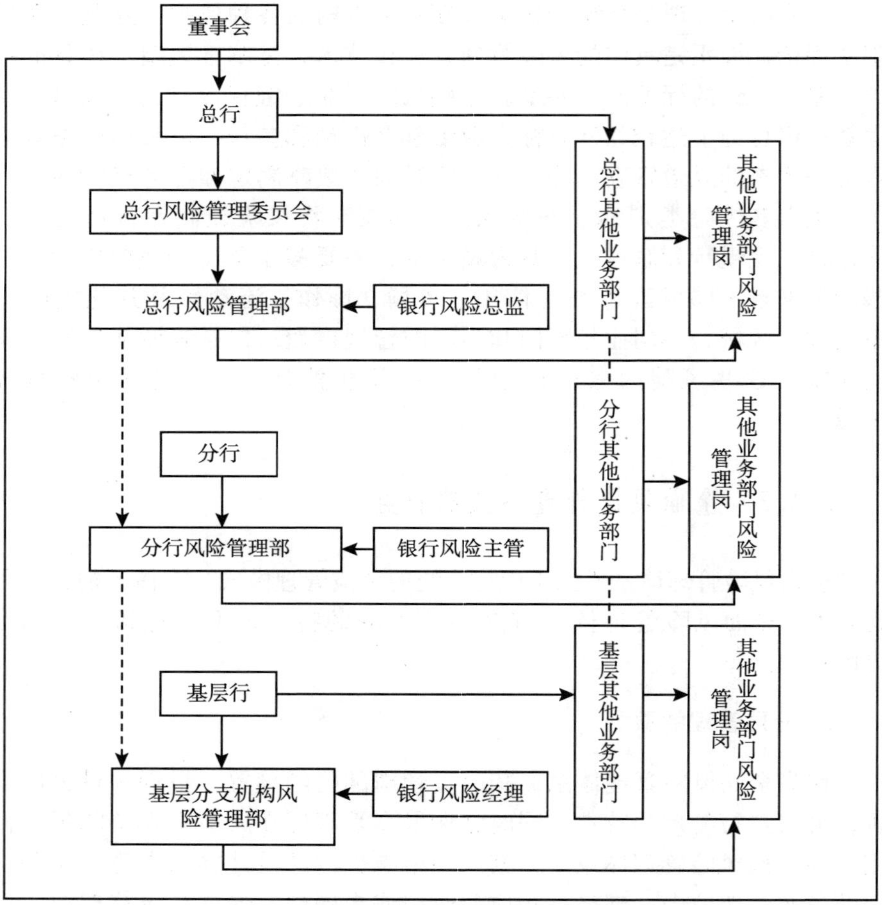

图 2 – 1　全面风险管理框架下银行组织机构的设计

2. 集中与分散的原则

根据全面风险管理的原则，各种不同的风险要求要由不同的风险管理部门进行管理，从而达到风险管理的专业化，提高管理效率，这就是风险管理分散原则。同时，要求负责管理不同类型风险的部门最终要将风险状况向最高的风险管理部门——风险管理委员会进行报告，由最高的风险管理部门进行统一的管理和规划，这就是全面风险管理的集中性原则。风险的分散有利于各种不同类型风险管理的专业化和管理的有效性，而风险的分散管理往往不利于将风险因素统一起来，进行综合的考量。风险的集中管理有利于风险的综合管理规划和银行整体风险管理能力的提高，然而，分散的风险管理是风险集中管理的基础。如果没有分散的分类别的银行经营风险的管理，则集中的风险管理就无从谈起。全面风险管理将风险的分散管理和集中管理方式结合起来，以达到风险管理的最优化模式，提高银行整体的风险管理能力。

3. 风险管理事前化

作为全面风险管理体系的一大特点，风险管理事前化更加强调在经营事件发生前，对经营事件对银行经营状况带来的可能的影响进行分析。传统的风险管理模式往往是在一个时点上，通过对过去发生的经营事件的分析，分析过去经营中所产生的风险因素，对银行风险状况进行分析。而随着风险管理的进一步深入，越来越强调对风险管理的事前分析，要求尽可能早地对经营中的风险因素进行分析。全面风险管理体系，要求风险管理的事前化，即在对银行进行风险分析时，尽可能地及时，并且要求在风险分析过程中，对尚未完成的经营事件，也要进行风险的预测分析，并且与其他的经营业务结合在一起，进行分析，从而得出综合的风险分析结果。这样的风险分析方式，使得银行对风险因素的分析更加及时，也就有更充分的时间来对其进行管理，使银行在经营过程中，尽可能规避经营风险，提高银行的经营成果。

4. 现实性与先进性相结合

作为先进的风险管理理念，全面风险管理体系肯定具有其存在的先进意义。全面风险管理体系的出现，使得银行在风险管理体系和模式的建立中，找到了新的方向。这种 ERM 的建立，更加有利于银行在日常经营中的风险管理，提高银行风险管理的效率，有利于在日益激烈的金融行业的竞争中，取得更加良好的业绩。全面风险管理体系的建立，使得商业银行能够在尽可能保证经营安全的前提下，获取最大的经营利益，因此说，全面风险管理体系具有一定先进性，区别于传统的风险管理模式。

同时，全面风险管理体系也具有其很高的现实性。ERM 虽然不同于传统的风险管理模式，但是，其存在是以传统的风险管理模式为基础的。ERM 的出现，首先得益于风险管理领域各种风险管理现代方法的出现，这些方法的出现使得对各种不同类型风险的量化管理成为可能，这也为全面的风险管理体系的建立打下了基础。正是在传统的风险管理模式的基础上，全面风险管理吸收传统管理方式的不足，更着重于对风险的综合考虑。传统风险管理模式的进步，使全面风险管理模式逐渐成为可能，具有了较强的现实性。因此，可以说，全面风险管理体系是先进性与现实性的结合，也是未来我们银行业风险管理模式的发展方向。

2.1.4 基于巴塞尔新资本协议的全面风险管理体系

从 2007 年起，主要发达国家和地区将开始实施新巴塞尔资本协议，因此有许多银行已经开始全面风险管理的实践。尽管全面风险管理不存在统一的模式，但由于其覆盖面广，技术复杂，整合程度高，信息传递频繁，因此要求银行根据自身管理方式合理设计组织架构，优化职能配置，对各类风险实行全面管理。图 2 - 2 就是根据我国国情构建的与新监管标准相符的商业银行全面风险管理体系。

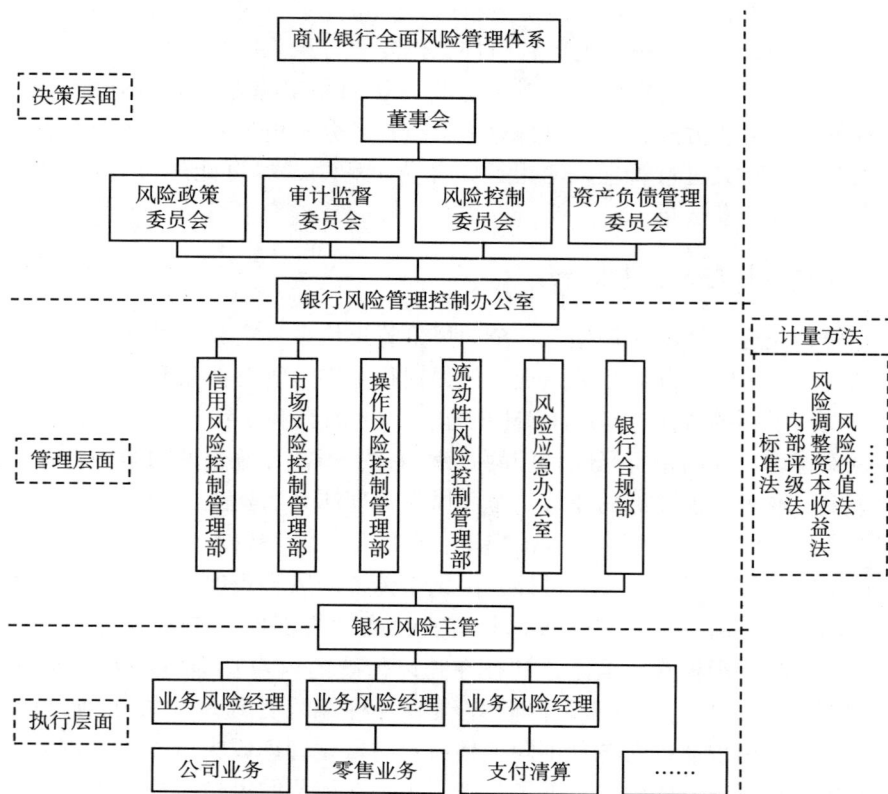

图 2 - 2 商业银行全面风险管理体系

1. 构建全员化的风险管理文化

风险管理文化决定银行经营管理过程中的风险管理理念和经营模式，它影响着银行业务的各个环节。要建立风险管理文化就是要倡导和强化风险意识，树立囊括各个部门、各项业务、各种产品的全员化的风险管理理念。一些金融机构发展的历史和经验表明，风险管理文化是内部控制体系中的"软因素"，在银行经营管理中占有十分重要的地位。落后的企业文化尤其是风险管理文化往往是金融业在风险管理上出现问题甚至是失败的根源。因此，银行应当针对"巴塞尔新资本协议"建立学习型团队，重点加强学习、提倡和培育风险管理文化、鼓励银行各部门对全面风险管理与新巴塞尔协议进行研究，逐渐形成一种全员化的全面风险管理理念。积极推行涵盖事前预测、事中管理、事后处置的全过程风险管理行为，为防范金融风险打下良好基础。

2. 构建全面的风险管理体系

行为组织学告诉我们：组织结构是企业的"经脉"，是保证企业经营正常运转的基础性制度因素。为了提高风险管理的准确性和针对性，职能配置往往要与业务单元紧密结合；为了增强管理的有效性，又必须在整个银行层面上进行快速整合，这就需要管理架构存在强大的综合和集中能力，这种集中包括风险基础数据的集中、风险报告的集中、限额管理的集中等，因此就需要构建一套全面的风险管理体系。

结合我国银行的风险管理实践，全面风险管理组织体系应将高级管理层、首席风险官、风险管理部、风险管理团队及风险经理等全面囊括进去，实现上下联动，保证风险管理实施效果。具体组织模式不一而足，图2-2 所示组织模式仅供参考。

3. 应用先进的风险管理技术

新资本协议提供了先进的风险管理计量方法，在推进全面风险管理时，银行机构应当建立起自身的内部评级专门工作小组，对银行的风险进行全面系统的研究和归纳，找出适应银行自身需要的风险分类特征，建立符合银行自身要求的资产风险分类标准。在风险定量分析上应注重数据的积累和分析，确保风险计量的准确性。本书重点在于解决风险预警管理的前提和基础，其中风险预警计量模型也是我国银行面临的难点和弱点。

2.2 新资本协议框架下的商业银行风险管理方法

经过几十年的发展和实践，国际先进银行在风险管理方面已经逐步构建成了一个完整的风险管理体系。其风险管理的范围，就地理概念而言，覆盖其全球范围内面临的所有可控风险；就业务流程而言，贯穿银行业务的整个过程，并且利用大量的数据模型等工具对风险进行实时和定量的分析，在整体上提高了银行对风险的承受能力，并获取相应的风险回报。在这些国际先进银行内，风险管理的方法和理念已经日益形成一种文化，融入了员工的日常决策和行为。

2.2.1 风险调整资本收益法

长期以来，衡量企业盈利能力普遍采用的是资本收益率（ROE）和资产收益率（ROA）指标，其缺陷是只考虑了企业的账面盈利而未充分考虑风险因素。银行是经营特殊商品的高风险企业，以不考虑风险因素的指标衡量其盈利能力，具有很大的局限性。

目前，国际银行业的发展趋势是采用经风险调整的收益率，综合考核银行的盈利能力和风险管理能力。经风险调整的收益率克服了传统绩效考核中盈利目标未充分反映风险成本的缺陷，使银行的收益与风险有机结合，体现了业务发展与风险管理的内在统一，实现了经营目标与绩效考核的一致。使用经风险调整的收益率，有利于在银行内部建立良好的激励机制，从根本上改变银行忽视风险、盲目追求利润的经营方式，激励银行充分了解所承担的风险并自觉地识别、计量、监测和控制这些风险，从而在审慎经营的前提下拓展业务、创造利润。

在经风险调整的收益率中，目前被广泛接受和普遍使用的是风险调整的资本收益率（Risk-Adjusted Return on Capital，RAROC）。经风险调整的资本收益率是指经预期损失（Expected Loss，EL）和以经济资本计量的非预期损失（Unexpected Loss，UL）调整后的收益率，其计算公式如下：

$$RAROC = （收益 - 预期损失）/ 经济资本（非预期损失）$$

风险调整的资本收益率（RAROC）强调，银行承担风险是有成本的。在 RAROC 计算公式的分子项中，风险带来的预期损失被量化为当期成本，直接对当期盈利进行扣减，以此衡量经风险调整后的收益；在分母项中，则以经济资本或非预期损失代替传统 ROE 指标中的所有者权益，也就是说即银行应为不可预计的风险提取相应的经济资本。整个公式衡量的是经济资本的使用效益。

目前，RAROC 等经风险调整的收益率已在国际先进银行中得到了广泛运用，在其内部各个层面的经营管理活动中发挥着重要作用。

（1）在单笔业务层面上，RAROC 可用于衡量一笔业务的风险与收益是否匹配，为银行决定是否开展该笔业务以及如何进行定价提供依据。

（2）在资产组合层面上，银行在考虑单笔业务的风险和资产组合效应之后，可依据 RAROC 衡量资产组合的风险与收益是否匹配，及时对 RAROC 指标呈现明显不利变化趋势的资产组合进行处理，为效益更好的业务提供更大的额度空间。

（3）在银行总体层面上，RAROC 可用于目标设定、业务决策、资本配置和绩效考核等。高级管理层在确定银行能承担的总体风险水平，即风险偏好之后，计算银行需要的总体经济资本，以此评价自身的资本充足状况；并将经济资本在各类风险、各个业务部门和各类业务之间进行分配（资本配置），以有效控制银行的总体风险，并通过分配经济资本优化资源配置；同时，将股东回报要求转化为对全行、各业务部门和各个业务线的经营目标，并用于绩效考核，使银行实现在可承受风险水平之下的收益最大化，最终实现股东价值的最大化。

2.2.2　资产组合调整法

资产组合调整法是指银行吸取证券投资组合经验而发展出的一系列方法。对一个已经形成的资产组合进行有益的调整，同时又不提高成本，以达到利润最大，是有效的风险管理方法。资产组合调整在实践中有多种方式，当前影响较大的主要有以下两种：

1. 资产证券化

证券化比较通行的做法是由商业银行将所持有的各种流动性较差的同类或类似的贷款组合成若干个资产集，出售给专业的融资公司，再由融资公司以这些资产为抵押，发行资产抵押债券。美国银行的资产证券化活动起源于 20 世纪 70 年代末，该活动得到了政府有关部门的支持和保护，其主要目的是支持住宅产业，最早实行证券化的是与不动产有关的资产。1986 年 10 月，第一波士顿公司宣布它准备出售一笔以低息贷款为抵押，价值 32 亿美元的证券，标志着证券化由房地产业贷款向其他类型贷款扩展，这些贷款有信用卡贷款、汽车贷款、商业用不动产、机械设备等，但用于抵押的资产中住宅不动产仍占很大的比重。

2. 信用衍生产品

信用衍生产品产生的宗旨是防范信用风险，指参与双方之间签订一项金融性合同，该合同允许在保留资产的前提下，将贷款或债券的信用风险从其他风险中剥离出来，在市场上被定价，并转移给愿意承担风险的投资者。如某银行对某客户存在一笔 1 亿美元的敞口，该银行想寻求一种方法，既减少对该顾客的风险敞口，又不至于非出售这笔贷款以致损害与该顾客的关系。为此该银行想找到另一家银行或中间商，让他们在收取一定的费用之后承担对顾客的一部分信用风险。

信用衍生产品可以在不改变与客户关系的前提下运作。信用衍生产品主要采用远期合约、互换和期权这三种基本方法。信用衍生产品的主要作用在于：①分散信用风险；②具有保密性；③提高资本回报率。信用衍生产品市场的参与者非常广泛，包括了商业银行、投资银行、固定收益投资者、保险公司、高收益市场基金、新兴市场基金以及一些非金融性的公司。由于信用衍生品市场是一个新兴市场，所以，目前并无明确的监管条例。信用衍生产品的监管一般套用相关的监管规则，或者与监管框架较成熟的传统产品进行类比。信用衍生产品市场的发展，对金融机构，尤其是对银行必将产生深远的影响。

2.2.3 风险价值法

在风险管理的各种方法中，风险价值法（VaR）非常引人注目。尤其是在过去的几年里，许多银行和监管机构开始把这种方法当作全行业衡量风险的一种标准来看待。VaR 是指在市场正常波动条件下，在一定概率水平下，某一金融资产或金融资产组合在未来特定的一段时间内的最大可能损失。VaR 之所以具有吸引力，就是因为它把银行的全部资产组合风险概括为一个简单的数字来表示风险管理的核心——潜在亏损。

VaR 与传统风险管理方法相比，具有明显的优势。它不仅可以用来简单明了地表示市场风险的大小（单位是美元或其他货币），没有技术或专业背景的投资者和管理者都可以通过 VaR 值对金融风险进行评判，而且它还可以在事前就计算风险，不像以往风险管理的方法都是在事后衡量风险大小。特别是 VaR 除了能计算单个金融工具的风险，还能计算由多个金融工具组成的投资组合的风险，而这是传统金融风险管理所不能做到的。

因此 VaR 被广泛应用于风险控制中。目前已有超过 1000 家的银行、保险公司、投资基金、养老金基金及非金融公司采用 VaR 方法作为金融衍生工具风险管理的手段。利用 VaR 方法进行风险控制，可以使每个交易员或交易单位都能确切地明了他们在进行有多大风险的金融交易，并可以为每个交易员或交易单位设置 VaR 限额，以防止过度投机行为的出现。如果执行严格的 VaR 管理，一些金融交易的重大亏损也许就可以避免。

当然 VaR 方法也有其局限性，从技术角度讲，VaR 表明的只是一定置信度内的最大损失，但并不能绝对排除高于 VaR 值的损失发生的可能性。例如假设一天的 99% 置信度下的 VaR =1000 万美元，仍会有 1% 的可能性会使损失超过 1000 万美元。这种情况一旦发生，给银行机构带来的后果就是灾难性的。所以在金融风险管理中，VaR 方法并不能涵盖一切，仍需综合使用各种其他定性、定量分析方法。

2.2.4 商业银行风险监管指标：资本充足率

资本充足率指银行资本与风险加权资产之间的比率，用以衡量资本充足程度。它是银行经营管理水平和监管水平的综合反映，也是衡量银行资本的风险预防程度的一个重要的国际通用指标。资本监管，可以说是三代巴塞尔协议始终如一的监管核心。1988 年第一代协议中的资本充足率规定，2001 年提出 2004 年正式发布的第二代协议中第一支柱下分母被风险敏感化了的资本充足率新规，2008 年美国次贷危机后被广泛提及的第三代协议中对资本充足率的诸多修订，无不彰显了资本监管在银行风险监管中的核心地位。

资本充足率水平是评价商业银行稳健性最重要的指标，而其中资本结构的衡量、资本质量的把握则需要通过资本的界定来实现。金融危机的经验表明，资本结构过于复杂，不能满足应对银行目前面对的各类风险的要求，再加上一级资本的质量的下降，商誉等无形资产未被剔除，导致损失吸收能力有限。同时，资本充足管理的顺周期性，各国法律框架、会计准则、税收政策等规定的差异，都影响了资本基础的质量、一致性、透明度和可比性。

因此2009年12月，巴塞尔委员会针对资本定义和构成提出了一揽子改革方案，将监管资本分为一级资本和二级资本两大类，并建立了普通股充足率的监管标准，形成了新的商业银行资本充足率和资本结构的监管指标体系，包括：普通股占风险加权资产的比例、一级资本占风险加权资产的比例、总资本占风险加权资产的比例以及普通股占一级资本的比例。

总体而言，资本充足率是银行"三性"中安全性的主要标志，风险管理是银行的本质属性，金融监管当局为了保证金融体系的稳定和正常运行，将资本充足率作为重要的商业银行风险监测指标之一。强化资本充足率管理可以推动银行加强风险管理，促使其资产规模有序扩张，保持合理的资产结构，有利于控制单个银行和银行体系的风险，为货币政策的传导奠定有效的微观基础。

2.3　基于全面风险管理的商业银行风险预警机制

在市场经济条件下，金融风险具有普遍特征，有金融活动就存在着金融风险。金融风险作为一种经济现象，如果不加以防范和化解，当风险积累到一定"极限程度"，在外部因素冲击和干扰下，就会转变为金融危机，从而使得对银行机构的可能性损失变为现实损失。因此，如何有效地对各类风险进行事前预警与控制已成为现代银行业亟待解决的问题。

2.3.1　金融风险预警机制的含义

金融预警机制（Financial Early – Warning Mechanism）主要是指各种反映金融风险警情、警兆、警源及变动趋势的组织形式、指标体系和预警方法等所构成的有机整体。它以经济金融统计资料为依据，以信息技术为基础，是国家宏观调控体系和金融风险防范体系的重要组成部分。金融预警机制具有金融管理及经营状况诊断双重作用，其意义在于依据相关金融业经营管理原则，选定一组变量，并建立一套预警函数（Function）、指针（Indicator）或基准值（Critical Value），运用预警模式后，如发现有不符合规定或逾越警戒范围的状况，即显示出警讯，给监管机构提供及早采取金融监管的措施，并要求金融机构限期改善其风险，以保证稳健经营。

金融预警机制主要功能是：①可随时掌握金融机构动态，并有效评估其风险；②可及早发现问题金融机构，并凭以采取适当的监管措施；③为实地检查重点及检查频率提供参考，以降低监管成本，提高金融监管成效。

2.3.2 建立商业银行风险预警机制的必要性与可行性

近几年来，国际金融危机事件屡屡发生，从 1997 年下半年开始的亚洲金融危机，再到 2008 年的美国次贷危机。金融市场的风险就像"潘多拉的盒子"，一旦打开，就再也合不上了。金融危机的频繁暴发对银行的稳健性提出了更高的要求。因此建立商业银行风险预警机制不仅是必要的，而且是可行的。

1. 建立商业银行风险预警机制的必要性

（1）银行业是高负债行业，他的安全经营直接影响整个社会稳定。因为银行机构的资金主要来源于外部，其自身资金在全部资产中只占有很小的一个比重，因而银行机构的经营状况、行为、业绩对社会公众产生直接的影响。一方面银行的正常经营依赖于社会公众的信任；另一方面银行的高负债经营特点决定了银行公共信任的脆弱性。不仅如此，以货币信用制度和银行制度为主体的现代银行机构，还具有较强的渗透性和扩散性功能，银行业的风险对于社会稳定的影响要比其他产业部门高得多。一般企业亏损倒闭只不过影响这个企业相关的员工，可是，银行出现问题就会影响到全社会相当多的民众。银行机构在经营过程中，利率风险、流动性风险、风险、汇率风险等众多风险中，任何一项风险都会对银行机构的经营成败产生重大影响。一旦银行风险暴露过大，会严重影响负债的安全性，银行挤兑现象就会发生。当社会债权债务的支付链条中断时，会迅速波及其他银行，引起金融恐慌和金融危机的发生。

全球金融一体化使得国际金融的不稳定性更加突出。20 世纪 70 年代末兴起的金融自由浪潮，促进了全球金融一体化。金融全球化，一方面提高了资本的配置效率和金融市场效率，一定程度上促进了世界经济的发展；另一方面也增大了银行业的风险，使国际金融的不稳定性更加突出，银行体系的脆弱性进一步加深。金融全球化之所以增大了银行风险，主要是由于：①全球金融一体化加剧了资产价格尤其是利率和汇率的过度波动。银行机构越来越难以把握利率变动的规律，以至于日本在1990年和1991年，竟然两次出现了短期利率高于长期利率的现象。②全球金融一体化加快了发展中国家银行业开放的过程，也增加了银行体系的不稳定性。80年代以来，发展中国家吸引了大量短期私人资本进入，且这些资本基本上流向房地产市场和股票市场，在短时间内使资产价格迅速升高，造成金融泡沫。一有风吹草动，这些投机资本便会迅速逃离新兴市场国家，使有关国家的银行体系遭到重创。③在全球金融一体化进程中，各国货币当局的银行监管尚未进行相应调整，从而加大了银行风险发生的可能性。各国货币当局的银行监管只限于境内的本国银行机构，对国际化金融机构记忆国际金融市场则鞭长莫及。④全球金融的一体化使金融危机跨国传染的渠道变得更加通畅，但世界各国在银行风险预警方面的合作并未随之加强。因而一国范围内发生的危机，就更有可能引发成其他国家乃至世界范围的危机。银行风险增大的现实，客观上要求更加有效的银行风险预警机制与之相匹配。

（2）金融风险一旦演变成金融危机，将给国家带来重大损失。金融危机往往造成国民经济的严重衰退，给政府带来巨额的预算支出，甚至可能引起政局的动荡。自70年代末以来，卡普里奥和霍纳姆（Caprio & Honoham，2000）发现已经有93个国家发生超过112次的系统性银行危机。在发展中国家发生的超过15次银行危机中，公共部门为化解危机所投入的成本达到或超过有关国家GDP的10%。有人推算发展中国家自1980年以来为化解银行危机所投入的救援总成本已经到2500亿美元，而且这还是在亚洲危机暴发以前。对于亚洲危机国家来说，用于补充银行资本的成本占到GDP的10%~60%。除了大量的财政成本外，金融危机还会加重经济萧条，增加贫困率，阻碍国民查询流向最有生产力的领域，限制货币政策操作空间，增加发生货币和外债危机的可能性。基金组织进行的一项研究发现，发生银行危机以后，大约需要三年的时间才能使产出增长恢复到原来的趋势水平，累计的产出损失平均达12%。另外一项研究也发现，发展中国家发生的银行危机中，每三次就有一次导致产出损失累计达到或超过GDP的20%。

（3）现代金融危机的突发性要求我们将重点放在对风险的预见上。风险的预测与防御要比危机产生后的处理更为有效。以往的几次金融危机几乎都是在某一时点突然暴发，危机国都处于一种"措手不及"的状态，来不及采取及时有效的应对措施。因此，建立一个有效的预警机制是预防和对付银行风险的关键。

基于全面风险管理的商业银行风险预警机制可以在银行业务经营的全过程中预测风险、预控风险，把风险的损失控制在最低限度，积累资本，壮大实力，稳定银行经营活动秩序。通过建立风险预警机制，设置测度风险的指标体系和进行坚持不懈的监测，密切观察银行内外部环境的发展变动，一旦风险出现，银行当局就可以有条不紊地加以处理，及时制订预防性的有效方案及措施，并适时调整总体经济政策，降低风险程度乃至避免其发生。因此，商业银行风险预警机制对于防范风险于未然，尽可能将发生危机的影响程度降到最低点，保障银行业及本国经济的健康稳定发展具有重要意义。

2. 建立商业银行风险预警机制的可行性

金融风险的出现虽然是多方面因素作用的结果，但这些因素可以通过一系列量化的经济指标反映出来。金融风险的发生有一个形成的过程，在风险暴发前总有许多征兆，常常以一系列宏观经济指标值的恶化为先兆，且距实际转化为金融危机并暴发，一般有一些前置时间（lead time），前置期一般有 1 ~ 2 年。银行风险作为一个综合性的宏观经济现象，在发生前，与其相关的宏观经济与金融指标都会不同程度的发生异常变化。实证结果表明，主要的经济指标如实际汇率、实际利率、M2 的货币乘数等发生变化超过临界值，至金融危机发生，时差介于 12 个月至 17 个月之间（见表 2 - 2）。在前置期内，如果能够及时发现有关宏观经济预警指标的异常反映并及时进行调控，是可以防范银行风险或避免金融危机发生的。

表 2 - 2　　　　　　经济指标发生变化与金融危机发生的时差

经济指标	平均前置时间（月）
实际汇率	17
实际利率	17
进口值	16
M2 货币乘数	16

续表

经济指标	平均前置时间（月）
经济总产值	16
银行存款	15
超额 M1 货币余额	15
出口值	15
外汇储备	15
股价	14
M2/外汇储备	13
放款利率/存款利率	13
国内信用/GDP	12

因此，在选择合适的金融风险监控指标，运用合理的计量方法，正确测算各类金融风险的危害程度的基础上，金融风险预警机制的构建是既可行且有效的。

2.3.3 商业银行风险预警机制的组成

商业银行风险预警管理系统是风险管理中的防错、纠错机制，管理过程分为三个阶段，即风险识别、风险度量、风险控制，如图 2 - 3 所示。

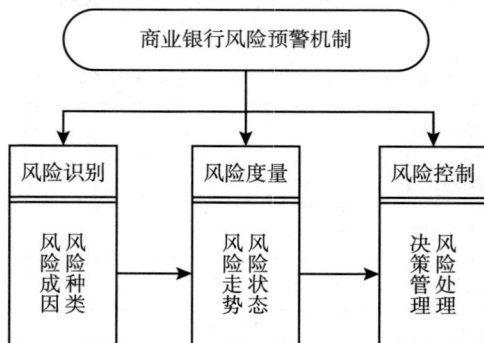

图 2 - 3 商业银行风险预警管理三阶段

由图 2 - 3 可见，商业银行风险预警管理机制分为三个阶段：第一阶段为风险识别，即对影响商业银行风险的因素及其成因仔细分析，并监测其变化过程；第二阶段为风险度量，即对主体所面临的各类风险状态进行较为客观、准确的评价，为决策提供依据；第三阶段为风险控制，即对整体风险做出判断并以此为基准进行恰当的处理。

为实现监管目标，全面风险管理框架下的商业银行风险预警机制应包括四个基本组成部分：目标体系、组织机构、预警防范技术及预控策略。这四个方面的有机统一，构成了商业银行风险预警管理机制。

1. 目标体系

商业银行风险预警机制的目标与商业银行经营原则相一致，即安全性、流动性、盈利性。其最直接目标是，在识别和度量风险的基础上，对可能发生的风险进行控制，保障银行资金筹集、运用及经营活动的顺利进行（包括经济目标、安全可靠性目标、满足外界需求目标、履行对社会承诺的目标等）。

2. 预警防范技术

由原始数据的输入到作为对策依据的结果输出，必须要借助于合理的分析论证、科学的运算。从系统工程的角度出发，必须建立一定数量的监控子机制。首先，对各监控子机制提供的监控报告分别进行特征量的融合，并给出特征融合结果。其次，对同一时刻各监控站的特征融合结果进行再融合，即进行决策级融合。最后，将决策级融合结果与下一时刻决策级融合结果进行再融合，由此连续不断地给出风险动态融合曲线。将此曲线与给定的风险阈值线进行比较，若超出风险阈值线，则预控机制启动。但当风险动态曲线处于不断上升过程之中时，预警机制也应给出的提醒防御信息。

3. 组织机构

预警机制的人员组成及组织机构对风险预警功能的发挥起着不可或缺的作用。由于风险预警是整个管理过程的一部分，因此，其人员及机构应统一于整个经济组织的风险管理机构之中。商业银行风险预警机制的组织机构如图 2 - 4 所示。

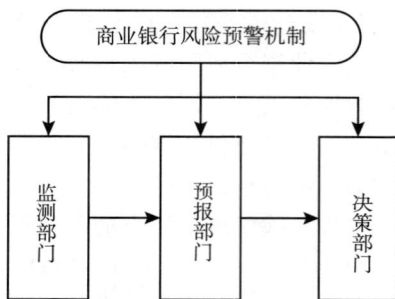

图2-4 商业银行风险预警机制组织机构

图2-4表明，商业银行风险预警管理机制组织构成中的三大部分即监测部、预报部及决策小组是密不可分的统一整体，三个部门互通信息，紧密相连，共同实现预警管理目标。

4. 预控策略

预控是整个风险管理机制中必不可少的一个环节，在对风险的状态进行测度后，预警机制必须制定和选择相应的对策来防范和控制风险，否则预警管理将失去其应有的作用与意义。

2.4 本 章 小 结

作为本书研究的理论基础，本章首先论述了巴塞尔新资本协议框架下的全面风险管理的概念以及以传统管理模式相比，全面风险管理模式所具有的优势和特点，并在此基础上对全面风险管理体系的结构进行阐述；然后结合本书研究重点，对巴塞尔新资本协议下的现代风险管理新方法即风险调整资本收益率法、资产组合调整法、风险价值法进行了介绍；最后根据论文研究目标详细论述了商业银行风险预警机制建立的必要性和可行性，以及风险预警机制的组成部分。

第 *3* 章

"一带一路"背景下我国银行业的国际化战略

3.1 "一带一路"沿线金融环境及需求分析

3.1.1 "一带一路"沿线金融环境分析

1. 双边贸易迅速增长

商务部网站显示（见图 3 - 1），2018 年我国与"一带一路"沿线国家贸易总额约为 1.3 万亿美元，占我国对外贸易总额的比重达 27.4%，同比增长 16.3%。我国向沿线国家出口，自 2011 年以来整体呈现上升态势，2018 年向沿线国家出口 7047.3 亿美元，达到近年来的高位。

向"一带一路"沿线国家的出口贸易中，排名前十的国家分别为越南、印度、俄罗斯、新加坡、马来西亚、印度尼西亚、阿拉伯联合酋长国、泰国、伊朗、菲律宾，其中一般贸易出口总额占向前十国出口总额的 63.81%，进料加工贸易额占比为 18.06%，边境小额贸易出口额占比为 5.69%。如图 3 - 2 所示。

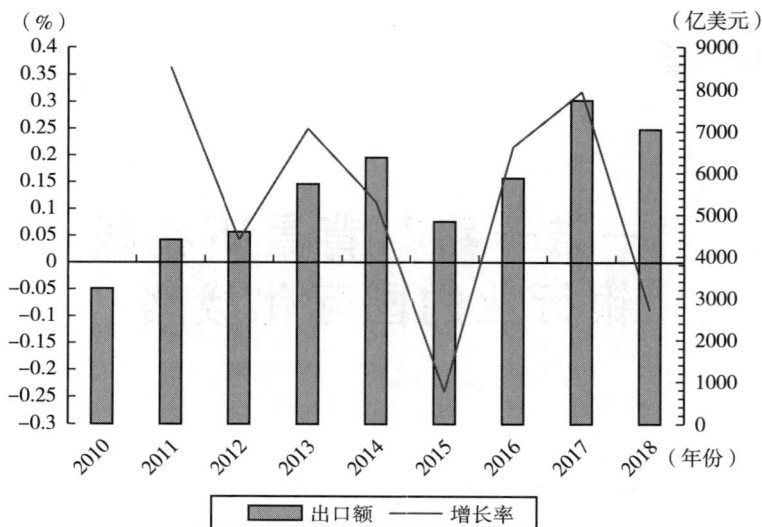

图 3 - 1　我国对"一带一路"沿线 64 国家贸易出口额及增速

资料来源：国家数据网。

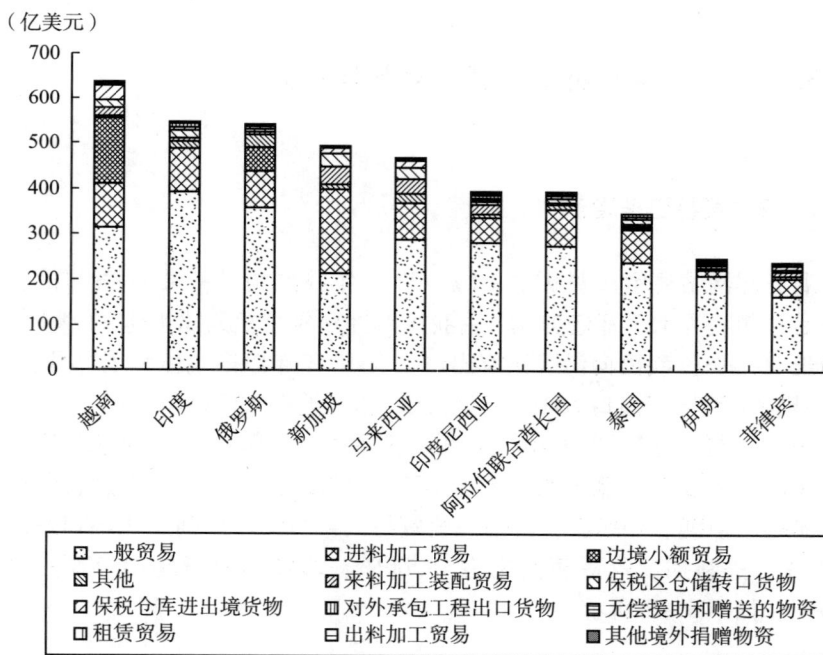

图 3 - 2　前十贸易国家主要贸易方式

2. 资本投资大幅增加

根据 2018 年度中国对外直接投资公报，2018 年，中国境内投资者共对"一带一路"沿线的 57 个国家近 3000 家境外企业进行了直接投资，涉及国民经济 17 个行业大类，当年累计投资 201.7 亿美元，同比增长 31.5%，占同期中国对外直接投资流量的 12.7%。主要投向新加坡、哈萨克斯坦、马来西亚、印度尼西亚、俄罗斯、老挝、泰国、越南、柬埔寨、巴基斯坦、阿联酋等国家。近五年中国对沿线国家累计直接投资 807.3 亿美元。在吸收外资方面，2019 年 1～6 月，"一带一路"沿线国家在华设立外商投资企业 969 家，同比增长 18.52%；实际投入外资金额 46.38 亿美元，同比增长 13.33%，占全国吸收外资总额的 7.53%。其中，新加坡实际投入外资金额 32.68 亿美元，同比增长 5.88%，占沿线国家实际投入外资总额的 78.47%。此外，沙特阿拉伯实际投入外资金额 3.39 亿美元，占比 9.18%；马来西亚 1.34 亿美元，占比 2.76%。

对外承包工程方面，2019 年 1～6 月，我国企业在"一带一路"沿线国家新签对外承包工程项目合同 3302 份，新签合同额 636.4 亿美元，占同期我国对外承包工程新签合同额的 60.1%，同比增长 33.2%；完成营业额 385.9 亿美元，占同期总额的 54.9%。截至 2019 年 4 月份，中国在沿线国家建设境外经贸合作区 75 个，累计投资 255 亿美元，入区企业超过 3800 家，上缴东道国税费近 17 亿美元，为当地创造就业近 22 万个。除了涉及航空运输、商业地产、商贸物流等传统重点产业外，矿产品开采、农业种植、光伏生产、医疗器械进出口等成为 2019 年我国对外投资的重点领域。越来越多的沿线国家接受我国企业资本进入，一方面反映出我国企业国际竞争力提升，另一方面也与这些国家积极鼓励外资政策、市场投资环境改善等因素有关。

3. 政策环境逐渐改善

完善健全的金融制度、规范稳定的政策环境，是"一带一路"沿线国家实现金融资源优化配置、吸进境外资金流入的先决条件。我国政府自发布《推动共建丝绸之路经济带和 21 世纪海上丝绸之路的愿景与行动》后，大力推动"一带一路"建设，积极促进外贸创新发展，简化进口管理程序，推动通关便利化，推进跨境人民币结算业务，继续鼓励外商投资，扩大服务业开放，开展资本项目外汇管理改革。2014 年 10 月 24 日，包括我国、印度、新加坡等在内21个首批意向创始成员国的财长和授权代表在北京签约，共同决定成立亚洲基础设施投资银行。2015年12月25日，亚洲基础设施投资银行正式成立。2016年1月16日至18日，亚投行开业仪式暨理事会和董事会成立大会在北京举行。2014年11月8日，国家主席习近平宣布，我国将出资400亿美元成立丝路基金。2014年12月29日，丝路基金正式开始运行。截至2018年12月，亚投行成员已经达93个，来自"一带一路"的国家超过6成。2017年丝路基金获增资1000亿元人民币，已签约19个项目。亚投行、金砖银行、丝路基金等多边金融机构的诞生与成长，为"一带一路"的建设提供了良好的金融发展环境。

3.1.2 "一带一路"沿线金融需求分析

1. 人民币国际化需求

"一带一路"国家战略明确了现阶段国家对外开放的总体路线，同时也明确了人民币国际化的重点拓展区域。一方面，随着沿线双边贸易的深入开展，与我国的贸易结构、金融体制效率和开放度等因素相适应，人民币将逐步实现周边化、区域化、国际化。而在人民币由周边化到区域化再到国际化的发展过程中，"一带一路"建设能发挥桥梁和纽带作用，为人民币进一步走出国门提供有利条件。另一方面，我国作为贸易大国，在推进人民币成为结算货币的进程中，通过区域贸易、双边贸易等促使人民币国际贸易结算。在此过程中，"一带一路"的建设，有助于扩大亚欧国家特别是广大新兴经济体使用人民币进行跨境贸易和投资结算的需求，推动人民币贸易结算份额继续提高。随着"一带一路"建设深入开展，沿线国家与我国对外经济与金融合作不断深化，国际市场对人民币跨境使用需求逐渐扩大，为人民币国际化注入了新动力。

2. 经贸产业合作融资需求

截至2015年9月底，我国企业正在建设的具有境外经贸合作区性质的项目共有69个，分布在33个国家。69个合作区建区企业累计完成投资67.6亿美元，其中基础设施投资34.2亿美元，实际平整土地376.6平方公里。入区企业1088家，其中中资控股企业688家，累计实际投资99.2亿美元。合作区累计总产值402.1亿美元，缴纳东道国税费12.9亿美元，解决当地就业 14.9 万人。这些正在建设的具有境外经贸合作区性质的项目中，在"一带一路"沿线国家建设的有 48 个，分布在 18 个国家，其中 10 个合作区已通过商务部、财政部的确认考核。截至 2015 年 9 月底，这 48 个合作区建区企业累计完成投资 51 亿美元，其中基础设施投资 23.7 亿美元，实际平整土地 128 平方公里。入区企业 805 家，其中中资控股企业 458 家，累计实际投资 74.2 亿美元。合作区累计总产值 279.3 亿美元，缴纳东道国税费 7.7 亿美元，解决当地就业 12.8 万人。截至 2018 年上半年，中国企业共在 46 个国家建设初具规模的境外经贸合作区 113 家，累计投资 348.7 亿美元，入区企业 4542 家，上缴东道国税费 28.6 亿美元，为当地创造就业岗位 28.7 万个。随着"一带一路"沿线国家工业化进程加速，产业结构更新升级，之相适应的金融支撑体系呼之欲出。因此，在这样的大背景下，我国商业银行可灵活运用境外经贸合作区、多层次金融服务平台，加强与"一带一路"沿线国家的金融合作。

3. 产能和技术创新需求

我国作为"一带一路"建设的贸易和投资大国，在大型成套设备、技术和服务上具有领先优势，面对沿线国家推进工业化、现代化和提高基础设施水平的迫切需要，可以"一带一路"建设为契机，推动国际产能和装备制造合作，扩大机电类产品、高新技术产品出口，鼓励支持具有自主知识产权和高技术水平的企业行业对沿线国家投资。

统计可得（见表 3 − 1），我国对"一带一路"沿线国家的出口贸易主要集中在东南亚、东北亚的俄罗斯和南亚的印度等地区，机电类产品出口所占比重最高。近几年，我国高铁、港口、油气管道、核电、通信光缆等工程项目发展迅速，核心技术向高端化转型，国际竞争力不断加强，成为我国制造和国际产能合作的主要利润增长点。

表 3 − 1　　　　　　　　我国主要出口国家和主要产品种类

主要出口国家	主要产品种类
越南	机电产品，机器、机械器具及零件，钢铁，针织或钩编的服装及附件等
印度	机电产品，机械器具，有机化学品，肥料，钢铁及制品，塑料及制品，家具等

续表

主要出口国家	主要产品种类
俄罗斯	机电产品，机器、机械器具及零件，非针织服装及衣着附件，针织或钩编的服装及衣着附件，鞋靴、护腿和类似品及其零件，毛皮、人造毛皮及其制品等
新加坡	机电产品，机器、机械器具及零件，船舶及浮动结构体，矿物燃料、矿物油及其蒸馏产品，沥青物质，矿物蜡，家具等
马来西亚	机电产品，家具，寝具、褥垫、弹簧床垫、软坐垫及类似的填充制品，未列名灯具及照明装置，发光标志、发光铭牌及类似品，活动房屋等
印度尼西亚	机器、机械器具及零件，机电产品，矿物燃料、矿物油及其蒸馏产品，沥青物质，矿物蜡，钢铁，钢铁制品等
阿联酋	机电产品，机械器具及零件，针织或钩编的服装及衣着附件，家具等
泰国	机电产品，机器、机械器具及零件，钢铁，塑料及其制品，钢铁制品，光学、照相、电影、计量、检验、医疗或外科用仪器及设备、精密仪器及设备等
伊朗	机械器具及零件，机电产品，车辆及其零件，家具，寝具等
菲律宾	机电产品，钢铁，机器、机械器具及零件，矿物燃料、矿物油及其蒸馏产品，沥青物质，矿物蜡，车辆及其零件等
沙特阿拉伯	机器、机械器具及零件，机电产品，家具，寝具、褥垫、弹簧床垫、软坐垫，灯具及照明装置，发光标志，活动房屋等
土耳其	机器、机械器具及零件，机电产品，塑料及其制品，光学、照相、电影、计量、检验、医疗或外科用仪器及设备、精密仪器及设备等
波兰	机器、机械器具及零件，机电产品，光学、照相、电影、计量、检验、医疗或外科用仪器及设备、精密仪器及设备，家具，寝具等
巴基斯坦	机电产品，核反应堆、锅炉、机器、机械器具及零件，化学纤维长丝，化学纤维纺织材料制扁条及类似品，钢铁，化学纤维短纤等

续表

主要出口国家	主要产品种类
哈萨克斯坦	鞋靴、护腿和类似品及其零件，核反应堆、锅炉、机器、机械器具及零件，针织或钩编的服装及衣着附件，机电产品等
孟加拉国	棉花，机器、机械器具及零件，机电产品，化学纤维短纤，针织物及钩编织物，化学纤维长丝，化学纤维纺织材料制扁条，塑料及其制品等
埃及	机电产品，机械器具，针织服装及附件，车辆及零件，塑料及制品，钢铁等

数据来源：商务部。

4. 基础设施建设投资需求

"一带一路"沿线国家及地区 2016 年的 GDP 平均增长率为 4.6%，超过了新兴市场经济体 3.6% 的平均增速，2018 年的 GDP 平均增长率为 5.5%，大多数国家正处于经济发展的上升期，基础设施建设相对不足，在交通能源、电力、通信等领域的投资需求较大。

我国企业在"一带一路"沿线对 51 个国家非金融类直接投资 68 亿美元，同比下降 8.1%，占同期总额的 12.6%，主要投向新加坡、越南、老挝、阿联酋、巴基斯坦、马来西亚、印度尼西亚、泰国和柬埔寨等国家。而在对外承包工程方面，2019 年 1 ~ 6 月，我国企业在"一带一路"沿线国家新签对外承包工程项目合同 3302 份，新签合同额 636.4 亿美元，占同期我国对外承包工程新签合同额的 60.1%，同比增长 33.2%；完成营业额 385.9 亿美元，占同期总额的 54.9%。例如，能源方面，有中国机械设备工程公司的煤电一体化项目、中兴能源投资的 900 兆光伏项目、三峡集团卡洛特 BOT 水电站项目，以及中国电建参与投资并承建的卡西姆港应急电站项目。交通方面，分别由中国建筑和中国交建承建的卡拉奇至拉哈尔高速公路项目、喀喇昆仑公路升级改造项目，合同额为 28.9 亿美元和 13.2 亿美元；由中铁总公司和北方公司联营体承建的拉合尔轨道交通橙线项目，目前已开工建设。

3.2 "一带一路"沿线商业银行业务发展前景概述

"一带一路"倡议推动商业银行业务转型，增强服务能力。我国商业银行仍存在过度依赖存贷款利息差的盈利模式，在利率市场化的背景下，必须寻求新的发展方式，开展更多的中间业务与其他非存贷业务。"一带一路"沿线投融资项目大多具有投入大、回收周期长、风险大的特点，商业银行需要改变传统的信贷融资方式，可通过债券、信托、理财、咨询等多种方式开展投融资业务，实现业务转型，增强为经济社会发展的全局服务能力，灵活应用自身产品服务，推动我国贸易结构优化，产业转型升级，提升开放型经济发展水平。

3.2.1 "一带一路"为银行资产业务发展带来新机遇

1. 推动基础设施建设，激发中长期投融资需求

"一带一路"沿线国家的基础设施投资需求巨大。各省 2015 年"两会"政府工作报告上关于"一带一路"基建投资项目总规模已经达到 1.04 万亿元，主要包括重庆、四川、宁夏、江苏、海南、云南、陕西、广西、浙江、内蒙古、新疆、甘肃、青海、广东、福建等省区市。从项目分布看（见图 3 - 3），主要以"铁公机"为主，占到全部投资的 74%。其中，铁路投资近 5000 亿元，公路投资 1235 亿元，机场建设投资 1167 亿元，此外港口水利投资金额也比较大，超过 1700 亿元。根据世界经济论坛公布的全球竞争力数据，2018 年，"一带一路"国家交通行业基础设施得分仅为 50.8，离满分 100 存在较大差距，交通基础设施仍有较大改善需求。从投资主体看（见图 3 - 4），主要以政府投资为主，社会资本参与率依然较低。在可辨别项目中由政府以及政府平台公司为投资主体的比重达到了 33%，政府与企业的合作达到了 18%，但大部分为地方政府与我国铁路总公司合作投资项目。企业投资占到 15%，但铁路总公司、电网、煤炭等大型国企占到了绝大部分。

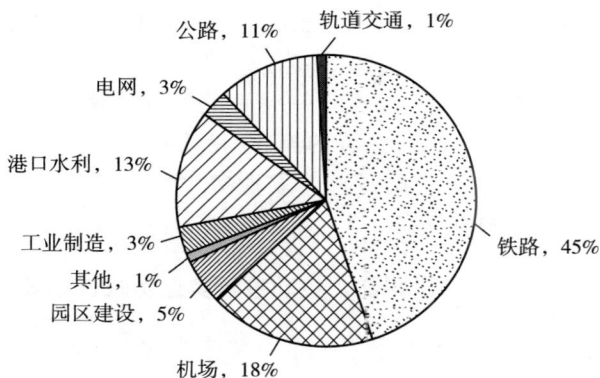

图 3 - 3 2018 年"一带一路"项目投资规模

资料来源：民生证券。

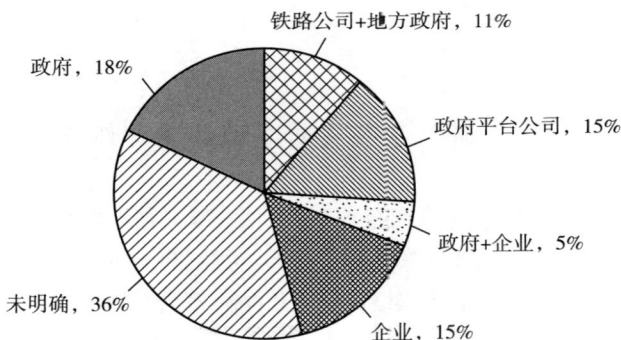

图 3 - 4 2018 年"一带一路"投资主体结构

资料来源：民生证券。

　　商务部网站数据显示，2019 年第一季度，中国对外承包工程完成营业额 330.6 亿美元，新签合同额 506.1 亿美元，同比增长 13.5%。据商务部对外投资和经济合作司负责人介绍，对外承包工程新签合同额在 5000 万美元以上的项目 177 个，比去年同期增加 19 个，占新签合同总额的 83.2%。对外承包工程完成营业额主要集中在电力工程建设和交通运输建设行业，合计占比近 60%，有效改善了东道国基础设施条件。

　　从商业银行角度看，"一带一路"项目清单背后是庞大的融资需求。"一带一路"沿线涉及 60 多个国家，基础设施建设正进入加速期，投资总规模或高达 6 万亿美元。当前资金来源有我国政策性银行、上海合作组织银联体、中亚区域经济合作机制、亚洲基础设施投资银行、金砖国家新开发银行、丝路基金、私人资本等众多来源。例如，我国国家开发银行已建立涉及 60 个国家总量超过 900 个"一带一路"项目储备库，涉及投资资金超过 8900 亿美元。而在已签署的近 50 份协议中，涵盖的领域包括煤气、矿产、电力、电信、基础设施、农业等。已实施的项目数为 22 个，累计贷款余额超过 100 亿美元。

2. "走出去"需求日渐强烈，拉动投行类业务快速增长

"一带一路"倡议推进背景下，企业"走出去"需求日渐强烈，加之行业整合、产业并购加快，都将催生相应的财务咨询、并购咨询等业务需求。预计咨询与顾问费用收入和额度管理费类收入将保持稳步增长。代理类业务（资产托管、委托收付、代卖保险理财等）随着居民财富管理需求和消费需求的持续稳步增长而增长。商业银行加大力度布局投行业务也将拉动投行类业务的快速增长。

3.2.2 "一带一路"为扩大贸易融资业务创造空间

2016 年我国（包括政府和企业）对"一带一路"沿线 53 个国家直接投资 145.3 亿美元，占同期总额的 8.5%。我国企业对相关 61 国的新签合同额 1260.3 亿美元，占同期对外承包工程新签合同额的 51.6%，完成营业额 759.7 亿美元，占同期总额的 47.7%。我国正在打造产业集群式"走出去"的平台，与有意愿的沿线国家共建三类园区，包括境外经贸合作区、跨境跨双方边境的经济合作区、我国境内边境合作区。其中，我国—白俄罗斯工业园、中国—马来西亚关丹产业园、中哈霍尔果斯国际边境合作中心等一批重点园区已初具规模。2016 年，我国企业在"一带一路"沿线建立初具规模的合作区 56 家，累计投资 185.5 亿美元。截至 2018 年12 月，中国已与 140 多个国家和国际组织签署共建"一带一路"协议。作为"一带一路"建设金融支撑的亚投行进一步扩容，从 2015 年建立之初的 57 个成员发展到目前的 87 个。亚投行成立以来，已在 13 个国家开展了 28 个项目，并获得 3 家国际评级机构的最高信用评级。

贸易畅通是"一带一路"建设的核心措施。"一带一路"沿线国家大多数为新兴经济体和发展中国家，普遍处于经济发展上升期，贸易需求空间较为广阔。我国大力促进"一带一路"沿线投资和贸易壁垒的消除及贸易合作。在此推动下，贸易商品种类大幅增加、贸易规模也快速增长。近年来我国与"一带一路"沿线国家进出口双边贸易额增长迅速，对我国外贸的贡献度逐年递增。2018 年中国与"一带一路"沿线国家的贸易额达到 1.3 万亿美元，同比增长 16.3%，比中国 2017 年的贸易增长高出 3.7 个百分点。2018 年，中国向"一带一路"国家出口货物 7050 亿美元，同比增长 10.9%。五年来，我国同"一带一路"沿线国家贸易总额超过 5 万亿美元，年均增长 1.1%。2017 年向沿线国家出口 7742.6 亿美元，达到近年来的高位。

从商业银行的角度来看，企业的投资、采购、库存管理、制造、装配、分销、零售等贸易达成的全流程，都需要银行提供相应的贸易结算、贸易融资、信用担保、风险管理、财务管理等综合服务，推动产业内上下游企业之间、各相关行业之间、各个国家和地区之间的经贸发展。

3.2.3 "一带一路"为商业银行开展人民币相关业务提供了条件

1. 强化人民币的国际货币职能，拓展国际结算服务

作为来自全球第二大经济体的货币，人民币在"一带一路"沿线国家与地区有良好的使用环境。随着人民币资本项目和利率市场化改革的持续推进、汇率形成机制的进一步完善，人民币有机会借助"一带一路"在国际市场上获得更大发展空间，特别是以 400 亿美元的丝路基金和 1000 亿美元的亚投行为平台，人民币在大宗商品结算、基础设施融资、跨境电子商务这三方面，有较大机会形成区域使用的突破口。"一带一路"倡议将促成巨额贸易往来和诸多双边货币互换协议，随着使用频率的增加和范围的扩大，人民币将由计价职能向定价职能延伸，并加快成为投资货币和储备货币，在实现国际化的进程中再进一步。我国商业银行在此过程中将扮演重要的角色。

首先是发展大宗商品的人民币期货市场。大宗商品市场是"一带一路"沿线重要的投资机遇，在目前我国经济需求疲弱、产能过剩的环境下，沿线国家随着发展将长期推动我国商品的需求，并吸收我国固定资产投资驱动产业的过剩产能。在这个过程中，要获得大宗商品的国际定价权，首先要增强人民币的流动和风险管控，满足大宗商品交易对定价机制和市场风险管理的高要求。针对沿线地区大宗商品交易的需求，发展具有价格发现功能和避险功能的期货交易所，延展完善人民币资金清算网络，加强与外汇交易清算平台的合作，协助构建更为畅通的人民币跨境流通和交易清算机制，允许更多境外企业与金融机构参与期货交易，以满足沿线地区对于市场风险管理的需求，同时吸引更多国际投资者，为人民币成为大宗商品计价结算货币提供支持。其次是争取成为基础设施融资体系的主流货币。据亚行估计，2010～2020 年间，仅丝路经济带沿线八国（东盟新、马、泰、印、菲五国以及中、哈、巴）基础建设所需的投资累计就达到 5.7 万亿美元，融资需求和融资缺口巨大。巨额资金需求必然需要吸引外来投资及推动区域间的金融合作，在亚投行、丝路基金等政策性金融项目的支持下，人民币有条件成为基础设施融资的主流货币。特别是在对外投资和项目贷款中增加人民币产品，提高人民币在沿线基础设施建设中的参与程度，同时利用货币互换合作，引导人民币进入当地授信系统，增加人民币作为基础设施建设的资金来源。

2. 推进境内外市场建设有利于人民币境外投融资

"一带一路"经济带沿线国家约 44 亿人口，GDP 规模 21 万亿美元，分别占到了全球人口的 63% 和经济总量的 29%。这些国家与我国的双边贸易额也超过了 1 万亿美元，占到了我国外贸总额的 1/4。2016 年我国在"一带一路"沿线 66 个国家的核心基建项目及交易总额超过 4930 亿美元，涉及公用事业、交通、电信、社会、建设、能源和环境七大行业。其中，我国占投资总金额的 1/3。中银国际研究报告指出 2030 年中国企业有望在"一带一路"市场上获得 1.36 万亿美元的建筑合同总额，2016～2030 年间的复合年增长率可达 19%。为满足这些项目早期建设和区内企业运营产生的大量投融资需求和贸易结算的需求，中资金融机构必然会进入园区，开发相应的人民币金融服务产品，提高人民币在当地的使用份额。

在"一带一路"的推进过程中，要实现的就是和亚洲周边地区的互联互通，其中资金的相互融通，包含了金融体系互通、基础设施互联、金融软件互联等，可以看作资本输出的起点。根据亚洲开发银行的估计，未来 10 年亚洲基础设施每年资金缺口 8000 亿美元。我国拥有比较高的基础设施建设水平，比较高的储蓄率，有条件成为"一带一路"基础设施融资体系的组织者和重要的资金供应方。而当前应利用难得的时间窗口进行顶层设计，创造条件，使人民币国际化发展模式从"贸易项下输出"向"资本项下输出"转变,扩大境外人民币资金存量,形成规模效应。以政府作为主导力量,带动金融机构及国内企业主动向外输出;加大市场需求,鼓励海外主体的贷款融资和债券融资,鼓励金融机构使用人民币向其海外分支机构增资;充分发挥我国金融机构和国际开发机构的金融中介作用,调动企业的积极性使其在"走出去"中推动人民币输出。同时注重与实体经济挂钩,通过国内企业"走出去"推进人民币成为全球资源配置、生产、销售和定价贸易品的核心,进一步夯实人民币作为我国对外贸易乃至国际贸易计价、结算货币的基础。

3.2.4 "一带一路"为商业银行打开境内业务市场的新局面

1. 陆路通道将确立部分省区为对外开放支点地区

中蒙俄、新亚欧大陆桥、中国 – 中亚 – 西亚、中国 – 中南半岛、中巴、孟中印缅六大经济走廊作为"一带一路"的战略支柱、"一带一路"倡议的主要内容和骨架,将沿线 60 多个发展中国家列为我国对外交往的优先对象,将"一带一路"倡议构想落到了实处。

一是中蒙俄经济走廊。根据《建设中蒙俄经济走廊规划纲要》,中蒙俄三国的合作领域包括交通基础设施发展及互联互通、口岸建设和海关、产能与投资合作、经贸合作、人文交流合作、生态环保合作、地方及边境地区合作共七大方面。中蒙俄经济走廊分为两条线路:一个是从华北京津冀到呼和浩特,再到蒙古和俄罗斯;另一个是从东北地区的大连、沈阳、长春、哈尔滨到满洲里和俄罗斯的赤塔。两条走廊互动互补形成一个新的开放开发经济带,打开了我国向北开放的门户,将我国东北地区和环渤海经济圈有效融合。

二是新亚欧大陆桥经济走廊。新亚欧大陆桥又称为"第二亚欧大陆桥",是从江苏省连云港市到荷兰鹿特丹港的国际化铁路交通干线,国内由陇海铁路和兰新铁路组成。大陆桥途经江苏、安徽、河南、陕西、甘肃、青海、新疆 7 个省市区,到中哈边界的阿拉山口出国境。出国境后可经 3 条线路抵达荷兰的鹿特丹港。中线与俄罗斯铁路友谊站接轨,进入俄罗斯铁路网,途经斯摩棱斯克、布列斯特、华沙、柏林到达荷兰的鹿特丹港,全长 10900 公里,辐射世界 30 多个国家和地区。在"一带一路"背景下,通过在沿桥地带实行沿海地区的开放政策,根据需要可继续设立各种开发区和保税区；试办资源型开发区；按照高起点和国际接轨的要求，建立资源和资源加工型新型企业；促进沿线地区工业化和城市化；利用外资，试办我国西部农业合作开发区，营造亚欧农产品批发交易中心；根据交通枢纽、资源状况、地理位置，以中心城市为依托，在沿桥地区建立若干个经济发展区，如以日照为中心的国际经济贸易合作区等，新亚欧大陆桥经济走廊必定将发挥更大的作用。

三是中国—中亚—西亚经济走廊。中国—中亚—西亚经济走廊东起我国，向西经中亚至阿拉伯半岛，是丝绸之路经济带的重要组成部分。该条经济走廊由新疆出发，抵达波斯湾、地中海沿岸和阿拉伯半岛，主要涉及中亚五国（哈萨克斯坦、吉尔吉斯斯坦、塔吉克斯坦、乌兹别克斯坦、土库曼斯坦）、伊朗、土耳其等国。从我国与中亚、西亚国家的政策沟通来看，依托常态化的高层互访和政府间合作机制，我国积极推进丝绸之路经济带战略同沿线各国发展战略之间的全面对接，为我国同中亚西亚国家加强务实合作创造了良好的政策条件，也使沿铁路线与环渤海、长三角、珠三角经济圈相联系，打开我国西北地区对外开放门户。

四是中国－中南半岛经济走廊。该走廊以我国广西南宁和云南昆明为起点，以新加坡为终点，纵贯中南半岛的越南、老挝、柬埔寨、泰国、缅甸、马来西亚等国家，是我国连接中南半岛的大陆桥，也是我国与东盟合作的跨国经济走廊。"我国－中南半岛"将支持广西建设成面向东盟区域的国际通道、21世纪海上丝绸之路与丝绸之路经济带有机衔接的重要东南门户。

五是中巴经济走廊。中巴经济走廊（CPEC）起点位于新疆喀什，终点在巴基斯坦瓜达尔港，全长3000公里，北接"丝绸之路经济带"、南连"21世纪海上丝绸之路"、贯通南北丝路关键枢纽，是一条包括公路、铁路、油气和光缆通道在内的贸易走廊。CPEC的提出加强了中巴之间交通、能源、海洋等领域的交流与合作，加强了两国互联互通，促进两国共同发展。

六是孟中印缅经济走廊。涉及我国云南（昆明）地区，云南有望成为面向南亚、东南亚的辐射中心。

2. 海路通道将带动港口节点城市尤其是自贸区所在省市的开放与发展

从"一带一路"发展路径来看，节点城市是关键，经济开发区和港口建设是重点。陆上以沿线中心城市为支撑，以重点经贸产业园区为合作平台，打造西安内陆型改革开放新高地，加快兰州、西宁开发开放；加快北部湾经济区和珠江—西江经济带开放发展；打造重庆西部开发开放重要支撑和成都、郑州、武汉、长沙、南昌、合肥等内陆开放型经济高地。海上则以重点港口为节点，共同建设通畅安全高效的运输大通道，加强上海、天津、宁波—舟山、广州、深圳、湛江、汕头、青岛、烟台、大连、福州、厦门、泉州、海口、三亚等 15 个沿海城市港口建设，强化上海、广州等国际枢纽机场功能。基础设施互联互通是"一带一路"建设的优先领域，而贸易畅通才是战略的核心。随着"一带一路"倡议的不断推进，各国双边贸易额的扩大将是"一带一路"倡议中最直接的成果。

3. 各地对接"一带一路"，为商业银行境内业务打开新局面

目前，沿线各省区市政府纷纷推出各项举措，努力对接"一带一路"倡议，为商业银行境内业务打开新局面。根据发布的《推动共建"一带一路"的愿景与行动》最终圈定了重点涉及的 18 个省份为"一带一路"倡议对外合作的重点省市地区。这些省份包括新疆、陕西、甘肃、宁夏、青海、内蒙古等西北 6 省区，黑龙江、吉林、辽宁等东北 3 省，广西、云南、西藏等西南 3 省区，上海、福建、广东、浙江、海南等沿海 5 省市，内陆地区则是重庆，辐射全国。其中新疆被定位为"丝绸之路经济带核心区"，福建被定位为"21 世纪海上丝绸之路核心区"。从全国各地政府的反应可以看出，"一带一路"倡议规模空前，各级地方政府出台的相应配套政策或优惠，将逐级放大中央政策的效果，涵盖交通、能源、旅游、航运等领域，为商业银行境内业务打开新局面。

第 *4* 章

基于非对称随机波动模型的
商业银行流动性
风险度量研究

商业银行流动性，是指资产或者债务按照其价值转变为现金的难易程度，是商业银行满足存款者提取现金和借款人合格贷款需求的能力。流动性被视为银行的生命之本，它不仅直接决定着单个银行的安危存亡，对整个国家乃至全球经济的稳定都至关重要。在金融自由化、资本流动全球化的环境中，银行经营中面临的流动性压力远远大于过去任何时期。流动性管理也因此显得比任何时期更为重要。本章在论述流动性风险管理相关理论的基础上，针对目前我国商业银行流动性管理现状，对如何准确度量流动性风险进行了深入研究。

4.1 "一带一路"背景下商业银行
流动性风险理论概述

4.1.1 流动性风险与流动性管理

根据巴塞尔银行监管委员会新发布的《有效银行监管的核心原则》，流动性风险是指银行无力为负债的减少或资产的增加提供融资的可能性，即当银行流动性不足时，它无法以合理的成本迅速增加负债或变现资产获得足够的资金，从而会引发流动性支付危机导致挤兑情况发生。从短期看流动性风险产生的原因主要有两方面：一是银行经营过程中资产与负债在期限搭配上的技术缺陷，即使用大量的短期资金来源安排了长期的资金运用。在资产与负债期限搭配非对称的同时，又未安排充足的支付准备，以至于造成资金周转失灵，形成流动性风险。二是存款的快速下降。这种情况主要是由于存款者受谣传蛊惑，挤兑存款；或预期物价上涨，力图将存款转化为实物提前购买；担心战争、动乱、灾害发生，为预防紧急情况而大量提取银行存款。从长期看流动性风险主要是由资产质量下降引起的。当银行把客户存款运用出去形成资产后，如果这些资产质量差，不能变现，最终会损害银行流动性。

银行流动性问题并不是一个新的问题。早在1977年，花旗银行前财务主管在与一组研究分析人员探讨"骆驼评级体系"各组成部分的次序时说："'CAMEL'评级体系应改为'LEMAC'，流动性始终是第一位的问题。离开了流动性，银行必须关门。有了流动性，银行即赢得了解决其他问题的时间。"[72][73]

流动性问题是当今世界财务领域中尚未解决的主要课题之一。流动性问题解决的不好，就有可能导致流动性支付危机，沉重打击投资者和债权人的信心，严重损害该机构的信誉。如果不能及时有效地化解危机，其结局非常严重。这一问题对金融机构尤其重要。

流动性不足往往是一家银行财务上发生困难的征兆之一。有问题的银行通常是从存款大量流失开始，现金供给减少，被迫出售更具流动性的资产。与此同时，同业拆借困难，需支付更多的抵押品或更高的利率。这会进一步减少有问题银行的收入，并使之受到倒闭的威胁。许多银行以为实际上在任何需要资金的时候他们都能无限量的借到流动性资金，所以，他们认为没有必要持有易出售的、价格稳定的资产来保持流动性。近些年，一些问题银行所经历的严重现金短缺清楚的说明流动性需求不容忽视，流动性管理十分重要。因为一家银行从技术上仍有清偿力却会因为不具有充足的流动性而倒闭。1998年8月，俄罗斯卢布事件引发信用风险，使国际投资者对于发展中国家债券投资的风险意识提升而要求更高的内部收益率，长期资本管理公司（LTCM）因博赌收益率息差收窄导致手中的俄罗斯政府债券因流动性下降（债券市场最终因卢布贬值而停止交易）造成剧烈亏损，流动性风险让"华尔街投资天才陨落"。2007年8月美国"次级债风波"暴发后，金融机构间信心缺失导致的"信贷紧缩"很快从美国蔓延到欧洲，以银行间同业拆借为主要流动性来源的英国北岩银行由此出现了融资困难。2007年9月14日、15日和17日，北岩银行发生了挤兑事件。2008 年 11 月，AIG 称证券借贷已具有史无前例的流动性压力，美国联邦储备委员会宣布向困境之中的 AIG 提供 378 亿美元额外贷款，以避免 AIG 再次出现资金短缺而破产。自从以 LTCM 濒临破产为标志的第二次银行危机以来的十多年，部分大型金融机构流动性枯竭再次拉开了危机的大幕，其可怕的传染效应很快就席卷全球，当局不得不大量注资来提高市场流动性，但是传染效应仍然造成不可估量的损失，在这种大背景下流动性风险再次成为银行业和监管者关注的焦点[74]。因此当局必须要不断加强对金融机构流动性风险的管理。

银行的流动性管理是指能够在任何时间里以合理的价格筹措到资金来满足契约或关系债务的过程。银行管理层面最重要任务之一是保证充分的流动性。如果银行在有需要时可用合理的成本得到立即使用的资金，则表示其流动性强。一家流动性正常的银行有足够的资金储备来及时满足资金需求，或者能通过借款或出售流动资产来迅速获得流动资金。

有效的流动性管理具有以下 5 个功能：①向市场展示银行较好的安全状况和较高的偿债能力，维持银行在公众中的良好信誉。②使银行有能力兑现它先前的贷款承诺，不管这一承诺是正式的还是非正式的。这一功能是银行与客户关系中的重要环节，主要包括向客户提供贷款或流动性支持。③使银行避免非盈利的资产销售。使银行能选择设当时机以合理的价格筹措资金，防止因削价处理资产带来的损失。④可减少银行筹措资金所支付的风险溢价。具备强有力资产负债管理能力的银行会被市场认同为良好的流动性和较高的安全性，将能够按与其信誉一致的风险溢价购买到它所需要的资金。以可转让存款证（negotiable CDs）为例，流动性状况较强、一般和较弱的银行，相应的 CD 利率也分别低于、等于和高于市场利率。⑤防止银行滥用向央行贴现窗口借款的优先权。在美国，中央银行对商业银行的贴现利率低于市场利率，过多使用该项权利，会招致央行对商业银行可能的套利行为的怀疑，同时，也会加重公众对银行流动性状况的担心。

4.1.2　商业银行流动性的来源：资产与负债

商业银行的流动性包括两方面的含义：一是资产的流动性；二是负债的流动性。

1. 资产流动性

资产流动性就是资产的即时变现能力。资产流动性资源主要包括现金和准备金、同业拆出、政府短期债券、商业票据、银行承兑汇票、资金回购等[75]。

一种资产如果能方便地转变成现金而不花费很大的成本，则这种资产的流动性就好，否则流动性就不好。一幢房屋作为资产的流动性是比较差的，如果急于出售，房价往往会被压得很低。短期国库券作为金融资产，在发达的金融市场中具有很好的流动性，因为可以以很低的交易成本出手换取现金。这里需要强调说明的是，度量流动性好坏的是资产即时变现的交易成本。慢慢地寻找合适的买主，房屋可以卖到一个好价钱，并不说明国库券的流动性变差了。而且资产流动性的好坏是与交易该种资产的市场的发达完善程度有关的。同样作为艺术收藏品，邮票的流动性比名画的流动性要好得多，因为集邮市场远比名画拍卖市场发达完善得多。

假定其他条件相同，一种资产的流动性相对比其他资产好，则这种资产的需求量就会比较大。流动资产的重要特点之一是其可交易性。可交易性决定了流动资产的售出风险低，从而使流动资产的账面和市场价格差别不大。

2. 负债流动性

负债流动性又叫借入流动性，是指从货币市场上筹集资金的能力，包括再贷款（含贴现和中央银行垫款）、同业拆入、证券回购、大额可转让定期存单等。借入流动性的期限较短，像同业拆借和回购协议一般都是隔夜资金，其他的资金来源一般也在3个月以内[76]。

负债流动性具有以下优点：①不占用资金，银行可以只在面临流动性需要时才借入资金。由于流动性资产回报率极低，这样，便提高了银行的潜在收益。②负债流动性管理有其自身的控制杠杆——借入资金的利率，银行会根据资金的需求及外部融资的成本来决定实际借入资金数量。当资金需求较高时，银行也会考虑接受外部较高的利率；所需资金越少，借款银行所支付的利率就相对较低。③借入资金可以使银行保持其资产规模和构成稳定性。与此相反，卖出资产换取流动性资金会使总资金存量下降。

负债流动性缺点是可获性风险和利率风险较大。因为货币市场利率的不稳定性与信贷可获性经常变化。银行往往在购买流动性时面临成本和可获性方面的严重困难。银行借款成本经常变化，也使银行账号净收益增大了不确定性。而且，一个陷入资金危机的银行对流动性资金的需求最强烈时，往往也是其最难从这一市场获得资金的时候，因为其他金融机构为了避免风险不会把资金借给有困难的银行。

4.1.3　商业银行流动性监管指标：流动性头寸

按照巴塞尔新资本协议的指导，银行流动性管理的目的是在利润最大化前提下，尽可能降低银行遭受的流动性风险。它主要包括以下几项内容：①确保以正常条件对预期资金缺口进行融资，尽量避免因意外情况产生的高成本紧急融资；②确保达到监管当局要求的流动性比率；③在特定条件下对剩余资金进行投资[77]。

银行流动性管理涉及流动性需求和流动性供给两个方面。

对大多数银行来说，银行流动性需求主要来自以下两个方面：①客户提取存款；②保持贷款增长。包括发放新贷款、旧贷款延期，以及信贷额度的取用。其他流动性需求包括偿还同业借款或中央银行的借款、定期支付所得税和向银行股东派发现金股利。

影响流动性需求的因素包括季节性的、周期性的和趋势性的，其中周期性和趋势性是长期影响因素。例如，学校在秋天和夏天放假，旅游人数上升，对流动资金的需求也相应上升。预计到这些相对固定的流动性需求变化，银行管理层可以从更广泛的渠道里选择流动性来源，包括出售资产，积极推广银行目前的存款种类和服务，或与其他银行商议长期借款的可能。

为了满足流动性需求，银行也有几方面的流动性供给来源。其中最主要的来源是吸收新的存款，包括新客户的存款和原有客户账上的新增存款。另一个重要来源是客户偿还贷款和银行变卖其流动性（特别是有价证券）。其他流动性供给来自发行大额可转让定期存单和同业拆借（见表4-1）。

表 4 – 1　　　　　　　　　　银行的流动性需求与流动性供给来源

流动性供给	流动性需求
客户存款流入	客户存款提取
发行大额可转让定期存单	合格客户的贷款需求
客户偿还贷款	大额可转让定期存单到期支取
银行资产销售	经营支出、股息和税务支出
同业拆借	偿还同业拆借

流动性供给与流动性需求的差额即为银行的流动性头寸（net liquidity position），其计算公式如下：

银行的净流动性头寸（L_1）＝银行的流动性供给 – 银行的流动性需求

当银行的流动性需求大于其他流动性供给（即 $L_1 < 0$）时，银行资金管理者必须面对"流动性缺口"问题，必须决定在何时从何地筹集弥补缺口所需要的流动性资源；当流动性供给超过流动性需求（即 $L_1 > 0$）时，管理者则面对的是"流动性盈余"的问题。必须决定在何时用何种方式投资这些多余的流动性资金，直到需求满足未来的流动性需求。在任一时点上，银行的流动性需求和供给不可能完全相等，银行需要不断解决"流动性缺口"和"流动性盈余"的问题。

流动性问题带有明显的时点含义，有些流动性需求是非常紧迫的。例如，一些大额存单明天到期，且客户表示计划提取，不会续期。银行必须利用已有的流动性资源，或从其他银行借款，以满足即将到来的客户的流动性需求。

大多数银行的流动性问题产生于银行的外部，是银行客户财务问题的转移。例如，一家公司缺少流动储备，就会向其开户银行申请贷款或提取其在该银行的存款，从而减少开户行的流动性资源。2008 年 10 月全球性的金融危机就是一个极端的例子，那些大量依靠保证金买入股票的投资者不得不拿出额外的资金为其股票贷款担保，他们大批涌向银行，使资本市场的流动性危机变成银行的流动性危机。

由于银行的流动性风险与赢利性之间存在着此长彼消的关系，其他条件不变，银行所持有的流动性资产越多，其预期的盈利将会越低。流动性问题的解决还受到成本的限制，包括借款的利息成本和为满足流动性和赢利性之间做出权衡，当流动性过高时，应尽快将多余的资金进行投资，以避免资金闲置所产生的机会成本。从另一个角度来看，流动性问题的解决成本还受到利率风险和可用性风险的影响[78]。如果利率上升，银行所持有的金融资产价格下降，此时通过出售金融资产来换取资金必然承受价格损失，银行不仅必须用较多的金融资产才能换取同量的流动性资金，而且最终将减少银行的盈利；同时，利率上升还会增加外借款的成本，一些本来可以使用的借款渠道将无法再用。特别是当债权人预见到债务银行有较大的流动性风险时，债权人就会提高借款成本，或干脆拒绝提供任何流动性。

4.2 "一带一路"背景下我国商业银行流动性管理现状分析

4.2.1 我国银行体系流动性概述

1. 总体流动性情况

根据《2019年第二季度中国货币政策执行报告》，2019年6月末，广义货币供应量M2余额为192.1万亿元，同比增长8.5%，增速比上年末高0.4个百分点，适度的货币增长支持了经济高质量发展。狭义货币供应量M1余额为56.8万亿元，同比增长4.4%。流通中货币M0余额为7.3万亿元，同比增长4.3%。上半年现金净回笼628亿元，同比少回笼428亿元（见图4-1）。近期货币增速有所放缓，总体看是经济结构调整、表外融资收缩、部分财务软约束部门扩张放缓以及对同业业务监管加强等在货币运行上的反映。

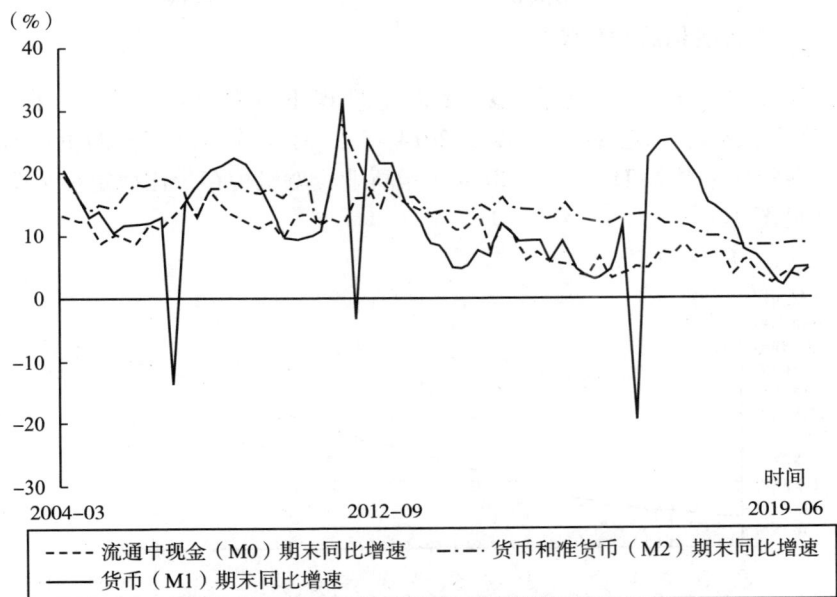

图 4 - 1　2004 ~ 2019 年各层次货币供应量增长趋势

资料来源：中国人民银行网站。

2017 年末，基础货币余额为 29.2 万亿元（见图 4 - 2），较年初增加 1.5 万亿元。货币乘数为 5.21，比 9 月末低 0.20，比上年末高 0.19。金融机构超额准备金率为 2.1%。其中，农村信用社为 12.3%。

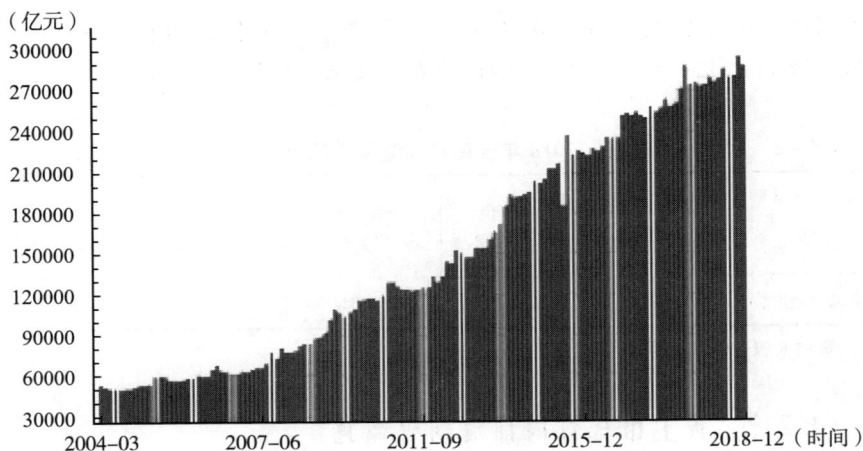

图 4 - 2　2004 ~ 2018 年货币当局储备货币余额

资料来源：中国人民银行官网。

2. 银行机构流动性情况

2008 年,银行业金融机构存贷比呈现下降的态势,从 1 月份的 68.87% 下降到 11 月的 63.96%。2014 年 11 月实施适度宽松的货币政策后,存贷比上升到 71.07%,2014 年银行业金融机构存贷比稳定在 70% 左右(见图 4 - 3)。

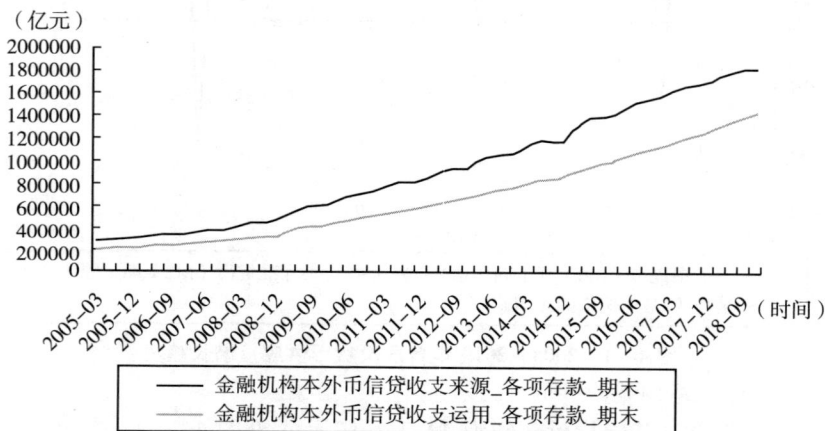

图 4 - 3　2005 ~ 2018 年金融机构存贷款数额

资料来源:国泰安数据库。

2018 年金融机构流动性比例有所下降。年末金融机构流动性比例 55.31%,比上年末上升 5.28 个百分点(见表 4 - 2)。

表 4 - 2　　　　　　　　　2018 年金融机构流动性比例　　　　　　　　单位:%

	2018 年 第二季度末	2018 年 第三季度末	2018 年 第四季度末	2019 年 第一季度末	2019 年 第二季度末
流动性比例	52.42	52.94	55.31	56.81	55.77

资料来源:CEIC 中国经济数据库。

4.2.2　各上市银行内部流动性概述

2018 年末,商业银行流动性比例为 55.31%,较三季末上升 2.37 个百分点。上市银行的流动性比例虽然均高于25%的监管要求，但大部分处于50%以下。

1. 流动性指标方面

存贷比即银行贷款占存款的比例。存贷比越高表明银行可供放贷的资金则越少，流动性也越差。从存贷比看，截至2018年末（见表4-3），14家银行的存贷比均超过60%。其中，浦发银行的存贷比最高，为109.98%；南京银行的存贷比最低，仅为62.34%。

表4-3　　　　　　　　2018年上市银行流动性指标　　　　　　单位：%

上市银行		存贷款比例	短期资产流动性比例
国有银行	工商银行	71.00	43.80
	建设银行	81.19	47.69
	中国银行	79.41	58.70
	交通银行	84.80	67.28
股份制银行	招商银行	89.37	63.29
	浦发银行	109.98	43.56
	中信银行	99.78	62.47
	民生银行	96.51	39.72
	兴业银行	88.82	54.63
	华夏银行	95.05	51.23
	平安银行	92.38	59.23
城市商业银行	北京银行	91.04	55.93
	宁波银行	65.88	57.43
	南京银行	62.34	51.62

资料来源：万得数据库。

2. 盈利能力指标方面

总体看，上市银行的净资产收益率普遍较高（见表4-4）。分类别看，城市商业银行最高，平均净资产收益率达到14.12%，其中宁波银行以16.21%的净资产收益率高居第一位；股份制银行其次，平均净资产收益率12.40%，招商银行、兴业银行相对较高，中信银行最低，为10.64%；国有银行平均净资产收益率12.31%，其中建设银行较高，为13.55%，交通银行最低为10.75%。

从总资产收益率看，国有银行总资产净利率最高，为0.99%，建设银行总资产净利率1.13%，为上市银行中最高。其次是城市商业银行，平均总资产净利率1.14%，民生银行总资产收益率为最高，为1.26%，平安银行最低仅为0.97%。总资产净利率最低，为1.11%，其中北京银行总资产收益率最低为1.09%。

表4-4　　　　　　　　**2018年各上市银行盈利能力指标**　　　　　单位：%

上市银行		总资产净利率	净资产收益率（平均）
国有银行	工商银行	1.11	13.35
	建设银行	1.13	13.55
	中国银行	0.95	11.58
	交通银行	0.79	10.75
股份制银行	招商银行	1.23	15.79
	浦发银行	0.90	12.46
	中信银行	0.77	10.64
	民生银行	0.84	12.59
	兴业银行	0.93	13.73
	华夏银行	0.80	10.82
	平安银行	0.74	10.74
城市商业银行	北京银行	0.82	10.89
	宁波银行	1.04	16.21
	南京银行	0.93	15.25

资料来源：万得数据库。

2018 年末，商业银行（不含外国银行分行）加权平均核心一级资本充足率为 11.03%，加权平均一级资本充足率为 11.58%，加权平均资本充足率为 14.20%，较上年提高 0.55 个百分点，资本充足水平持续向好。

3. 资本充足率指标方面

截至 2018 年末，14 家上市银行的平均资本充足率为 13.71%（见表 4 – 5）。其中，建设银行资本最为充足，其资本充足率达到 17.19%，核心资本充足率为 13.83%。平安银行资本充足率最低，仅为 11.50%，核心资本充足率仅为 8.54%。

表 4 – 5　　　　　**2018 年各上市银行资本充足率指标**　　　　单位：%

上市银行		核心资本充足率	资本充足率
国有银行	工商银行	12.98	15.39
	建设银行	13.83	17.19
	中国银行	11.41	14.97
	交通银行	11 16	14.37
股份制银行	招商银行	11.78	15.68
	浦发银行	9.73	13.37
	中信银行	8.62	12.47
	民生银行	8.93	11.75
	兴业银行	9.30	12.20
	华夏银行	9.47	13.19
	平安银行	8.54	11.50
城市商业银行	北京银行	8.93	12.07
	宁波银行	9.16	14.86
	南京银行	8.51	12.99

资料来源：万得数据库。

分类别看，国有银行的改制上市以及增资扩股等行为促使其资本充足率大幅提高，资本充足率都超过 14%。4 家国有银行资本充足率在上市银行中较高。城市商业银行中除了北京银行的资本充足率较低以外，其他银行的资本充足率均高于 12.5%。

4.2.3 我国商业银行流动性风险监管现状

1. 流动性风险管理的宏观氛围：缺乏普遍的公式和足够的重视

在我国金融监管实践中，中央银行侧重于对金融机构合规性监管，风险性监管一直是薄弱环节，对流动性风险的深层次影响因素、应急应对举措等更是缺乏准确的判断和把握。资产负债比例管理中虽列有流动性风险管理内容，但指标内容单薄，缺乏现实有效的指导和约束意义。在商业银行中，受经营惯性的影响，尚未充分意识到流动性风险管理的重要性，缺乏流动性风险自我控制的主动性和自觉性。

2. 流动性风险管理的最大隐患：商业银行资产板结，固态化严重

我国商业银行资产结构单一，信贷资产在资产业务中占有绝对优势，约在 70% 以上。在我国贷款尚未实现证券化的情况下，贷款受合同期限等的影响，流动性较差，属于固态资产，其在资产结构中的高占比，必然限制了整个资产的流动性。特别是我国商业银行信贷资产质量差，不良贷款占比高。在实行资产剥离后，不良贷款率仍然相当高，这无形中侵吞了商业银行的一大块资产。

3. 流动性风险管理的干扰因素：竞争机制尚不健全，金融秩序有待稳定

违规设立金融机构，非法和超业务领域开办业务的现象在我国金融领域中仍在很大程度上存在，极大地干扰了金融生活，扰乱了金融秩序。与此同时，金融竞争机制不健全，一些非理性、非正当竞争手段的介入，使资金在金融机构之间无序流动，许多突发性因素使商业银行难以预料，往往造成流动性的突然不足。

4. 流动性风险管理的后顾之忧：金融体系缺乏稳定机制，存款保险机构缺位

流动性危机是支付危机，从实质上说，是信心危机，是公众对金融机

构以及金融体系的信心危机。如果有金融体系稳定机制，就可以稳定公众
心理，为市场注入信心，将流动性危机和金融危机消除于萌芽状态。建立
存款保险制度是维护公众信心的重要选择。通过建立存款保险机构，设立
存款保险金，可以在金融机构一旦发生流动性风险难以克服时，保护存款
人的利益，维护公众对金融机构的信心，降低金融危机发生的可能性。但
目前我国还没有此类保险机构。

4.3　流动性风险度量方法：基于改进 MCMC 估计的非对称 SV 模型

近年来，由于各商业银行资本金增长速度远远低于存款的增长速度，
资本杠杆比率越来越高，近两年均超过 50%，自有资金抵御流动性风险的
能力逐年下降，特别是随着目前金融机构所处的社会制度背景、经济金融
环境及其影响的广度和深度等方面的变化，经营的安全性已不能用单一的
资本充足率来衡量，在国内外金融市场日益发达从而金融风险日益增加的
情况下，即使资本充足率达到警戒线以上也已不足以保证银行经营系统的
安全和经济的稳定发展。因此，尽快找到能合理度量流动性风险的工具，
辅助银行管理者进行决策是极其重要的。由于银行资本具有杠杆特性，流
动性风险增大，将会使得银行的资金收益率极大下降，故此，考虑流动性
头寸与银行资金收益率之间的特殊相关性，本书提出基于 MCMC 有效估
计的非对称随机波动（SV）模型来对商业银行的流动性风险进行度量。

4.3.1　非对称随机波动（SV）模型的概念

非对称随机波动（SV）模型一直是金融计量学研究的一个重要课题。
在大多数文献中，非对称 SV 模型通常根据随机随机微分方程（Stochastic
Differential Equation，SDE）进行公式表示，广泛使用的非对称随机波动模
型将资产价格 $S(t)$ 和对应波动率 $\sigma^2(t)$ 的过程设定如下：

$$dS(t) = \mu(t)S(t)dt + \sigma(t)S(t)dW_1(t)$$

$$d\ln\sigma^2(t) = \alpha + \beta\ln\sigma^2(t)dt + \sigma_v dW_2(t) \qquad (4.1)$$

其中 $W_1(t)$ 和 $W_2(t)$ 为两布朗运动，且 $corr(dW_1(t), dW_2(t)) = \rho$，参
数 ρ 代表杠杆效应。为简单起见，我们假设收益率方程漂移为零，即

$\mu(t) = 0$。然而，由于布朗增量 $\int_t^{t+1} \sigma(t)S(t)dW_1(t)$ 的波动过程是一个随机过程，连续复利收益率分布在闭型形式下未知[79]。

在经验研究中，上述模型通常以离散化形式给出并进行估计。设 $ds(t) = dS(t)/S(t) = dlogS(t)$ 为对数收益率，并考虑 Euler – Maruyama 时间离散化的近似表示，则非对称随机波动模型的形式为：

$$y_t = \sigma_t u_t$$
$$log\sigma_{t+1}^2 = \alpha + \phi log\sigma_t^2 + \sigma_v v_{t+1} \qquad (4.2)$$

其中 $y_t = s(t+1) - s(t)$ 为连续复合收益率，$u_t = W_1(t+1) - W_1(t)$，$v_t = w_2(t+1) - w_2(t)$，$\phi = 1 + \beta$。因此，u_t 和 v_t 均为独立同分布零均值、单位方差的正态分布，即 u_t, $v_t \sim iidN(0, 1)$，且两者之间存在相关性，即 $corr(u_t, v_{t+1}) = \rho$。

在本书中，为以下估计算法的简便性，本书直接考虑于（Yu, 2005）[80]给出的模型形式，令 $w_{t+1} \equiv (v_{t+1} - \rho u_t)/\sqrt{1-\rho^2}$，$-1 < \rho < 1$ 且 $\sigma_t = exp(h_t/2)$，则非对称随机波动模型重新表示为：

$$y_t = exp(h_t/2)u_t$$
$$h_{t+1} = \alpha + \phi h_t + \rho \sigma_v exp(-h_t/2)y_t + \sigma_v\sqrt{1-\rho^2}w_{t+1} \qquad (4.3)$$

这里 u_t 和 w_t 均为 $iidN(0, 1)$，且满足 $corr(u_t, w_{t+1}) = 0$。

显然，对方程（4.3），$E(h_{t+1}|y_t, h_t) = \alpha + \phi h_t + \rho \sigma_v exp(-h_t/2)y_t$，这表明：

$$E(h_{t+1}|y_t) = \alpha + \frac{\alpha\phi}{1-\phi^2} + \rho\sigma_v exp\left(-\frac{\sigma_v^4}{4(1-\phi^2)^2} + \frac{\alpha\sigma_v^2}{(1-\phi^2)(1-\phi)}\right)y_t$$

这是一个关于 y_t 的线性函数，表明如果 $\rho < 0$ 而且其他参数均为常数，那么流动性头寸下降将导致 $E(h_{t+1}|y_t)$ 的增加，因此杠杆效应成立。

4.3.2　MCMC 估计概述

非对称随机波动模型的参数估计在金融计量经济学中十分重要，但实际上估计参数受到许多问题的困扰[81]。因此近年来，一些经验研究探讨了非对称随机波动模型的估计问题，目前最有效的估计方法即是马尔科夫链蒙特卡罗法（MCMC）[82]。

对非对称 SV 模型来说，采用 MCMC 方法就是通过利用 Metropolis – Hastings 算法、Gibbs 抽样法或两者结合的混合（hybrid）MCMC 抽样法从

联合分布 $p(\alpha,\ \phi,\ \sigma_v,\ \rho,\ H_T\mid Y_T)$ 中进行抽样[83][84]。为实现 MCMC 算法，必须从合适的条件分布中进行抽样。因为方程（4.3）中关于 ρ 和 σ_v 的设定是不可识别的，直接进行抽取比较困难，因此进行如下的参数变换，令 $\delta=\rho\sigma_v$ 和 $\varsigma=\sigma_v\sqrt{1-\rho^2}$，方程（4.3）定义的非对称 SV 模型可重新表示为：

$$y_t=\exp(h_t/2)u_t$$
$$h_{t+1}=\alpha+\phi h_t+\delta\exp(-h_t/2)y_t+\varsigma w_{t+1} \tag{4.4}$$

显然，参数 δ 和 ς 可通过以下估计算法轻松实现，而为得到 ρ 和 σ_v 的估计值，只需通过转换等式 $\rho=\delta/\sqrt{\delta^2+\varsigma^2}$ 和 $\sigma_v=\delta/p$ 进行恢复即可。

令 $H_t=(h_1,\ \cdots,\ h_t)'$ 表示到 t 时刻的隐对数波动率向量，$Y_t=(y_1,\ \cdots,\ y_t)'$ 表示到 t 时刻的观测值向量，$\theta=(\alpha,\ \phi,\ \delta,\ \varsigma)'$ 表示非对称 SV 模型中的未知参数，注意 $\delta=\delta(\rho,\ \sigma_v)$ 且 $\varsigma=\varsigma(\rho,\ \sigma_v)$。因此，对全样本来说，有 $H_T=\{h_t\}_{t=1}^T=(h_1,\ \cdots,\ h_T)'$，且 $Y_T=\{y_t\}_{t=1}^T=(y_1,\ \cdots,\ y_T)'$。

由贝叶斯定理和模型假设[85]，有：

$$p(\omega_i\mid\omega_{-i},\ Y_T)\propto p(\omega,\ Y_T)=p(Y_T,\ H_T\mid\theta)\times p(\theta)$$
$$\propto\left[\prod_{t=2}^T p(y_t,\ h_t\mid Y_{t-1},\ H_{t-1},\ \theta)\right]\times p(y_1\mid h_1,\ \theta)$$
$$\times p(h_1\mid\theta)\times p(\theta)$$
$$\propto\left[\prod_{t=2}^T p(y_t\mid Y_{t-1},\ H_t,\ \theta)p(h_t\mid Y_{t-1},\ H_{t-1},\ \theta)\right]$$
$$\times p(y_1\mid h_1,\ \theta)\times p(h_1\mid\theta)\times p(\theta)$$
$$\propto\prod_{t=1}^T\exp\left\{-\frac{y_t^2e^{-h_t}+h_t}{2}\right\}\times\prod_{t=2}^T\varsigma^{-1}\exp\left\{-\frac{(h_t-\alpha-\phi h_{t-1}-\delta u_{t-1})^2}{2\varsigma^2}\right\}$$
$$\times p(h_1\mid\theta)\times p(\theta) \tag{4.5}$$

其中 $\omega=(\alpha,\ \phi,\ \delta,\ \varsigma,\ H_T)'$，$u_{t-1}=\exp(-0.5h_{t-1})y_{t-1}$。$p(\theta)$ 为参数先验分布密度，且假设每个参数在先验上是独立的。如果假设 $h_1\sim N(\alpha/(1-\phi),\ \varsigma^2/(1-\phi^2))$，那么：

$$p(h_1\mid\theta)\propto(1-\phi^2)^{\frac{1}{2}}\sigma_v^{-1}\exp\left\{-\frac{\left(h_1-\frac{\alpha}{1-\phi}\right)^2}{2\varsigma^2/(1-\phi^2)}\right\} \tag{4.6}$$

综上所述，在给定一定的先验分布密度 $p(\theta)$ 情况下，利用 Metropolis – Hastings 算法或 Gibbs 抽样方法[85]，就可以轻松地实现该非对称 SV 模型的估计。

4.3.3 基于 MCMC 有效估计的非对称 SV 模型的建模步骤

1. 抽样参数向量

在 MCMC 算法中，给定隐对数波动向量和观测值向量，参数可直接从正态分布和逆 Gamma 分布中抽样，或间接地采用 Metropolis 算法从 Beta 分布中抽样。

（1）参数 α 的抽取。

给定 ϕ，δ，ς，隐对数波动和样本观测值，α 的全条件密度为：

$$p(\alpha \mid \phi, \delta, \varsigma, H_T, Y_T) \propto p(H_T, Y_T \mid \theta) p(\alpha)$$

$$\propto \exp\left\{-\frac{(1-\phi^2)\left[h_1 - \dfrac{\alpha}{1-\phi}\right]^2 + (T-1)\alpha^2 - 2\alpha \sum_{t=2}^{T}(h_t - \phi h_{t-1} - \delta u_{t-1})}{2\varsigma^2}\right\} p(\alpha)$$

$$\propto \exp\left\{-\frac{\alpha^2 - 2\hat{\alpha}\alpha}{2V_\alpha}\right\} p(\alpha) \tag{4.7}$$

其中 $V_\alpha = \varsigma^2[(1+\phi)/(1-\phi) + (T-1)]^{-1}$，且 $\hat{\alpha} = (V_\alpha/\varsigma^2)[(1+\phi)h_1 + \sum_{t=2}^{T}(h_t - \phi h_{t-1} - \delta u_{t-1})]$。如果对 α 使用扩散先验（diffuse prior），即 $p(\alpha) \propto 1$，那么 α 就从 $\mathcal{N}(\hat{\alpha}, V_\alpha)$ 中进行抽取。另外，如果先验密度 $p(\alpha)$ 设定为一个正态分布，那么对此参数的后验就是共轭的。

（2）参数 ϕ 的抽取。

给定 α，δ，ς，隐对数波动和样本观测值，ϕ 的全条件密度为：

$$p(\phi \mid \alpha, \delta, \varsigma, H_T, Y_T) \propto p(H_T, Y_T \mid \theta) p(\phi)$$

$$\propto (1-\phi^2)^{\frac{1}{2}} \exp\left\{\frac{(1-\phi^2)\left[h_1 - \dfrac{\alpha}{(1-\phi)}\right]^2 + \sum_{t=2}^{T}(h_t - \alpha - \phi h_{t-1} - \delta u_{t-1})^2}{2\varsigma^2}\right\} p(\phi) \tag{4.8}$$

由于这个条件分布密度不是一个传统分布密度，直接从它进行抽取是不可能的，因此，首先假设对超参数 a，b > 0.5 的某种选择，ϕ 的先验密度为一个尺度化的 Beta 分布，即：

$$p(\phi) = \frac{\Gamma(a+b)}{2\Gamma(a)\Gamma(b)} \left\{ \frac{(1+\phi)}{2} \right\}^{a-1} \left\{ \frac{(1-\phi)}{2} \right\}^{b-1} \tag{4.9}$$

（3）参数 δ 的抽取。

给定 α，ϕ，ς，隐对数波动和样本观测值，δ 的全条件密度为：

$$p(\delta \mid \alpha, \phi, \varsigma, H_T, Y_T) \propto p(H_T, Y_T \mid \theta)p(\delta)$$

$$\propto \exp\left\{ -\frac{\sum_{t=2}^{T}(h_t - \alpha - \phi h_{t-1} - \delta u_{t-1})^2}{2\varsigma^2} \right\}p(\delta)$$

$$\propto \mathcal{N}(\hat{\delta}, V_\delta)p(\delta) \tag{4.10}$$

其中 $\hat{\delta} = \dfrac{\sum_{t=2}^{T}(h_t - \alpha - \phi h_{t-1})u_{t-1}}{\sum_{t=2}^{T}u_{t-1}^2}$，$V_\delta = \dfrac{\varsigma^2}{\sum_{t=2}^{T}u_{t-1}^2}$。如果对 δ 采取扩散先验（diffuse prior）[86][87]，即 $p(\delta) \propto 1$，那么 δ 就从 $\mathcal{N}(\hat{\delta}, V_\delta)$ 中进行抽取。不然，只要对 $p(\delta)$ 取正态先验密度，那么 δ 的后验密度仍为正态，即为共轭的。

（4）参数 ς^2 的抽取。

给定 α，ϕ，δ，隐对数波动和样本观测值，ς^2 的全条件密度为：

$$p(\varsigma^2 \mid \alpha, \phi, \delta, H_T, Y_T) \propto p(H_T, Y_T \mid \theta)p(\varsigma^2)$$

$$\propto (\varsigma^2)^{-\frac{T}{2}}\exp\left\{ -\frac{\left[h_1 - \dfrac{\alpha}{1-\phi}\right]^2(1-\phi^2) + \sum_{t=2}^{T}[h_t - \alpha - \phi h_{t-1} - \delta u_{t-1}]^2}{2\varsigma^2} \right\}p(\varsigma^2)$$

$$\tag{4.11}$$

假设 ς^2 的先验为逆 Gamma，即 $p(\varsigma^2) \propto \mathcal{IG}(\tau_0, \upsilon_0)$，则后验密度为共轭的，这意味着 ς^2 的后验分布密度 $p(\varsigma^2 \mid \alpha, \phi, \delta, H_T, Y_T)$ 也为逆 Gamma，即 $p(\varsigma^2 \mid \alpha, \phi, \delta, H_T, Y_T) \propto \mathcal{IG}(\tau_1, \upsilon_1)$，其中

$$\tau_1 = \tau_0 + \frac{T}{2},$$

$$\upsilon_1 = \upsilon_0 + \frac{1}{2}\left(\left[h_1 - \frac{\alpha}{1-\phi}\right]^2(1-\phi^2) + \sum_{t=2}^{T}[h_t - \alpha - \phi h_{t-1} - \delta u_{t-1}]^2\right)$$

$\mathcal{IG}$ 表示逆 Gamma 分布。

2. 抽样隐对数波动向量

隐对数波动序列 $\{h_t\}_{t=1}^{T}$ 的 Gibbs 抽取是非对称 SV 模型估计的难点，

目前普遍认为一种好的算法应具备两点条件：（1）随机抽样的有效性；（2）技术实现的收敛速度。为此，本书尝试考虑用基姆（Kim，1998）[88]的状态空间变换并结合卡特和科恩（Carter & Kohn，1994）[89]的前向滤波、后向抽样算法进行非对称 SV 模型的估计。

通过对方程（4.3）第一个方程的两边取对数平方转换，非对称 SV 模型形式可重新表示为：

$$\log y_t^2 = h_t + \varepsilon_t^*$$

$$h_{t+1} = \alpha + \phi h_t + \delta \exp\left(\frac{-h_t}{2}\right) y_t + \varsigma w_{t+1} \qquad (4.12)$$

其中 $\varepsilon_t^* = \log u_t^2$。由于 $u_t^2 \sim \chi_1^2$，ε_t^* 不是正态分布，一般称之为对数卡方分布。将方程（4.12）处理为一个经典状态空间模型，除 ε_t^* 不为 Gaussian 外我们有状态空间形式。为克服非正态困难，基姆使用 7 个正态分布的混合来近似 ε_t^* 的分布，而大森（Omori，2007）[90]将之用 10 个正态分布的混合密度进行近似，见表 4-6 和图 4-4（a）。图 4-4（b）结果表明大森试验的 10 个正态分布的混合密度近似结果比哈维（Harvey）试验的单正态分布 N(-1.2704，4.9348) 近似结果和基姆试验的 7 个正态分布的混合密度近似结果更好，近似密度与真实密度之差（见实线部分）几乎接近于零。

表 4-6　　对数卡方 $\log x_1^2$ 分布密度的 10 正态混合分布近似结果

i	基姆等（Kim et al.，1998）			大森等（Omori et al.，2007）		
	p_i	m_i	ϖ_i^2	p_i	m_i	ϖ_i^2
1				0.00115	-14.65000	7.33342
2				0.01575	-8.68384	4.16591
3	0.00730	-11.40039	5.79596	0.05591	-5.55246	2.54498
4	0.00002	-9.83726	5.17950	0.12047	-3.46788	1.57469
5	0.10556	-5.24321	2.61369	0.18842	-1.97278	0.98583
6	0.25750	-2.35859	1.26261	0.22715	-0.85173	0.62699
7	0.34001	-0.65098	0.64009	0.20674	0.02266	0.40611

续表

i	基姆等（Kim et al. , 1998）			大森等（Omori et al. , 2007）		
	p_i	m_i	ϖ_i^2	p_i	m_i	ϖ_i^2
8	0. 24566	0. 52478	0. 34023	0. 13057	0. 73504	0. 26768
9	0. 04395	1. 50746	0. 16735	0. 04775	1. 34744	0. 17788
10				0. 00609	1. 92677	0. 11265

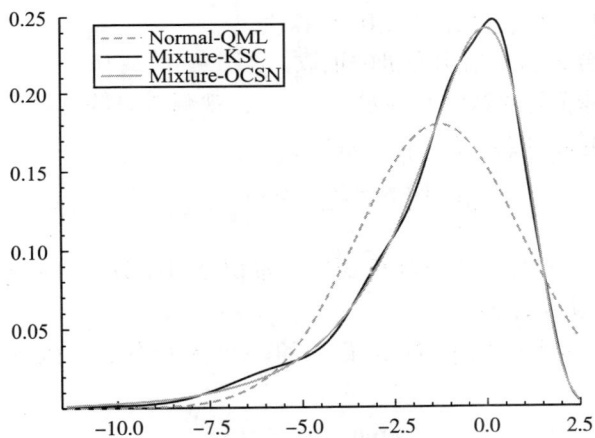

(a) 对数卡方密度近似

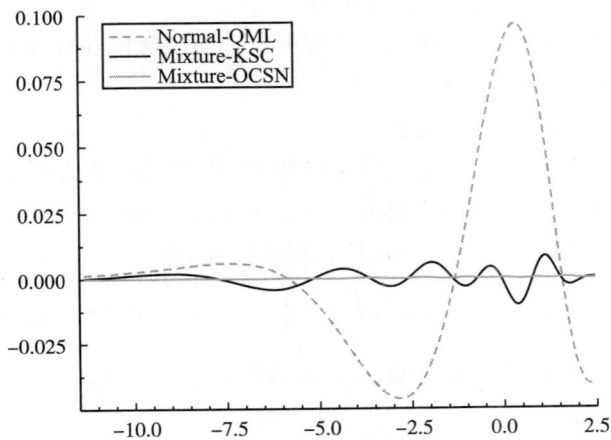

(b) 近似密度与真实密度之差

图 4－4 对数卡方密度的近似结果

如前所述，本章采用大森的近似结果来逼近对数卡方分布密度，即：

$$\varepsilon_t^* \mid I_t = i \sim iidN(\mu_i, \varpi_i^2), \quad i = 1, \cdots, 10 \qquad (4.13)$$

其中 $I_t = i$ 为指示变量，满足 $Pr[I_t = i] = p_i$ 且 $\sum_{i=1}^{10} p_i = 1$。

为实现对数波动的成块抽样，我们首先应确定 $\varepsilon_t^* \mid I_t = i \sim iidN(\mu_i, \varpi_i^2)$，$i = 1, \cdots, 10$，且 $t = 1, \cdots, T$ 的分布状况，即要获得 $c_t = \mu_i$，$\omega_t = \varpi_i$ 的确定值，这样就要对指示变量 $I_t = i$ 先进行抽取。然后给定指示变量 $I_t = i$，$i = 1, \cdots, 10$ 且 $t = 1, \cdots, T$ 下，c_t 和 ω_t 是确定的，那么（4.12）式第一个方程就是确定的 Gaussian 形式，因此这使得我们轻松地实现前向滤波、后向抽样（FFBS）算法。

（1）混合正态及指示变量的抽取。

首先，基于隐对数波动向量 $\{h_t\}_{t=1}^{T}$，观测值向量 $\{y_t\}_{t=1}^{T}$ 和正态分布混合密度的近似参数（p_i，μ_i，ϖ_i^2），令：

$$q_{it} = \Phi\left[\frac{(\log y_t^2 - h_t - \mu_i)}{\varpi_i}\right], \quad i = 1, \cdots, 10 \qquad (4.14)$$

其中 $\Phi(\cdot)$ 表示标准正态随机变量的累积分布函数，概率值 q_{it} 为给定 y_t 和 h_t 下 I_t 的似然函数值。

表 4 - 6 的概率值 p_i 构成了 I_t 的一个先验分布，因此 I_t 的后验分布为：

$$p_{it} = \frac{p_i q_{it}}{\sum_{j=1}^{10} p_j q_{jt}}, \quad i = 1, \cdots, 10 \qquad (4.15)$$

可以采用这种后验分布来抽取 I_t 的实现值。如果随机抽样为 $I_t = i$，那么就可定义为 $c_t = \mu_i$ 和 $\omega_t = \varpi_i$，$t = 1, \cdots, T$。

（2）隐对数波动向量的抽取。

虽然通过对数平方变换之后非对称 SV 模型的观测方程变为线性，但是转移方程中 h_{t+1} 与 h_t 的函数关系仍为非线性。为此，我们采用扩展 Kalman 滤波（EKF）[91]对非线性转移方程进行近似。

假设 $G(h_t) = \alpha + \phi h_t + \delta \exp\left(-\frac{h_t}{2}\right) y_t$，方程（4.12）的第二个方程就可用在 $h_t = h_{t\mid t}$ 附近的一阶泰勒近似式替代。引入 $c_t = \mu_i$ 和 $\omega_t = \varpi_i$，方程（3.12）表示为：

$$\log y_t^2 = c_t + h_t + \omega_t \varepsilon_t$$
$$h_{t+1} = G(h_{t\mid t}) + g(h_{t\mid t})(h_t - h_{t\mid t}) + \varsigma w_{t+1} \qquad (4.16)$$

其中扰动项 $\varepsilon_t \sim \text{iidN}(0, 1)$，$c_t + \omega_t \varepsilon_t$ 用来近似 ε_t^*，并且我们定义：

$$G(h_{t|t}) = \alpha + \phi h_{t|t} + \delta \epsilon \exp\left(-\frac{h_{t|t}}{2}\right) y_t \qquad (4.17)$$

$$g(h_{t|t}) = \frac{\partial G(x)}{\partial x}\bigg|_{h_{t|t}} = \phi - \frac{1}{2}\delta \exp\left(-\frac{h_{t|t}}{2}\right) y_t \qquad (4.18)$$

于是，基于观测值向量 $Y_T = \{y_t\}_{t=1}^T$，$C_T = \{c_t\}_{t=1}^T$，$\Omega_T = \{\omega_t\}_{t=1}^T$ 以及参数向量 $\theta = (\alpha, \phi, \delta, \varsigma)$，扩展 Kalman 滤波可表示如下：

$$h_{t|t-1} = G(h_{t-1|t-1})$$
$$p_{t|t-1} = g(h_{t-1|t-1})^2 p_{t-1|t-1} + \varsigma^2$$
$$\eta_{t|t-1} = \log(y_t^2) - h_{t|t-1} - c_t$$
$$f_{t|t-1} = p_{t|t-1} + \omega_t^2$$
$$h_{t|t} = h_{t|t-1} + p_{t|t-1} f_{t|t-1}^{-1} \eta_{t|t-1}$$
$$p_{t|t} = p_{t|t-1} - p_{t|t-1}^2 f_{t|t-1}^{-1} \qquad (4.19)$$

其中 $x_{t|t-1}$ 表示基于到 $t-1$ 时刻的所有信息对 t 时刻变量 x_t 的期望估计值，$x_{t|t}$ 表示基于到 t 时刻的所有信息对 t 时刻变量 x_t 的期望估计值，h 和 p 分别表示对数波动及其方差，η 和 f 分别表示对数波动预测误差及其方差。

接下来，我们运用多步移动 Gibbs 抽样方法，这种方法的优点就在计算的有效性和快速收敛性。首先，假设滤波状态向量 $\{h_{t|t}\}_{t=1}^T$，$\{p_{t|t}\}_{t=1}^T$ 和预测向量 $\{h_{t|t-1}\}_{t=1}^T$，$\{p_{t|t-1}\}_{t=1}^T$ 由扩展 Kalman 滤波获得，且给定 $C_T = \{c_t\}_{t=1}^T$，$\Omega_T = \{\omega_t\}_{t=1}^T$ 下，我们的目标就是从以下联合分布中抽取隐对数波动向量 $H_T = \{h_t\}_{t=1}^T$，

$$\begin{aligned}
p(H_T | \theta, Y_T) &= p(h_T | \theta, Y_T) p(H_{T-1} | h_T, \theta, Y_T) \\
&= p(h_T | \theta, Y_T) p(h_{T-1} | h_T, \theta, Y_T) \cdots \\
&\quad p(h_2 | h_3, \theta, Y_T) p(h_1 | h_2, \theta, Y_T) \\
&= p(h_T | \theta, Y_T) p(h_{T-1} | h_T, \theta, Y_{T-1}) \cdots \\
&\quad p(h_2 | h_3, \theta, Y_2) p(h_1 | h_2, \theta, Y_1) \\
&= p(h_T | \theta, Y_T) \prod_{t=1}^T F(h_t | h_{t+1}, \theta, Y_t) \qquad (4.20)
\end{aligned}$$

由于方程（4.16）中 h_t 为一个马尔科夫过程，最后等式成立，因此基于 h_{t+1}，h_t 独立于 $h_{t+j}(j>1)$。

方程（4.19）表明状态向量 $H_T = \{h_t\}_{t=1}^T$ 可先从条件密度 $p(h_T | \theta, Y_T)$ 中抽取 h_T，然后迭代地从条件密度 $p(h_t | h_{t+1}, \theta, Y_t)$ 中抽取 h_t，$t = T-1, T-2, \cdots, 1$。首先，对 T 时刻的状态变量，它可从以下条件分

布中生成：

$$h_T \mid \theta, \ Y_T \sim \mathcal{N}(h_{T|T}, \ p_{T|T}) \tag{4.21}$$

其中 $h_{T|T}$ 和 $p_{T|T}$ 均为来自扩展 Kalman 滤波最后一次迭代的结果。

其次，对 $t = T-1, \ T-2, \ \cdots, \ 1$，要从条件密度 $p(h_t \mid h_{t+1}, \ \theta, \ Y_t)$ 中获得 h_t 的抽样，我们需要构造 h_t 和 h_{t+1} 双变量的正态分布，其多元正态分布为：

$$\begin{bmatrix} h_t \\ h_{t+1} \end{bmatrix} \Bigg| \theta, \ Y_t \sim \mathcal{MN}\left(\begin{bmatrix} h_{t|t} \\ h_{t+1|t} \end{bmatrix}, \ \begin{bmatrix} p_{t|t} & p_{t,t+1} \\ p_{t,t+1} & g(h_{t|t})^2 p_{t|t} + \varsigma^2 \end{bmatrix} \right) \tag{4.22}$$

其中 $p_{t,t+1} = E\big[(h_t - h_{t|t})(h_{t+1} - h_{t+1|t}) \mid \theta, \ Y_t \big] = p_{t|t} g(h_{t|t})$ 为 h_t 和 h_{t+1} 的协方差。

于是，根据多元正态分布的条件分布公式可得：

$$h_t \mid h_{t+1}, \ \theta, \ Y_t \sim \mathcal{N}\left(h_{t|t} + \frac{g(h_{t|t})p_{t|t}}{g(h_{t|t})^2 p_{t|t} + \varsigma^2}(h_{t+1} - h_{t+1|t}), \ p_{t|t} - \frac{[g(h_{t|t})p_{t|t}]^2}{g(h_{t|t})^2 p_{t|t} + \varsigma^2} \right)$$

$$\tag{4.23}$$

显然，根据公式（4.23），我们很容易递归地抽取出 h_t，$t = T-1$，$T-2$，$\cdots$，1。

3. MCMC 估计算法概括

如上所述，本书对非对称 SV 模型采取 MCMC 估计方法的步骤如下：

（1）给定 H_T 和 $\theta = (\alpha, \ \phi, \ \delta, \ \varsigma)$ 的初始值。

（2）抽取 $\alpha \mid \phi, \ \delta, \ \varsigma, \ H_T, \ Y_T \sim \mathcal{N}$。

（3）采用 Metropolis - Hasting 算法抽取 $\phi \mid \alpha, \ \delta, \ \varsigma, \ H_T, \ Y_T$。

（4）抽取 $\delta \mid \alpha, \ \phi, \ \varsigma, \ H_T, \ Y_T \sim \mathcal{N}$。

（5）抽取 $\varsigma^2 \mid \alpha, \ \phi, \ \delta, \ H_T, \ Y_T \sim \mathcal{IG}$。

（6）从 $H_T \mid \theta, \ Y_T$ 中抽取 $\{h_t\}_{t=1}^T$。

①抽取 $I_t = i \mid H_T, \ Y_T$，并记 $c_t = \mu_i$，$\omega_t = \varpi_i$；

②给定 $C_T = \{c_t\}_{t=1}^T$，$\Omega_T = \{\omega_t\}_{t=1}^T$，采用扩展 Kalman 滤波及前向滤波、后向抽样（FFBS）算法，先抽取 $h_T \mid \theta, \ Y_T \sim \mathcal{N}$，并对 $t = T-1$，$T-2$，$\cdots$，1，迭代地抽取 $h_t \mid h_{t+1}, \ \theta, \ Y_t \sim \mathcal{N}$。

（7）令 $\rho = \dfrac{\delta}{\sqrt{\delta^2 + \varsigma^2}}$ 和 $\sigma_v = \dfrac{\delta}{\rho}$，记 $\theta_*^{(g)} = (\alpha, \ \phi, \ \sigma_v, \ \rho)'$，并令 $g = g + 1$，返回第（2）步。

4.4　我国商业银行流动性风险度量的实证分析

4.4.1　模型的随机模拟实验

1. 实验设计

前一部分给出了非对称 SV 模型贝叶斯框架下的一种 MCMC 估计方法，为考虑这种方法的有限样本性质，我们构建蒙特卡罗模拟实验进行证明。参考大森试验里的相关数据，我们将四组不同真实参数值 $\theta_* = (\alpha,$ $\phi, \sigma_v, \rho)$ 分别设为 $(0, 0.95, 0.30, 0)$、$(0, 0.95, 0.30, -0.30)$、$(0, 0.95, 0.30, -0.60)$ 和 $(0, 0.95, 0.30, -0.90)$。一般而言，持续性参数 ϕ 相对较高，介于 0.8 和 0.995 之间，相关系数 ρ 用以度量波动率与收益率之间的杠杆效应，介于 -1 和 0 之间。持续性参数 ϕ 和波动参数 σ_v 则满足变化系数平方 $\mathrm{Var}[h]/\mathrm{E}[h]^2 = \exp(\sigma_v^2/(1-\phi^2)) - 1$ 小于 1。这里对每组参数值分别考虑两种不同的样本长度，分别令 $T = 500$ 和 $T = 1000$。因此，我们将对不同参数设定和不同样本长度实现 8 种随机模拟实验。

下面，对每组数据进行 $M = 100$ 次重复随机模拟实验。具体实验步骤描述如下：

（1）根据方程（4.3）生成非对称 SV 模型的随机样本。

（2）采用前一部分描述的 MCMC 估计方法对第（1）步模拟的样本数据进行估计。这里对每组样本数据进行 6000 次抽样，其中前 1000 次抽样作为预烧迭代舍去。在实现 MCMC 估计中，我们对参数采用 Kim 的先验设定：$p(\alpha) \propto 1$ 为扩散先验；$\phi^* \sim \mathrm{Beta}(20, 1.5)$，满足 $\phi^* = \dfrac{(\phi+1)}{2}$，这表明 ϕ 有均值为 0.8623、标准差为 0.1036 的先验分布；转换标准差参数 ς 的先验满足 $\varsigma^{-2} \sim \mathrm{Gamma}(2.5, 0.025)$，这表明 ς 有均值为 0.1201、标准差为 0.0486 的先验分布；转换参数 δ 的先验密度 $p(\delta) \propto 1$ 为扩散先验。而且，这里假设上述先验分布相互独立。

（3）计算并储存第（2）步获得的相关参数迭代抽取值 $\theta_*^{(g)} = (\alpha^{(g)},$

$\phi^{(g)}$, $\sigma_v^{(g)}$, $\rho^{(g)}$)′, 其中 $\rho^{(g)}$ 和 $\sigma_v^{(g)}$ 分别通过等式 $\rho = \dfrac{\delta}{\sqrt{\delta^2 + \varsigma^2}}$ 和 $\sigma_v = \dfrac{\delta}{\rho}$ 计算得到。

（4）重复（1）~（3）步，$g = g + 1$ 直至 $M = 100$。

随机模拟实验采用 MATLAB 进行编程，在 Windows Vista 系统上运行。由运行结果可知，对样本大小为 500 的模拟数据进行模拟实验需大约 58 秒，而对样本大小为 1000 的模拟数据进行模拟实验需大约 120 秒。因此，这些数值和计算速度使得模型完全可以扩展到更大的数据样本中，这为下面的实证分析奠定了基础。

2. 模拟结果

表 4 - 7 给出了非对称 SV 模型以上随机模拟样本的实验结果。首先，考虑参数 $\rho = 0$ 时的情形，这有助于考察其余参数的有限样本性质。如表所示，当样本长度从 $T = 500$ 增加到 $T = 1000$ 时，参数 α，ϕ 和 σ_v 均从明显越接近于真实参数值，模拟参数的均方根误差变得越小，这说明这三个参数随样本长度增加趋于收敛于参数的真实值。其次，考虑参数 ρ 分别等于 -0.3、-0.6 和 -0.9 的情形，这解释了参数 ρ 的有限样本性质。如表 4 - 7 所示，当样本长度从 $T = 500$ 增加到 $T = 1000$ 时，参数 ρ 与真实值的偏离越大，且为正，然而参数的标准差却逐渐变小。纵向来看，当杠杆效应系数绝对值越大时，参数 ρ 与真实值的偏离逐渐变大，仅为 $\rho = 0$ 时，这种偏离可能最小，即非常接近于零。除此之外，其余参数 α，ϕ 和 σ_v 的变化情况基本与 $\rho = 0$ 时的情形相似。

为讨论本章估计方法的准确性及模拟结果的可信程度，我们将本章模拟结果（见表 4 - 7）与其他研究的同类结果进行比较。首先，本章的模拟结果优于杰奎尔（Jacquier，2004）[92] 的模拟结果。在该学者的文献中，其仅考虑非对称 SV 模型 $\rho = -0.60$ 的有限样本性质，获得的模拟结果为 -0.42，这表明模拟估计值与真实值的偏离相当大。其次，本章的模拟结果之一与雨（Yu，2005）的非常相似。在该文献中，他们也对考虑了 $\rho = -0.60$ 的有限样本性质，获得模拟结果为 -0.564，均方根误差为 0.085，这与本书结果非常一致。另外，本章的所有模拟结果与川志（Kawakatsu，2007）[95] 的模拟结果基本一致，其采用基于数值积分 Gaussian 滤波方法的极大似然估计，对各种 $\rho = 0$，-0.3，-0.60 三种情形进行了讨论，其基于 $T = 1000$ 的真实值与模拟值的偏离大小分别约为 -0.002、-0.024 和

-0.045，而本章的结果则分别为 -0.0019、-0.0218 和 -0.0486，显然结果基本是一致的。因此，本章提出的改进的 MCMC 估计方法是准确且可信的。

表 4 – 7　　　　　　　　　　随机模拟实验结果

参数	真实值	T = 500		T = 1000	
		均值	均方根误差	均值	均方根误差
α	0	-0.0007	0.0167	-0.0002	0.0109
φ	0.95	0.9387	0.0249	0.9446	0.0166
σ_v	0.30	0.2909	0.0560	0.2925	0.0435
ρ	0	0.0129	0.1456	0.0019	0.0958
α	0	-0.0007	0.0175	0.0004	0.0111
φ	0.95	0.9431	0.0206	0.9464	0.0162
σ_v	0.30	0.2828	0.0541	0.2895	0.0405
ρ	-0.30	-0.2814	0.1410	-0.2782	0.0907
α	0	0.0010	0.0159	0.0009	0.0104
φ	0.95	0.9472	0.0194	0.9514	0.0118
σ_v	0.30	0.2674	0.0433	0.2749	0.0321
ρ	-0.60	-0.5645	0.1082	-0.5514	0.0800
α	0	0.0002	0.0137	-0.0001	0.0096
φ	0.95	0.9533	0.0124	0.9512	0.0085
σ_v	0.30	0.2491	0.0275	0.2667	0.0196
ρ	-0.90	-0.8496	0.0494	-0.8315	0.0405

注：均值和均方根误差分别为 100 次重复实验的模拟均值和均方根模拟误差，每次实验结果通过 MCMC 估计方法得到，基于 6000 次 Gibbs 抽样，前 1000 次抽取作为预烧抽样舍去。δ 和 ω 的真实值分别由公式 $\delta = \rho \sigma_v$ 和 $\varsigma = \sigma_v \sqrt{1 - \rho^2}$ 得到。

4.4.2 模型的仿真实验

1. 数据描述

这部分将本文给出的基于改进 MCMC 估计的非对称随机波动模型作应用研究。我们选取两家商业银行为评估对象，一家为股份制商业银行（银行 A），一家为国有商业银行（银行 B）。考虑的数据为银行 2000 年 2 月 19 日至 2010 年 12 月 15 日的每日流动性头寸，共计 3953 个观测值。数据来源于清华金融数据库（THFD）。观测值序列为流动性净头寸 P_t，其连续复利收益率计算为 $r_t = \log\left(\dfrac{P_t}{P_{t-1}}\right) \times 100$，见图 4-5（a）和图 4-5（b）。

图 4-5（b）的两家银行资金收益率图表明两组高频数据的时间序列均存在明显的时变波动性和波动聚类特征，即头寸变化高低波动率时段的聚集。另外，图 4-5（c）还给出了两组收益率序列 r_t 无条件分布的非参数密度估计值及相应的正态近似值，显然与正态密度作比较，两家银行收益率 $\{r_t\}_{t=1}^{T}$ 的真实密度都为尖峰厚尾特征，图 4-5（d）给出收益率序列的 Q-Q 图进一步证实了这个结果。因此，以上结果促使本文采用非对称 SV 模型用来描述这种时变波动率的特征。

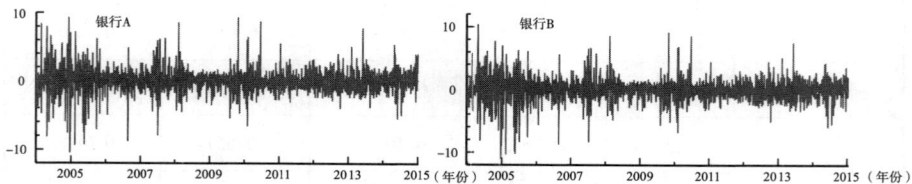

(a) 收益率序列

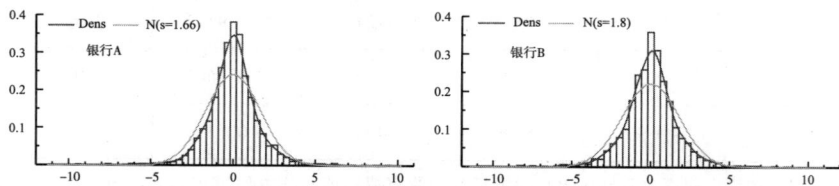

(b) 非参数密度估计值和正态近似值，柱状图为频率发生值

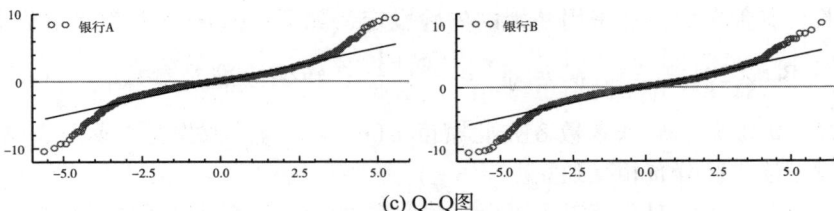

(c) Q–Q图

图 4 – 5　银行 A 与银行 B 收益率序列描述性统计图

注：样本区间 2000 年 2 月 19 日至 2010 年 12 月 15 日。

2. 模型运算

在前面部分，我们都将均值过程考虑为零均值过程，但在实际应用中，往往这种去均值操作会导致遗失一些信息，例如中心化会使人们忽略了收益率序列的偏度特征。当然，对一些高频数据而言，收益率序列可能还是一个 ARMA 过程，也可能为一个风险溢出过程或 SVM（SV in Mean）过程，可能情形非常复杂。为讨论简便起见，我们这里只考虑包含均值过程常数项的非对称 SV 模型，这个模型与前面方程（4.1）的连续时间模型一致，则，离散化非对称 SV 模型可表示为：

$$r_t = \mu + \exp\left(\frac{h_t}{2}\right)u_t$$

$$h_{t+1} = \alpha + \phi h_t + \rho\sigma_v \exp\left(-\frac{h_t}{2}\right)y_t + \sigma_v\sqrt{1-\rho^2}w_{t+1} \qquad (4.24)$$

这里 μ 为均值过程的均值参数。

在前文我们已讨论 $\mu = 0$ 时的模型估计策略。引入均值参数 μ 后，实际上只需考虑给定观测值序列 $R_T = \{r_t\}_{t=1}^T$ 和隐对数波动序列 $H_T = \{h_t\}_{t=1}^T$ 下，对均值参数 μ 的抽样，即：

$$p(\mu \mid H_T, R_T) \propto \exp\left\{-\sum_{t=1}^T\left[\frac{(r_t-\mu)^2}{2\exp(h_t)}\right]\right\}p(\mu)$$

$$\propto \mathcal{N}(\hat{\mu}, V_\mu)p(\mu) \qquad (4.25)$$

其中 $\hat{\mu} = \dfrac{\sum_{t=1}^T r_t\exp(-h_t)}{\sum_{t=1}^T \exp(-h_t)}$，$V_\mu = \dfrac{1}{\sum_{t=1}^T \exp(-h_t)}$。如果假设 $p(\mu)$ 为正态先验，那么 μ 的后验密度仍为正态密度，因此是共轭的。如果 $p(\mu)\propto 1$ 为扩散先验，那么 $p(\mu \mid H_T, R_T)\propto\mathcal{N}(\hat{\mu}, V_\mu)$ 仍为正态后验分布。

在这部分应用中，我们将均值参数 μ 的先验设定为 $p(\mu)\propto 1$，即扩散先验，其他参数仍然采用基姆的先验设定，如下：$p(\alpha) \propto 1$ 为扩散先验；$\phi^* \sim \text{Beta}(20，1.5)$，满足 $\phi^* = \dfrac{(\phi+1)}{2}$；转换标准差参数 $\varsigma^{-2} \sim \text{Gamma}(2.5，0.025)$；转换参数 δ 先验密度 $p(\delta) \propto 1$ 为扩散先验。而且，这里假设上述先验分布相互独立。

现在，我们对两家银行资金收益率序列 $\{r_t\}_{t=1}^{T}$ 的非对称 SV 模型采用 MCMC 方法进行估计，Gibbs 抽样共进行 51000 次抽取，其中前 1000 次迭代作为预烧抽样舍去。图 4-6 和图 4-7 分别给出了两家银行资金收益率非对称 SV 模型参数估计的相关结果。在图中，我们分别给出 MCMC 迭代或 Gibbs 抽样的抽取序列图、参数的条件后验分布密度及 MCMC 迭代序列的自相关图，参数条件后验密度采用 GiveWin 制图软件以适当窗选择的 Gaussian 核密度计算得到。从迭代的自相关图来看，参数的 MCMC 估计均以较快速度地衰减为零，参数估计收敛性较快，这说明本书采用的基于 FFBS 算法的多步移动 Gibbs 抽样方法要优于单步移动 Gibbs 抽样方法，且本书的结果与金姆（Kim）的先验结果非常相似。

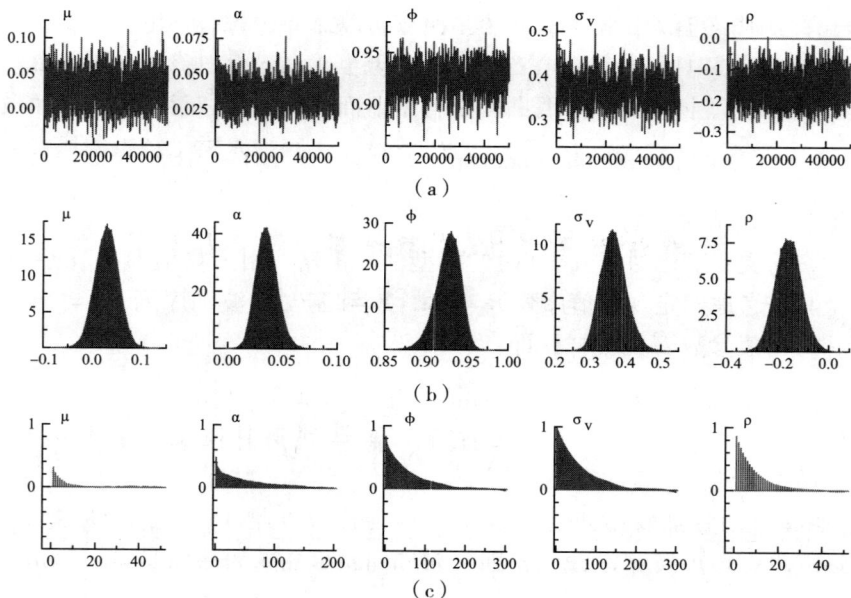

图 4-6　银行 A 收益率的参数后验估计结果

注：（a）MCMC 迭代的抽样序列图；（b）参数的条件后验分布密度；（c）MCMC 迭代序列的自相关图。

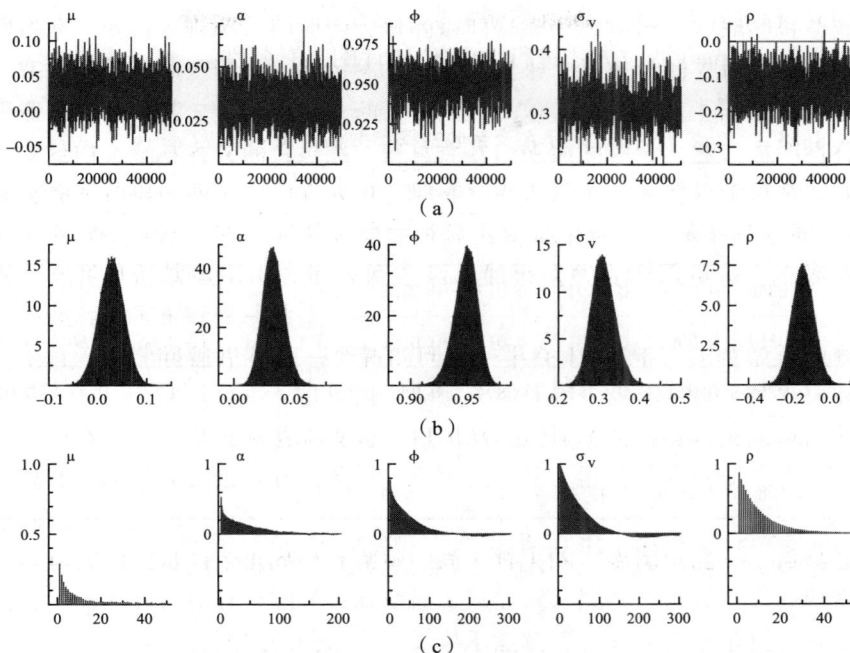

图 4 - 7　银行 B 收益率的参数后验估计结果

注：（a）MCMC 迭代的抽样序列图；（b）参数的条件后验分布密度；（c）MCMC 迭代序列的自相关图。

4.4.3　实验结果及分析

表 4 - 8 和表 4 - 9 分别给出了两家银行资金收益率非对称 SV 模型的相应参数估计结果。这里，我们计算了参数 $\theta_* = (\alpha, \phi, \sigma_v, \rho)$ 的后验估计值、参数标准差、中值、95% 置信区间、无效性因子及参数的后验相关性。从参数估计显著性结果来看，除两家银行收益率均值过程均值参数在传统显著性水平下不显著外，其余参数均在 5% 显著性水平下显著，这表明非对称 SV 模型适合于描述我国商业银行时变波动率特征。特别是，我们的结果表明银行 A 流动性头寸波动率持续性水平弱于银行 B 流动性头寸波动率持续性，而前者对收益率的杠杆效应则微强于后者对收益率的杠杆效应，这表明相对国有商业银行，股份制银行资金运作能力要稍占优势，这可能与其自身多样化经营方式有关。另外，我们关注后验参数模拟估计的无效性因子，结果发现所有参数的无效性因子均低于 100，除参数

ϕ 和 σ_v 相对较大之外，其余均非常小。这个结果显示了本书基于 FFBS 算法和扩展 Kalman 滤波方法进行 MCMC 估计的强有效性。

表 4-8　　　　　　　　　　　银行 A 资金收益率参数估计值

参数	均值	标准差	中值	95% 置信区间		INEF	后验相关性				
				2.5%	97.5%						
μ	0.0290	0.0236	0.0291	-0.0170	0.0752	3.35	1	-0.06	-0.05	0.04	0.19
α	0.0357	0.0097	0.0351	0.0180	0.0562	23.20		1	-0.65	0.50	0.02
φ	0.9269	0.0149	0.9281	0.8942	0.9525	67.71			1	-0.81	-0.07
σ_v	0.3650	0.0358	0.3632	0.3010	0.4411	93.33				1	0.01
ρ	-0.1580	0.0504	-0.1586	-0.2547	-0.0564	13.30					1

注：参数值通过 MCMC 估计方法得到，基于 51000 次 Gibbs 抽样，前 1000 次抽取作为预烧抽样舍去。"INEF" 表示无效性因子。参数 μ，α 和 δ 的先验密度均以扩散先验表示，其均值和标准差为 0。

表 4-9　　　　　　　　　　　银行 B 资金收益率参数估计值

参数	均值	标准差	95% 置信区间		INEF	后验相关性				
			2.5%	97.5%						
μ	0.0287	0.0257	-0.0225	0.0763	3.64	1	-0.03	-0.08	0.10	0.30
α	0.0322	0.0084	0.0175	0.0525	21.23		1	-0.60	0.60	0.06
φ	0.9456	0.0103	0.9287	0.9675	50.30			1	-0.80	-0.20
σ_v	0.3287	0.0297	0.2575	0.3840	78.03				1	0.05
ρ	-0.1301	0.0511	-0.2372	-0.0273	14.93					1

注：参数值通过 MCMC 估计方法得到，基于 51000 次 Gibbs 抽样，前 1000 次抽取作为预烧抽样舍去。"INEF" 表示无效性因子。参数 μ，α 和 δ 的先验密度均以扩散先验表示，其均值和标准差为 0。

最后，图 4-8 给出了基于所有样本信息下对 $\exp\left(\dfrac{h_t}{2}\right)$ 的期望值，即非对称 SV 模型平滑随机波动率的估计值，我们通过 2000 次随机抽取的平均值获得。如图 4-8 所示，银行 A 头寸和银行 B 头寸随机波动率的变化特征与图 4 - 5 （b）收益率变化大小的特征基本吻合，表明非对称 SV 模型较好地描述了银行流动性净头寸的时变波动特征。

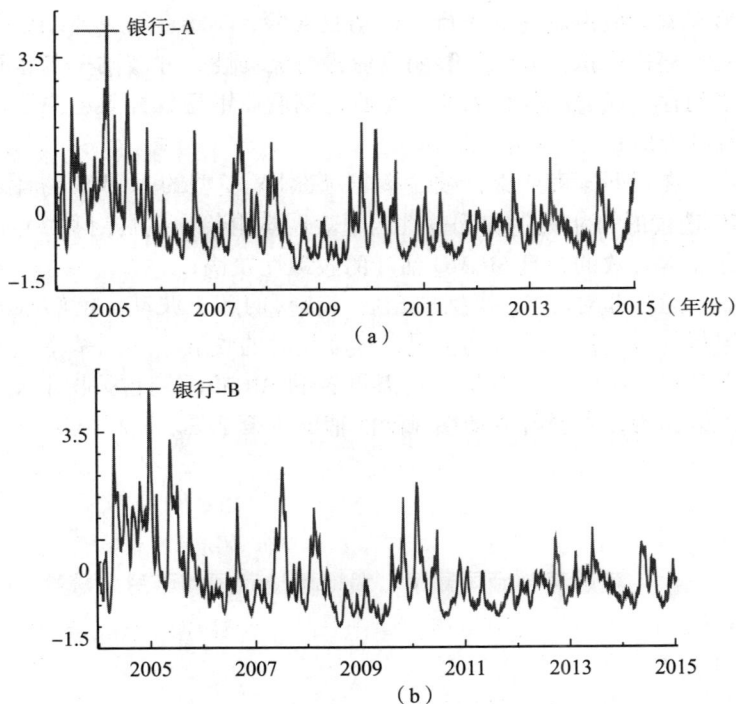

图 4 - 8　银行 A 与银行 B 流动性净头寸时变波动估计值

　　由于非对称 SV 模型较好地描述了银行流动性净头寸的时变波动特征，因此银行管理者即可以此为依据，及时获得本行资金流动状况，当银行的流动性净头寸为负时，资金管理者必须面对"流动性缺口"问题，必须决定在何时从何地筹集弥补缺口所需要的流动性资源；当流动性净头寸为正时，管理者则面对的是"流动性盈余"的问题，必须决定在何时用何种方式投资这些多余的流动性资金，直到需求满足未来的流动性需求。

4.5　本章小结

　　本章在流动性风险管理相关理论的基础上，针对目前我国商业银行流动性管理现状，考虑流动性头寸与银行资金收益率之间的特殊相关性，提出了一种基于 MCMC 有效估计的非对称随机波动（SV）模型来对商业银行的流动性风险进行度量。经过随机模拟以及两家银行（一家为国有商业银行，另一家为股份制商业银行）的仿真实验，本章获得主要结论为：

首先，随机模拟实验结果表明商业银行流动性头寸波动率与银行资金收益率之间存在显著的杠杆效应，且股份制商业银行杠杆效应强于国有商业银行杠杆效应；

其次，在对两家商业银行收益率非对称 SV 模型的 MCMC 估计中，参数 MCMC 迭代的自相关图和无效性因子表明本书给出的非对称 SV 模型估计方法是非常有效的，且 MCMC 估计的收敛性较快；

最后，通过非对称 SV 模型拟合后，获得的随机波动率能够很好地描述商业银行的流动性头寸波动情况，标准化后的收益率序列基本上服从为标准正态分布，因此，本章提出的基于改进 MCMC 估计的非对称随机波动模型可以作为监管银行流动性风险的辅助决策工具。

第 5 章

基于离散 Hopfield 神经
网络的商业银行信用
风险度量研究

信用风险历来是银行业乃至整个金融业最主要的风险形式，是金融机构和监管部门防范与控制的主要对象和核心内容。银行信用业务所带来的信用风险及其控制也一直是商业银行最为关注和棘手的问题。随着国际金融市场的不断发展，特别是 2008 年美国次贷危机的暴发，我国商业银行资产质量恶化，不良贷款比重较高，国有商业银行信用风险暴露尚不充分，且面临的风险有加大的趋势。在经营中出现了资本充足率下降、银行的抗风险能力降低，零首付或假首付情况下的断供风险频繁发生，个人住房贷款的成数普遍偏高等问题。我国加入 WTO 后，随着改革开放程度的加深，国内商业银行将受到更多的国际国内因素冲击，承受更多的内外风险，我国商业银行信用风险问题突出导致商业银行经营风险增大，影响我国经济金融的稳定发展。再加上国有商业银行信用风险管理体制存在的一些缺陷，导致金融抑制现象长期伴随我国经济生活的现实之中。要在日趋激烈的市场竞争中取胜，强化全面信用风险防范已成为当务之急。因此，我国商业银行信用风险防范策略研究既有理论探讨价值，又有实际现实意义。本章在论述信用风险管理相关理论的基础上，针对目前我国商业银行信贷管理现状，对如何准确度量信用风险进行了深入研究。

5.1 "一带一路"背景下商业银行信用风险理论概述

5.1.1 信用风险的含义及其生成原因

1. 信用风险的含义

信用风险的形成是一个从萌芽、积累直至发生的渐进过程。狭义的信用风险是指银行对企业和个人发放的贷款，发生收不回本息而蒙受损失的可能性，这种可能性是信用资金运动中始终潜在的危险。

广义的信用风险是指商业银行在其信用资金运作过程中由于各种不确定的因素，使得实际收益和预期收益发生一定偏差，从而蒙受损失的可能性，它包括两个方面，其一为损失风险，其二为收益风险。商业银行承担的信用风险不仅是由于借款者违约不能如期偿还贷款本息而使银行承担实际的违约风险，也包括由于借款者还款能力下降或信用等级降低而使银行面临的潜在违约风险[93]。

2. 信用风险的生成原因

（1）信息不对称。

商业银行的信用风险主要来源于信贷客户与商业银行相互之间的信息不对称。信贷客户直接掌握着自己的全部信息，包括偿债意愿和影响偿债能力的资本结构、资产负债、资产流动性、同业竞争状况、获利能力、企业发展前途和规划，以及自身生产经营过程中所面临的各种风险等信息，同时，由于商业银行的信贷行为严格受国家法律、法规的规制，有关信贷政策、操作程序等信息全部向社会公开，也易于被信贷客户所掌握。而据以判断信贷客户偿债意愿的信息（历史履约情况）和偿债能力的信息，除上市公司国家法律法规规定强制性信息披露义务外，其他信贷客户并不承担信息披露的强制性义务，作为信贷资金供给者的商业银行，对信贷客户有关偿债意愿和偿债能力的信息很难，也很少全面、及时、准确地掌握。

这样，信贷客户就有可能在信贷交易过程中，利用自己对信贷信息资源占有上的优势地位，通过虚构、夸大自己的偿债能力，隐瞒自己不愿意偿还债务的主观意图和自身所面临的生产经营风险，从而取得商业银行的信贷支持，但在占有信贷资金后又因不愿或无力偿还信贷资金本息，致使提供信贷支持的商业银行的信贷资金发生风险。

（2）道德风险。

由于信贷客户与商业银行相互之间的信息不对称，是商业银行信用风险的主要来源，因此商业银行信用风险管理的关键是尽自己的最大努力发现、识别、评价有关信贷客户偿债意愿和偿债能力的信息，从而最大限度地改变双方之间的信息不对称状态，做出是否给予信贷支持和支持程度的决策，以降低信贷资金的风险，保证信贷资金的安全，但是由于商业银行信用风险管理者职业道德缺失，不能勤勉尽责地履行全面、准确、及时发现、识别、评价、判断信贷客户偿债意愿和偿债能力的信息，或者全面、准确、及时发现、识别、评价、判断信贷客户偿债意愿和偿债能力的能力不足，致使信用风险管理工作没有起到有效防范和化解信用风险的作用，给信贷资金造成损失。

5.1.2　信贷资产的风险分类

1. 信贷资产风险分类的传统标准：贷款五级分类

信贷资产风险分类是指银行按照风险程度将信贷资产划分为不同级次，以便判断债务人及时足额履约的可能性。

贷款五级分类制度是根据内在风险程度将商业贷款划分为正常、关注、次级、可疑、损失五类。这种分类方法是银行主要依据借款人的还款能力，即最终偿还贷款本金和利息的实际能力，确定贷款遭受损失的风险程度，其中后三类称为不良贷款。

五级分类是国际金融业对银行贷款质量的公认的标准，这种方法是建立在动态监测的基础上，通过对借款人现金流量、财务实力、抵押品价值等因素的连续监测和分析，判断贷款的实际损失程度。也就是说，五级分类不再依据贷款期限来判断贷款质量，能更准确地反映不良贷款的真实情况，从而提高银行抵御风险的能力。

2. 信贷资产风险分类的新趋势：《巴塞尔新资本协议》的分类要求

由于传统的五级分类法对资产质量的划分较为粗略，不能准确真实地反映信贷资产的实际价值，因此《新巴塞尔资本协议》中对风险内部评级也作出了最少细分为七级的要求。目前，欧美、亚洲国家的大部分银行已制订超过五级的分类制度，部分美国银行甚至制定多达二十一级的制度。实施更为精细的分类方法（见表 5 - 1）是银行监测信贷资产质量、有效防控风险的必然选择。

表 5 - 1　　　　　　　　常用五级分类与十二级分类的对应

描述	五级分类		十二级分类
债务人能够履行合同，没有足够理由怀疑贷款本息和其他债务（含或有债务）不能按时足额偿还。	正常	四档	特优——正常一级
			优秀——正常二级
			次优——正常三级
			优良——正常四级
尽管债务人目前有能力偿还贷款本息和其他债务，但存在一些可能对偿还债务产生不利影响的因素。	关注	三档	一般关注——关注一级
			重点关注——关注二级
			特别关注——关注三级
债务人的偿债能力出现明显问题，完全依靠其正常营业收入无法足额偿还贷款本息和其他债务，即使执行担保，也可能会造成一定损失。	次级	二档	较差——次级一级
			差——次级二级
债务人无法足额偿还贷款本息和其他债务，即使执行担保，也肯定要造成较大损失。	可疑	二档	很差——可疑一级
			极差——可疑二级
在采取所有可能的措施或一切必要的法律程序之后，贷款本息和其他债务仍然无法收回，或只能收回极少部分。	损失	一档	损失

　　2007 年银监会发布《贷款风险分类指引》规定，商业银行贷款五级分类是贷款风险分类的最低要求，各商业银行可根据自身实际制定贷款分类制度，细化分类方法，但不得低于要求五级分类的要求，并与五级分类方法具有明确的对应和转换关系。目前已有多家银行在贷款五级分类的基础上实行了贷款风险多级分类，例如建行的十二级分类将正常级细分为五

级，把关注、次级和可疑分别细分为二级，损失级不细分，仍为一级。五大行的信贷资产十二级分类情况见表 5 - 2。

表 5 - 2　　　　　　　　五大行的信贷资产十二级分类情况

	正常	关注	次级	可疑	损失
中行	五档	二档	二档	二档	一档
农行	四档	三档	二档	二档	一档
工行	四档	三档	二档	二档	一档
建行	五档	二档	二档	二档	一档
交行*	五档	二档	一档	一档	一档

注：＊交行是十级分类。

5.1.3　商业银行信用风险的计量方法

长期以来，信用风险都是银行业，乃至整个金融业最主要的风险形式。尤其是 20 世纪 80 年代中期以后，随着金融自由化和金融全球化的发展，世界范围内的破产有了结构性的增加，信用规模和风险程度都呈指数式增长。而且，融资的脱媒效应、银行间竞争的加剧以及抵押品价值的下降都大大增加了银行传统信贷业务的风险，使得信用风险再度引起普遍的关注，成为银行内部的风险管理者和银行监管者共同面对的一个重要课题。同时，贷款出售和贷款证券化的使用，组合投资原理在风险管理中的实践，以及衍生工具市场的显著扩张和各种信用衍生产品的出现，也对信用风险的测量和控制提出了更高的要求。

然而传统的信用风险衡量方法（主要包括专家法、信用评级法和信用评分法等），由于其主要依赖于评估者的专业技能、主观判断和对某些决定违约概率的关键因素的简单加权计算，难以对信用风险做出精确的测量，因此，近年来以 KMV、Credit Metrics、Credit Risk + 及 Credit Portfolio View 为代表的信用风险量化管理模型的开发得到了理论界和实务界越来越高的重视[94][95]。

1. KMV 模型

KMV 模型以 Black - Scholes 的期权定价理论为依据，认为公司的破产概率在很大程度上取决于公司资产价值与其负债大小的相对关系以及公司资产市价的波动率，当公司的市场价值下降到一定水平以下时公司就会对其债务违约。它将股票价值看作是建立在公司资产价值上的一个看涨期权，用公司股价的波动率来估算公司资产价值的波动率，主要通过计算预期违约频率 EDF（Expected Default Frequency），即借款者在正常的市场条件下在计划期内违约的概率，来衡量信用风险的大小[96]。详见图 5 - 1。

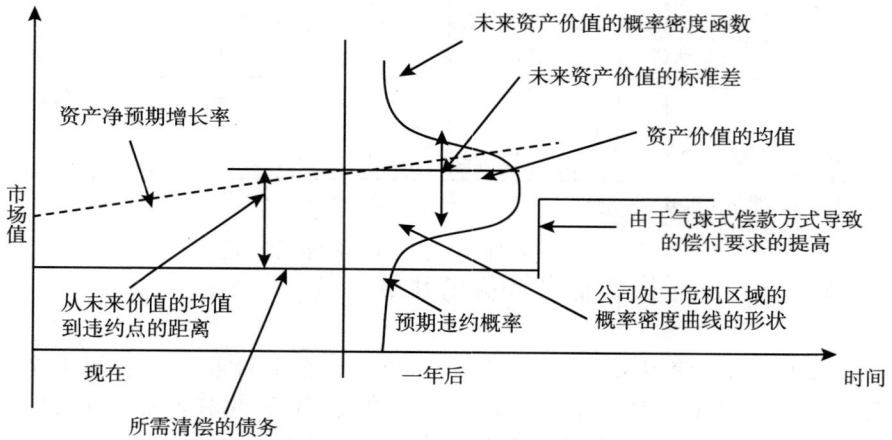

图 5 - 1　KMV 模型简图

2. Credit Metrics 模型

Credit Metrics 模型最突出的特点就在于它把人们对信用风险的认识仅仅局限于违约情况的传统思想，转移到了包括信用等级变迁在内的新情形，第一次将信用等级的转移、违约率、回收率、违约相关性纳入了一个统一的框架，全面地考虑对信用风险的度量。它认为企业信用等级的变化才是信用风险的直接来源，而违约仅仅是信用等级变迁的一个特例。因此，它主要根据信用评级转移矩阵所提供的信用工具信用等级变化的概率分布，以及不同信用等级下给定的贴现率，计算出该信用工具在各信用等级上的市场价值，从而得到该信用工具市场价值在不同信用风险状态下的概率分布。不仅可以用于单一资产信用风险的测量，而且可以用于多种资产组合信用风险状况的计算，其主要框架如图 5 - 2 所示。

风险暴露	信用VaR			相关性
用户 资产组合	数据转换 Agent 提供国内行	优先 级别	信用 价差	评级系列 股价系列
市场 波动性	评级转移 概率	违约时的 挽回率	债券现值 重估	模型（例如 相关性）
风险暴露 的分布	由于各个证券信用品质的变迁 而导致的组合价值的标准差 资产组合			信用等级 联合变迁
	资产组合的信用VaR			

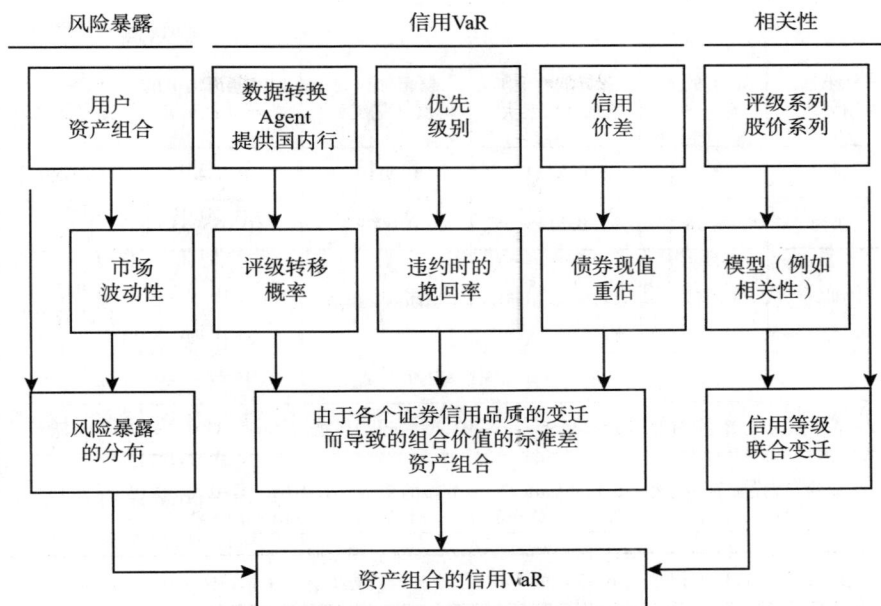

图 5－2　Credit Metrics 分析框架

　　以一项金额为 1 亿美元，年利率为 6% 的 5 年期 BBB 级固定利率贷款为例，简单说明一下 Credit Metric 模型的基本思想。详见表 5－3。

表 5－3　　　　　BBB 级贷款的 VaR 的计算（基准点是贷款的均值）

年末信 用评级	状态的概 率（%）	新贷款价值加 利息（亿美元）	概率加权的 价值（亿美元）	价值偏离均值的 差异（亿美元）	概率加权 差异的平方
AAA	0.02	1.0937	0.0002	0.0228	0.0010
AA	0.33	1.0919	0.0036	0.0210	0.0146
A	5.95	1.0866	0.0647	0.0157	0.1474
BBB	86.93	1.0755	0.9349	0.0046	0.1853
BB	5.30	1.0202	0.0541	(0.0506)	1.3592
B	1.17	0.9810	0.0115	(0.0899)	0.9446

续表

年末信用评级	状态的概率（%）	新贷款价值加利息（亿美元）	概率加权的价值（亿美元）	价值偏离均值的差异（亿美元）	概率加权差异的平方
CCC	0.12	0.8364	0.0110	（0.2345）	0.6598
违约	0.18	0.5113	0.0009	（0.05596）	5.6358
			1.0709 = 均值		8.9477 = 价值的方差
σ = 标准差 = 299 万美元					
假设正态分布：5% 的 VaR = 1.65 × σ = 493 万美元；1% 的 VaR = 2.33 × σ = 697 万美元					
假设实际的分布：5% 的 VaR = 实际分布的 95% = 1.0709 - 1.0202 = 0.0507 1% 的 VaR = 实际分布的 99% = 1.0709 - 0.9810 = 0.0899					

注：5% 的 VaR 近似地由 6.77% 的 VaR 给出（也就是 5.3% + 1.17% + 0.12% + 0.18%），1% 的 VaR 近似地由 1.47% 的 VaR 给出（也就是 1.17% + 0.12% + 0.18%）。

资料来源：J. P. Morgan，Credit Metrics—Technical Document，April 2，1997，p. 28。

此外，Credit Metrics 模型的一个重要特点就在于它是从资产组合而不是单一资产的角度来看待信用风险的，因此可以用于衡量组合的集中信用风险值。模型中整个投资组合的市场价值的期望和标准差可以表示为：

$$E(R_p) = \sum_1^n x_i E(R_i)$$

$$\sigma_p^2 = \sum_{i=1}^n \sum_{j=1}^n x_i x_j Cov(R_i R_j)$$

3. Credit Risk + 模型

Credit Risk + 方法是由瑞士信贷银行（Credit Suisse Financial Products，CSFP）于 1996 年推出的一个违约风险的统计模型[97][98]。主要以保险精算科学为基础，假定违约遵从泊松过程，而与公司的资本结构无关。利用违约率的波动性来估计客户信用等级变化的不确定性以及违约的相关性，并进一步生成债券和贷款投资组合的损失分布，以计算应提列的授信损失准备。其最主要的优势就在于只需要相当少的数据输入（例如主要输入数据仅为贷款违约率、违约率波动率和风险暴露，而不需要风险溢酬方面的数据），就可以计算出每位债务人的边际风险贡献度以及整个投资组合的违约损失分布。其主要局限也在于它不是充分估值的 VaR 模型。

4. 麦肯锡公司的 Wilson 模型

麦肯锡公司的 Wilson 模型（1997），即信贷组合观点（Credit Portfolio View）是一种通过计量经济学和蒙特卡罗模拟来分析组合风险和回报的方法。与 Credit Metrics 相比，其最大的改进就在于把宏观因素（包括系统的和非系统的，如失业率、GDP 增长率、长期利率水平、汇率、政府支出和储蓄水平等）对于违约概率和相关联的评级转移的影响纳入了模型，通过模拟宏观因素对于模型的冲击来测定转移概率的跨时演变，这样可以得到未来每一年的不同的转移矩阵，在此基础上运用 Credit Metrics 的方法计算出于不同经济周期的 VaR，从而克服了 Credit Metrics 模型中由于假定不同时期的转移概率是静态的和固定的而引起的偏差，可以说是对 Credit Metrics 的一种补充。与 KMV 模型相比，两者所应用的方法同样都是基于经验观察，即违约和转移概率都随时间变化[99][100]。但 KMV 模型主要是从微观经济角度研究债务人的违约概率和相关资产市值，而 Credit Portfolio View 模型则主要运用宏观经济中的因素与违约和转移概率相联系。

现将以上四大模型在 6 个关键维度上的异同点归纳为表 5 - 4。

表 5 - 4　　　　　　　　　　四大信用度量模型的比较

比较的维度	KMV 模型	Credit Metrics	Cedit Risk +	Wilson 模型
1. 风险的定义	违约模型	盯市模型	违约模型	盯市模型
2. 风险驱动因素	资产价值	资产价值	预期违约率	宏观因素
3. 信用事件的波动性	可变	不变	可变	可变
4. 信用事件的相关性	多变量正态	多变量正态	独立假定或与预期违约率的相关性	因素负载 factor loadings
5. 挽回率	不变或随机	随机	在频段内不变	随机
6. 计算方法	解析法	模拟法或解析法	解析法	模拟法

迄今为止，从实证角度对各个信用风险模型进行系统比较分析的文章还很少。戈迪（Gordy，2000）[101]在对各模型进行模拟的基础上分别在各

自的文章中指出，各种不同的模型对在同一时点的相同资产组合进行评估时得出的结果是相近的。尼克尔（Nickell，1997）[102]等人将信用风险模型应用于对实际资产组合风险损失估计的研究，发现结果与实际情况大相径庭。看来根据本国实际研究适用的信用风险模型还路途遥远。

至于在实践中该选择运用哪一个模型则主要取决于信用风险资产组合的性质，风险管理的范围和要求，以及数据的可获得性。对于主要依赖于公司特有数据的异质资产组合（heterogonous portfolios），则结构性模型比较适合；对于具有潜在流动性债券市场的资产组合，则简约式模型具有较大的优势；对于同质资产组合（homogenous portfolios）的风险管理者，如果不关注评级转移风险，则计算相对简便的以保险精算为基础的信用风险模型就足够了；对于高度依赖于经济状况的同质资产组合，则宏观经济类模型是最优的选择[103]。

5.1.4 商业银行信用风险的影响

信用风险对形成债务双方都有影响，主要对债券的发行者、投资者和各类商业银行和投资银行有重要作用。

1. 对发行者的影响

因为债券发行者的借款成本与信用风险直接相联系，债券发行者受信用风险影响极大。计划发行债券的公司会因为种种不可预料的风险因素而大大增加融资成本。例如，平均违约率的升高的消息会使银行增加对违约的担心，从而提高了对贷款的要求，使公司融资成本增加。即使没有什么对公司有影响的特殊事件，经济萎缩也可能增加债券的发行成本。

2. 对投资者的影响

对于某种证券来说，投资者是风险承受者，随着债券信用等级的降低，则应增加相应的风险贴水，即意味着债券价值的降低。同样，共同基金持有的债券组合会受到风险贴水波动的影响。风险贴水的增加将减少基金的价值并影响到平均收益率。

3. 对商业银行的影响

当借款人对银行贷款违约时，商业银行是信用风险的承受者。银行因为两个原因会受到相对较高的信用风险。首先，银行的放款通常在地域上和行业上较为集中，这就限制了通过分散贷款而降低信用风险的方法的使用。其次，信用风险是贷款中的主要风险。随着无风险利率的变化，大多数商业贷款都设计成是浮动利率的。这样，无违约利率变动对商业银行基本上没有什么风险。而当贷款合约签订后，信用风险贴水则是固定的。如果信用风险贴水升高，则银行就会因为贷款收益不能弥补较高的风险而受到损失。

5.2　我国商业银行信用风险管理现状研究

银行负债主要是短期储蓄，而资产是短期和长期贷款，当资产的价值低于负债的价值时，则银行资不抵债。如果贷款损失超过了它的储备和资本金，则银行安全将受到严重威胁。在适度宽松的货币政策下，我国信贷规模大幅度上升，防范信用风险和不良贷款是我国银行体系面临的一项重要任务。2009 年，我国与其他主要经济体均推出了大规模的经济刺激计划，以应对国际金融危机的冲击。其中，信贷政策在我国扮演着重要角色：较高增速的信贷投放提振了信心；满足了投资高速增长对资金的需求；全年近 10 万亿元的投放力度，为经济成功"保八"奠定基础。2018年全年我国新增人民币贷款为 16.17 万亿元，同比多增 2.64 万亿元，多增量是上年同期的 3 倍，年末贷款余额同比增长 13.5%，较上年末提升 0.8 个百分点。天量信贷催生的流动性过剩也导致了资产价格快速上扬，推高了通胀预期，加剧了信用风险。

5.2.1　我国商业银行资产负债的现状

1. 银行业资产负债总体情况与结构

近年来，我国银行业资产规模保持了高速增长，如图 5-3 所示。截至 2018 年年末，中国银行金融机构资产总额、负债总额分别为 268.24 万亿元、246.58 万亿元人民币，较 2017 年同期下降 2.41 个百分点和 2.51 个百分点，见表 5-5。

（年份）

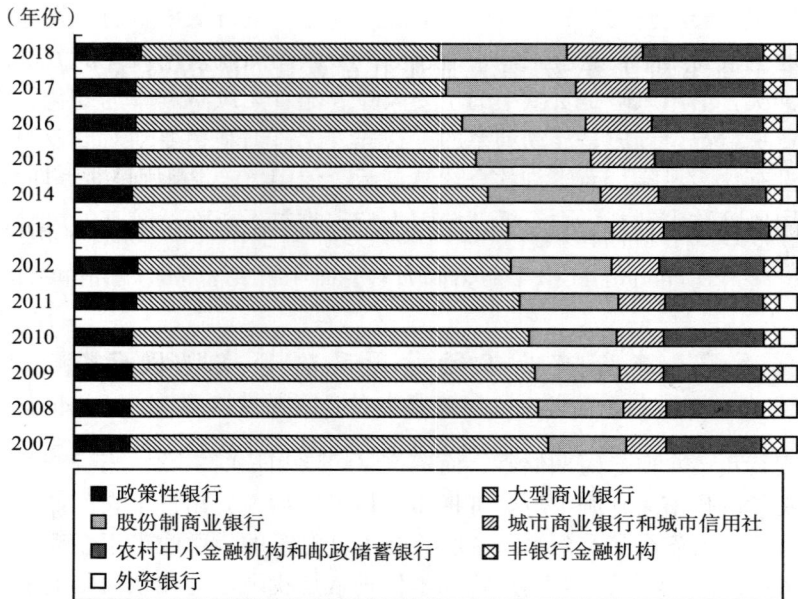

图 5 – 3　银行业金融机构市场份额（按资产）

资料来源：中国银监会网站。

表 5 – 5　　　　　2007～2018 年银行业金融机构总资产和总负债情况

年份	总资产 （10 亿元）	比上年同期增长率 （%）	总负债 （10 亿元）	比上年同期增长率 （%）
2007	52598.25	19.68	49567.54	
2008	62391.29	18.62	58601.56	18.23
2009	78769.05	26.25	74334.86	26.85
2010	94258.46	19.70	88437.98	19.00
2011	113287.3	18.90	106077.9	18.6
2012	133622.4	17.95	124951.5	17.79

续表

年份	总资产 （10 亿元）	比上年同期增长率 （%）	总负债 （10 亿元）	比上年同期增长率 （%）
2013	151354.7	13.27	141183.0	12.99
2014	172335.5	13.87	160022.2	13.35
2015	188477.6	12.75	175178.3	12.2
2016	226255.7	15.8	2089230.0	16.0
2017	252000.33	13.56	233412.57	13.26
2018	268240.6	11.15	246582.79	11.95

资料来源：根据历年中国银监会《银行业金融机构资产负债情况表》整理所得。

从 2018 年各季度的资产情况看，第一季度银行业资产增速最快为 7.36%，从第二季度开始银行业资产增速回落，见表 5 - 6。

表 5 - 6　　2014 ~ 2018 年银行业金融机构分季度总资产和总负债情况

时间	总资产 （10 亿元）	比上年同期 增长率（%）	总负债 （10 亿元）	比上年同期 增长率（%）
2014 年一季度	1595231	12.89	1487310	12.54
2014 年二季度	1671685	15.89	1561275	15.78
2014 年三季度	1679110	14.23	1563406	13.91
2014 年四季度	1723355	13.87	1600222	13.35
2015 年一季度	1787763	12.07	1657996	11.48
2015 年二季度	1884776	12.75	1751783	12.20
2015 年三季度	1927241	14.78	1782365	14.01
2015 年四季度	1993454	15.67	1840401	15.07

续表

时间	总资产 （10亿元）	比上年同期 增长率（%）	总负债 （10亿元）	比上年同期 增长率（%）
2016年一季度	2085578	16.66	1924753	16.09
2016年二季度	2179996	15.66	2017732	15.18
2016年三季度	2229156	15.67	2058981	15.52
2016年四季度	2322532	15.80	2148228	16.04
2017年一季度	2384626	14.34	2203999	14.51
2017年二季度	2431661	11.54	2249101	11.47
2017年三季度	2471422	10.87	2282592	10.86
2017年四季度	2524040	8.68	2328704	8.40
2018年一季度	2560195	7.36	2360129	7.08
2018年二季度	2601970	7.00	2397883	6.62
2018年三季度	2643345	6.96	2432738	6.58
2018年四季度	2682401	6.27	2465777	5.89

资料来源：中国银监会网站。

　　分析2015～2018年的各个银行业金融机构的资产比例，截至2018年年底，资产规模较大的依次为大型商业银行、股份制商业银行、邮政储蓄银行和农村中小金融机构，占银行金融机构资产的份额分别为31.78%、17.82%、19.40%和13.18%，见图5-4。

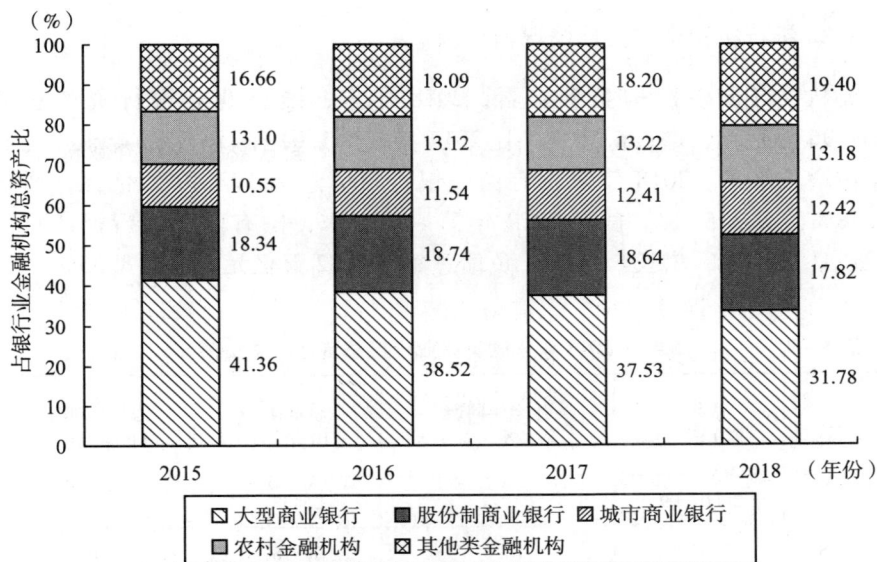

图 5 - 4　2015 ~ 2018 年各类银行业金融机构总资产占比

资料来源：中国银监会网站。

据我国银监会初步统计，截至 2019 年 3 月末，我国银行业金融机构资产总额为 275.8 万亿元，比上年同期增长 7.74%。分机构类型看，商业银行合计资产总额 227.4 万亿元，比上年同期增长 8.69%，占银行业金融机构比例为 82.80%；大型商业银行总资产为 112.4 万亿元，比上年同期增长 7.76%，占银行业金融机构比例为 40.90%；股份制商业银行资产总额 48.0 万亿元，增长 6.4%，占银行业金融机构比例为 17.43%；农村金融机构资产总额 36.1 万亿元，增长 7.33%，占银行业金融机构比例为 13.1%；城市商业银行资产总额 35.2 万亿元，增长 11.5%，占银行业金融机构比例为 12.8%；其他类金融机构资产总额 43.9 万亿元，增长 6.59%，占银行业金融机构比例为 15.94%。

银行业金融机构境内本外币负债总额为 253.4 万亿元，比上年同期增长 7.37%。其中，国有商业银行负债总额 209.8 万亿元，增长 8.35%；股份制商业银行负债总额 44.5 万亿元，增长 5.88%；城市商业银行负债总额 32.6 万亿元，增长 11.3%；其他类金融机构负债总额 39.3 万亿元，增长 6.12%。

2. 银行机构资产负债情况与结构

从银行金融机构类型来看，2018 年末，国有商业银行资产总额 209.96 万亿元，增长 6.70%，比 2017 年减少 1.61 个百分点，略低于行业整体增长水平。2018 年末国有商业银行负债总额 193.49 万亿元，增长 6.28%。见表 5 - 7。截至 2019 年第一季度末，国有商业银行资产总额 227.41 万亿元，增长 8.69%，负债总额 209.82 万亿元，增长 8.35%。

表 5 - 7　　　　　　2007 ~ 2018 年末国有商业银行总资产与总负债

年份	总资产（10 亿元）	比上年同期增长率（%）	总负债（10 亿元）	比上年同期增长率（%）
2007	28007.09		26433	
2008	31835.8	13.67	29878.36	13.03
2009	40089.02	25.92	37902.56	26.86
2010	45881.46	14.40	43031.82	13.75
2011	53633.6	14.40	50259.1	14.1
2012	60040.1	11.94	56087.9	11.60
2013	65600.5	9.26	61161.1	9.05
2014	134797.8	13.47	125093.3	12.88
2015	155825.7	15.60	144268.2	15.33
2016	181688.4	16.60	168592.2	16.86
2017	196783.4	8.31	182061	7.99
2018	209963.8	6.7	193487.6	6.28

资料来源：中国银监会网站。

表 5 - 8 中，2018 年末股份制商业银行资产总额 47.02 万亿元，增长 4.58%，增速比 2017 年上升 1.1 个百分点，负债总额 43.59 万亿元，增长 4.03%。截至 2019 年第一季度末，股份制商业银行总资产为 48.08 万亿元，比上年同期增长 4.78%，总负债为 44.54 万亿元，增长 5.88%。

表 5 - 8 　　　　　2007～2018 年末股份制商业银行总资产与总负债

年份	总资产 （10 亿元）	比上年同期 增长率（%）	总负债 （10 亿元）	比上年同期 增长率（%）
2007	7249. 4		6910. 75	
2008	8813. 06	21. 57	8368. 39	21. 09
2009	11784. 98	33. 72	11221. 53	34. 09
2010	14861. 69	26. 10	14045. 64	25. 20
2011	18379. 4	23. 30	17300	22. 80
2012	23527. 1	28. 01	22213	28. 4
2013	26936. 1	14. 49	25343. 8	14. 09
2014	31380. 1	16. 50	29464. 1	16. 26
2015	36988	17. 87	34666. 8	16. 66
2016	43473. 2	17. 54	40797	17. 69
2017	44962	3. 42	41904. 7	2. 72
2018	47020. 2	4. 58	43593. 8	4. 03

资料来源：中国银监会网站。

2018 年末城市商业银行资产总额 34. 36 万亿元，同比增长 8. 27%，增幅比 2017 年下降 4. 07 个百分点，高于国有商业银行和股份制商业银行；负债总额 31. 83 万亿元，增长 7. 76%。表 5 - 9 中，截至 2019 年第一季度末，城市商业银行资产总额 35. 23 万亿元，比上年同期增长 11. 53%，负债总额为 32. 62 万亿元，比上年同期增长 11. 29%。

表 5 - 9 　　　　　2007～2018 年末城市商业银行总资产与总负债

年份	总资产 （10 亿元）	比上年同期 增长率（%）	总负债 （10 亿元）	比上年同期 增长率（%）
2007	3340. 48		3152. 14	
2008	4131. 97	23. 7	3865. 09	22. 6

年份	总资产 （10亿元）	比上年同期 增长率（%）	总负债 （10亿元）	比上年同期 增长率（%）
2009	5680.01	37.5	5321.3	37.7
2010	7852.56	38.2	7370.33	38.5
2011	9984.5	27.1	9320.3	26.5
2012	12346.9	23.66	11539.5	23.81
2013	15177.8	22.93	14180.4	22.89
2014	18084.2	19.15	16837.2	18.74
2015	22680.2	25.41	21132.1	25.51
2016	28237.8	24.52	26404	24.96
2017	31721.7	12.34	29534.2	11.86
2018	34345.9	8.27	31825.4	7.76

资料来源：中国银监会网站。

3. 银行机构贷款市场份额分布情况

2018年末，金融机构本外币贷款余额为141.8万亿元，同比增长12.9%，比年初增加16.2万亿元，同比多增2.6万亿元。人民币贷款余额为136.3万亿元，同比增长13.5%，比年初增加16.2万亿元，同比多增2.6万亿元，多增量是上年的3倍，一定程度上弥补了表外融资的减少。

从人民币贷款部门分布看，住户贷款增速趋稳，2018年末为18.2%，与9月末持平，比上年末低3.2个百分点。其中，个人住房贷款增速回落至17.8%，较上年末低4.4个百分点，2018年增量为3.9万亿元，同比少增818亿元，增量占比为24.1%，较上年低5.3个百分点。个人住房贷款之外的其他住户贷款比年初增加3.5万亿元，同比多增3117亿元。非金融企业及机关团体贷款比年初增加8.3万亿元，同比多增1.6万亿元。从人民币贷款期限看，中长期贷款增量比重回落。2018年末，中长期贷款比年初增加10.5万亿元，同比少增1.2万亿元，增量占比为65.0%，比上年同期低21.2个百分点。

2019年3月末，金融机构本外币贷款余额为147.8万亿元，同比增长

13.3%，比年初增加 6.0 万亿元，同比多增 1.2 万亿元。人民币贷款余额为 142.1 万亿元，同比增长 13.7%，比年初增加 5.8 万亿元，同比多增 9526 亿元。总体来看，2019 年以来贷款增长较多，金融机构反映贷款需求比较旺盛，特别是金融机构主动对接国家战略，加大了对"一带一路"、长江经济带、京津冀协同发展等战略经济带的信贷支持。但当前信贷需求也存在行业性和区域性差异。行业方面，水利、基建、房地产等政策拉动相对较多领域的贷款增长较快，制造业持续放缓致使相关贷款增速有所下行；区域方面，东部沿海、中西部地区需求总体较多，东北地区需求偏弱。信贷投放较多与实体经济感受存在一定差距，一方面是由于大量信贷资金对实体经济的拉动需要一个传导过程，另一方面也受到低效企业借新还旧占用资金、部分信贷资源用于维持现有经营而非扩大再生产、表外业务有所收缩等因素的影响。

表 5 – 10　　　　　　2017 ~ 2019 年银行业新增贷款情况　　　　单位：亿元

	2019 年一季度		2018 年		2017 年	
	新增额	同比多增	新增额	同比多增	新增额	同比多增
中资大型银行①	25393	5946	63388	9773	53615	2508
中资中小型银行②	32370	5561	97915	24286	73629	215
小型农村金融机构③	8583	1887	20002	4400	15602	1707
外资金融机构	535	– 191	908	– 569	1478	1054

注：①中资大型银行是指本外币资产总量大于等于 2 万亿元的银行（以 2008 年末各金融机构本外币资产总额为参考标准）。②中资中小型银行是指本外币资产总量小于 2 万亿元的银行（以 2008 年末各金融机构本外币资产总额为参考标准）。③小型农村金融机构包括农村商业银行、农村合作银行、农村信用社。

资料来源：中国人民银行。

2018 年 12 月末，金融机构外币贷款余额 7948 亿美元，同比下降 5.2%。全年外币贷款减少 431 亿美元，同比多减 953 亿美元。2018 年 12 月份，外币贷款减少 110 亿美元，同比多减 158 亿美元。从投向看，短期单位普通贷款及透支增加 298 亿美元，同比多增 179 亿美元；贸易融资减少 564 亿美元，同比少增 357 亿美元；境外贷款增加 226 亿美元，同比略少增。2019 年 3 月末，金融机构外币贷款余额 8410 亿美元，同比下降 3.4%。一季度外币贷款增加 461 亿美元，同比多增 137 亿美元。3 月份，外币贷款增加 62 亿美元，同比多增 285 亿美元。从投向看，境外贷款增加较多，比年初增加 287 亿美元，同比多增 343 亿美元，支持"走出去"的力度依然较大；非金融企业及机关团体贷款少增较多，比年初增加 57 亿美元，同比少增 547 亿美元，反映出企业对美元汇率预期出现变化。

5.2.2 我国商业银行不良贷款现状

欧债危机后尽管央行在应对危机条件下取得了不良贷款比例和余额"双下降"的成绩，但对信贷高速增长情况下隐藏的信贷资产质量风险仍需保持高度警惕。

1. 不良贷款总体情况

据我国银监会初步统计，如图 5 - 5 所示，截至 2019 年 3 月末，我国境内商业银行（包括国有商业银行、股份制商业银行、城市商业银行、农村商业银行和外资银行）不良贷款余额 21571 亿元，同比增加 3829 亿元；商业银行拨备覆盖率达到 192.17%，同比下降 0.89 个百分点。

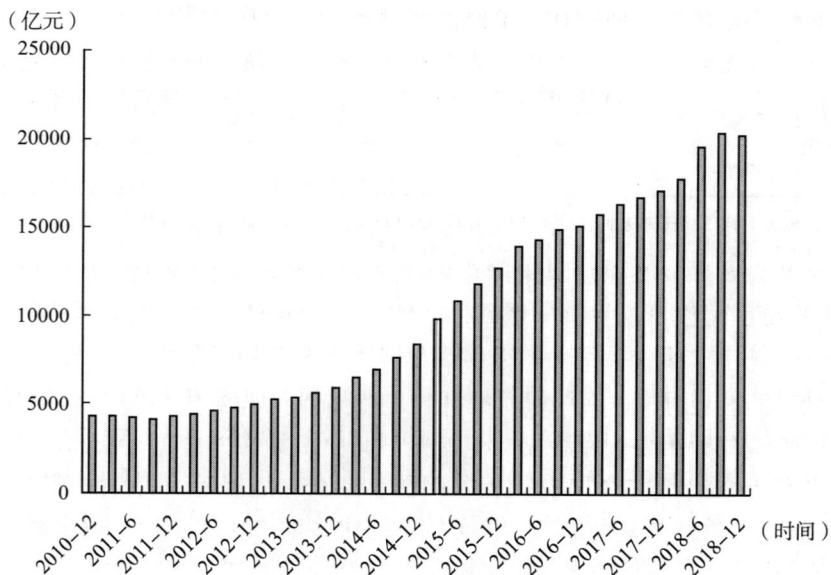

（亿元）

图 5 - 5　2010~2018 年商业银行不良贷款余额

资料来源：中国银监会网站。

如图 5 - 6 所示，截至 2018 年底，银行业金融机构不良贷款余额 20.25 万亿元，比年初增加 2521 亿元，不良贷款率 1.83%，比年初上升 0.08 个百分点，其中，商业不良贷款余额 20236 亿元，比年初增加 2504 亿元，不良贷款率 1.67%，比年初上升 0.64 个百分点。

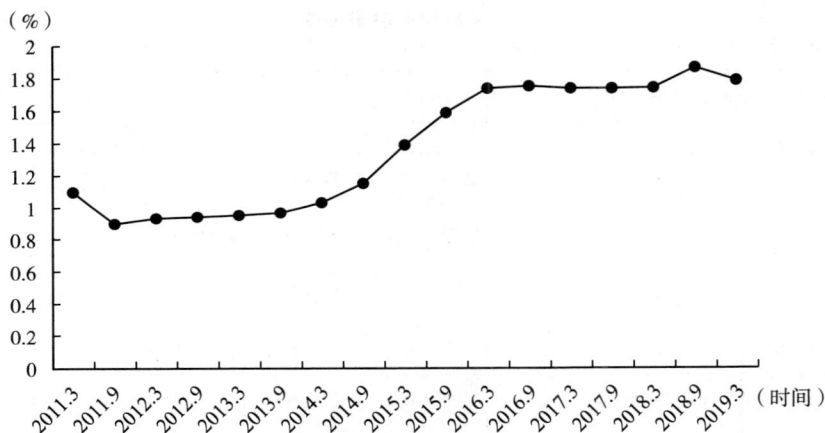

图 5 - 6 2011～2019 年商业银行不良贷款余额占全部贷款比例

资料来源：中国银监会网站。

2. 不良贷款结构

从不良贷款的结构看，2018 年末，损失类贷款余额 3143 亿元，比 2017 年末增加 301 亿元，占全部贷款的 0.28%；可疑类贷款余额 9101 亿元，比 2017 年末增加 1136 亿元，占全部贷款的 0.82%；次级类贷款余额 8010 亿元，比 2017 年末增加 1760 亿元，占全部贷款的 0.72%。截至 2019 年第一季度末，损失类贷款余额 3253 亿元，占全部贷款的 0.27%；可疑类贷款余额 9565 亿元，占全部贷款的 0.80%；次级类贷款余额 8753 亿元，占全部贷款的 0.73%（见表 5 - 11）。

表 5 - 11 2008～2019 年商业银行不良贷款分种类情况

时间	次级类贷款（10 亿元）	次级类贷款比例（%）	可疑类贷款（10 亿元）	可疑类贷款比例（%）	损失类贷款（10 亿元）	损失类贷款比例（%）
2008.3	210.83	0.98	443.08	2.06	591.74	2.75
2008.6	215.42	0.97	429.49	1.93	597.59	2.68

时间	次级类贷款（10亿元）	次级类贷款比例（%）	可疑类贷款（10亿元）	可疑类贷款比例（%）	损失类贷款（10亿元）	损失类贷款比例（%）
2008.9	230.15	1	429.44	1.86	605.82	2.63
2008.12	266.43	1.15	244.69	1.06	57.06	0.25
2009.3	256.09	0.95	236.3	0.88	57.15	0.21
2009.6	230	0.78	230.22	0.79	57.92	0.2
2009.9	214.09	0.7	229.45	0.75	60.98	0.2
2009.12	203.13	0.65	231.41	0.74	62.79	0.2
2010.3	178.66	0.53	228.88	0.68	62.58	0.19
2010.6	167.33	0.48	222.67	0.64	64.91	0.19
2010.9	156.26	0.43	212.07	0.59	67.09	0.19
2010.12	159.16	0.42	204.27	0.54	65.87	0.18
2011.3	166.5	0.40	200.4	0.5	66.3	0.2
2011.6	166.3	0.40	191.0	0.5	65.6	0.2
2011.9	153.6	0.40	186.7	0.4	67.5	0.2
2011.12	172.5	0.40	188.3	0.4	67.0	0.2
2012.3	180.1	0.39	190.9	0.41	67.2	0.14
2012.6	196	0.40	193.4	0.40	67	0.14
2012.9	202.8	0.40	207.4	0.41	68.5	0.14
2012.12	217.6	0.42	212.2	0.41	63	0.12
2013.3	224.2	0.41	237.9	0.44	64.3	0.12
2013.6	233.5	0.42	241.3	0.43	64.8	0.12
2013.9	238.1	0.41	250.4	0.43	75	0.13
2013.12	253.8	0.43	257.4	0.43	80.9	0.14

续表

时间	次级类贷款（10 亿元）	次级类贷款比例（%）	可疑类贷款（10 亿元）	可疑类贷款比例（%）	损失类贷款（10 亿元）	损失类贷款比例（%）
2014.3	283.2	0.46	278.8	0.45	84	0.14
2014.6	331	0.51	276.8	0.43	86.5	0.13
2014.9	364.9	0.55	305.3	0.46	96.7	0.15
2014.12	403.1	0.60	340.3	0.50	99.2	0.15
2015.3	479.7	0.68	392.4	0.56	110.4	0.16
2015.6	530.1	0.73	437.7	0.60	124.1	0.17
2015.9	563.0	0.75	483.6	0.65	139.8	0.19
2015.12	592.3	0.78	528.3	0.69	153.9	0.20
2016.3	651.0	0.82	579.2	0.73	162.0	0.20
2016.6	636.4	0.77	628.9	0.76	172.0	0.21
2016.9	641.6	0.76	656.6	0.77	195.7	0.23
2016.12	609.1	0.70	664.0	0.77	239.1	0.28
2017.3	640.2	0.70	696.3	0.77	243.0	0.27
2017.6	655.6	0.70	736.7	0.79	243.6	0.26
2017.9	670.8	0.70	748.6	0.78	251.0	0.26
2017.12	625.0	0.64	796.5	0.81	284.2	0.29
2018.3	719.5	0.71	788.3	0.78	266.4	0.26
2018.6	835.2	0.80	851.4	0.81	270.6	0.26
2018.9	839.5	0.77	903.2	0.83	289.5	0.27
2018.12	801.1	0.72	910.1	0.82	314.3	0.28
2019.3	875.3	0.73	956.5	0.80	325.3	0.27

资料来源：中国银监会网站。

3. 分机构不良贷款情况

分机构类型看，2018 年末，大型商业银行不良贷款余额 7744 亿元，比 2017 年末增加 19 亿元，不良贷款率 1.32%；股份制商业银行不良贷款余额 4388 亿元，比 2017 年末增加 537 亿元，不良贷款率 1.71%；城市商业银行不良贷款余额 2660 亿元，比 2017 年末增加 837 亿元，不良贷款率 1.79%；农村银行不良贷款余额 5354 亿元，比 2017 年末增加 1788 亿元，不良贷款率 3.96%；外资银行不良贷款余额 90 亿元，比 2017 年末增加 15 亿元，不良贷款率 0.69%。截至 2019 年第一季度末，大型商业银行不良贷款余额 8095 亿元，不良贷款率 1.32%；股份制商业银行不良贷款余额 4569 亿元，不良贷款率 1.71%；城市商业银行不良贷款余额 2968 亿元，不良贷款率 1.88%；农村银行不良贷款余额 5811 亿元，不良贷款率 4.05%；外资银行不良贷款余额 104 亿元，不良贷款率 0.76%（见表 5 - 12）。

表 5 - 12　　　　　　　　2008～2019 年分机构不良贷款情况

时间	主要商业银行		大型商业银行		股份制商业银行		城市商业商行		农村银行		外资银行	
	不良贷款余额（10亿元）	不良贷款率（%）	不良贷款余额（10亿元）	不良贷款率（%）	不良贷款余额（10亿元）	不良贷款率（%）	不良贷款余额（10亿元）	不良贷款率（%）	不良贷款余额（10亿元）	不良贷款率（%）	不良贷款余额（10亿元）	不良贷款率（%）
2008.3	1178.22	6.3	1093.3	7.55	84.86	2.01	50.88	2.9	12.95	3.68	3.6	0.49
2008.6	1176.28	6.1	1103.1	7.43	73.11	1.65	50.19	2.72	12.2	3.26	3.84	0.5
2008.9	1190.54	6.01	1117.3	7.35	73.16	1.59	50.08	2.54	20.88	4.44	3.92	0.5
2008.12	494.49	2.49	420.82	2.81	73.66	1.51	48.45	2.33	19.15	3.94	6.1	0.83
2009.3	471.44	2.02	404.01	2.3	67.43	1.17	50.92	2.17	19.74	3.59	7.43	1.09
2009.6	443.58	1.74	376.35	1.99	67.23	1.03	48.51	1.85	19.28	3.2	6.77	1.03
2009.9	429.69	1.64	364.22	1.86	65.47	0.99	47.66	1.7	19.79	2.97	7.38	1.06
2009.12	426.45	1.59	362.73	1.8	63.72	0.95	37.69	1.3	27.01	2.76	6.18	0.85

时间	主要商业银行		大型商业银行		股份制商业银行		城市商业商行		农村银行		外资银行	
	不良贷款余额（10亿元）	不良贷款率（%）	不良贷款余额（10亿元）	不良贷款率（%）	不良贷款余额（10亿元）	不良贷款率（%）	不良贷款余额（10亿元）	不良贷款率（%）	不良贷款余额（10亿元）	不良贷款率（%）	不良贷款余额（10亿元）	不良贷款率（%）
2010.3	400.96	1.41	340	1.59	60.96	0.86	36.59	1.19	26.58	2.47	5.98	0.74
2010.6	383.98	1.30	324.77	1.46	59.21	0.80	36.07	1.11	28.82	2.34	6.04	0.72
2010.9	367.41	1.20	308.73	1.35	58.67	0.76	33.91	1.00	28.44	2.16	5.66	0.65
2010.12	364.61	1.15	308.1	1.31	56.51	0.70	32.56	0.91	27.27	1.95	4.86	0.53
2011.3	433.3	1.1	310	1.2	55.2	0.7	33.3	0.9	29.9	1.8	4.9	0.5
2011.6	422.9	1.0	303	1.1	53	0.6	32.6	0.8	29.9	1.7	4.4	0.5
2011.9	407.8	0.9	287.9	1.1	53.1	0.6	33	0.8	29.7	1.6	4	0.4
2011.12	427.9	1.0	299.6	1.1	56.3	0.6	33.9	0.8	34.1	1.6	4	0.4
2012.3	438.2	0.94	299.4	1.04	60.8	0.63	35.9	0.78	37.4	1.52	4.8	0.49
2012.6	456.4	0.94	302	1.01	65.7	0.65	40.3	0.82	42.6	1.57	5.8	0.58
2012.9	478.8	0.95	307	1.00	74.3	0.61	42.4	0.85	48.7	1.65	6.3	0.62
2012.12	492.9	0.95	309.5	0.99	79.7	0.72	41.9	0.81	56.4	1.76	5.4	0.52
2013.3	526.5	0.96	324.1	0.98	89.6	0.77	45.4	0.83	61.2	1.73	6.2	0.59
2013.6	539.5	0.96	325.4	0.97	95.6	0.80	49.6	0.86	62.5	1.63	6.3	0.60
2013.9	563.6	0.97	336.5	0.98	102.6	0.83	52.6	0.87	65.6	1.62	6.2	0.57
2013.12	592.1	1.00	350	1.00	109.1	0.86	54.8	0.88	72.6	1.67	5.6	0.51
2014.3			377.1	1.03	121.5	0.91	61.9	0.94	79.5	1.68	6.0	0.52
2014.6			395.7	1.05	136.6	1.00	68.0	0.99	87.2	1.72	6.8	0.59
2014.9			427.2	1.12	152.7	1.09	78.6	1.11	100.2	1.86	8.1	0.69
2014.12			476.5	1.23	161.9	1.12	85.5	1.16	109.1	1.87	9.6	0.81

时间	主要商业银行		大型商业银行		股份制商业银行		城市商业商行		农村银行		外资银行	
	不良贷款余额（10亿元）	不良贷款率（%）	不良贷款余额（10亿元）	不良贷款率（%）	不良贷款余额（10亿元）	不良贷款率（%）	不良贷款余额（10亿元）	不良贷款率（%）	不良贷款余额（10亿元）	不良贷款率（%）	不良贷款余额（10亿元）	不良贷款率（%）
2015. 3			552.4	1.38	188.2	1.25	100.2	1.29	129.1	2.03	12.6	1.07
2015. 6			607.4	1.48	211.8	1.35	112	1.37	147.4	2.20	13.3	1.16
2015. 9			647.4	1.54	239.4	1.49	121.5	1.44	163.4	2.35	13.8	1.19
2015. 12			700.2	1.66	253.6	1.53	121.3	1.40	186.2	2.48	13.0	1.15
2016. 3			754.4	1.72	282.5	1.61	134.1	1.46	206.0	2.56	15.0	1.30
2016. 6			759.5	1.69	295.9	1.63	142.0	1.49	223.7	2.62	16.0	1.41
2016. 9			765.8	1.67	317.0	1.67	148.8	1.51	246.4	2.74	15.7	1.41
2016. 12			776.1	1.68	340.7	1.74	149.8	1.48	234.9	2.49	10.3	0.93
2017. 3			789.8	1.64	359.3	1.74	160.8	1.50	258.9	2.55	10.1	0.89
2017. 6			787.2	1.60	370.1	1.73	170.1	1.51	297.6	2.81	10.0	0.85
2017. 9			771.4	1.54	388.7	1.76	176.5	1.51	323.8	2.95	9.2	0.76
2017. 12			772.5	1.53	385.1	1.71	182.3	1.52	356.6	3.16	8.5	0.70
2018. 3			782.0	1.50	398.0	1.70	194.3	1.53	390.5	3.26	8.4	0.66
2018. 6			788.6	1.48	412.2	1.69	208.9	1.57	538.0	4.29	8.2	0.63
2018. 9			801.8	1.47	429.2	1.70	237.0	1.67	553.4	4.23	9.6	0.73
2018. 12			774.4	1.41	438.8	1.71	266.0	1.79	535.4	3.96	9.0	0.69
2019. 3			809.5	1.32	456.9	1.71	296.8	1.88	581.1	4.05	10.4	0.76

资料来源：中国银监会网站。

5.2.3 我国商业银行信用风险管理存在的问题

据我国银监会发布的数据，2018 年第二季度末，我国商业银行总体不良贷款率为 1.86%，较年初上升 0.11 个百分点；不良贷款额较年初增加

1829 亿元至 19571 亿元，增幅达 9.34%；关注类贷款余额则增加 549 亿元至 3.47 万亿元，增幅 16.09%，不良贷款余额和不良贷款率呈现出"双升"的趋势，对于资产质量的风险仍保持高度的警惕。

1. 高信贷总量带来不良贷款率高涨的忧患

高额的信贷总量会带来未来不良贷款率高涨的忧患。信用风险因其延后的特点，一般会在贷款规模急剧膨胀后 2~3 年内显现。所以要警惕高信贷量，同时要关注是否局部银行的贷款质量出现问题，防范不良贷款转移。

政府投融资平台加剧信用风险。利用政府融资平台进行融资已经成为一个普遍现象。从国际经验看，地方政府债务率（年末政府债务余额/当年可支配财政收入）的一般水平在 100% 左右，而我国不少省份仅平台公司贷款余额占其年度财政实际收入的比重就接近甚至超过 200%。地方财政信贷化问题已经较为明显。同时，部分地方建设项目还面临资本金不足问题，甚至存在利用信贷资金充当资本金的现象。

目前一些地方政府融资平台还存在法人治理结构不完善、责任主体不清晰、操作程序不规范等问题，而且地方政府往往通过多个融资平台公司从多家银行获得信贷资金，导致银行难以把握一些地方政府真实的负债及担保状况。此外，不排除一些地方为了获得更多资金支持，将不具备贷款条件的项目也囊括在融资平台的"筐子"里，这些项目缺乏严格评估，也缺乏发展前景，项目本身的优劣与前景得不到保障，投入其中的信贷资金也就存在了不少风险。

2. 贷款集中度风险仍没有改善

贷款集中度问题主要体现在三个方面：一是期限结构失衡，中长期贷款占比较高。2018 年前三季度中长期贷款快速增长，占全部新增贷款的比重超过 34%，进一步加大了银行流动性风险管理的压力。二是贷款投向的产业集中度较高。2018 年前三季度金融机构中长期贷款主要投向基础设施行业、房地产业、租赁及商务服务业、制造业，占全部产业新增中长期贷款的比重分别为 73%、21%、19% 和 12%。三是贷款客户的集中度较高。部分银行要么盯着大企业、大集团，要么专注于对央企、地方政府的贷款，不仅导致贷款客户集中度高，而且竞相利率下浮导致银行利差进一步收窄，甚至助长大企业的投资冲动，形成部分银行与地方政府及地方少数支柱产业之间"一荣俱荣、一损俱损"的局面。部分银行贷款集中度距离监管红线仅一步之遥。

5.3　信用风险度量方法：离散 Hopfield 神经网络

近年来，基于现代金融理论和新的信用工具发展起来的现代风险度量模型如 Credit Monitor 模型、Credit Metrics 模型、Credit Risk + 模型及 Credit Portfolio View 模型等，虽然在信用风险度量问题中取得了很大成绩，但由于多数模型其正态分布的假设难以真实反映信用风险的实际分布，从而容易出现"厚尾"现象，影响了度量结果的准确性[104][105]。随着信息技术的发展，人工智能技术逐步被引入到信用风险度量中，如人工神经网络、决策树、遗传规划及支持向量机等，并以其较强的"鲁棒性"、较高的预测精度及非结构化性等特征成为这一研究领域的热点。因此，考虑到商业银行系统的复杂性，本书尝试使用离散 Hopfield 神经网络这一智能技术来实现商业银行信用风险的评估[106]。

Hopfield 神经网络是美国物理学家约翰·霍普菲尔德（J. J. Hopfield）于 1982 年首先提出的。它主要用于模拟生物神经网络的记忆机理。Hopfield 神经网络是一种全连接型的神经网络，对于每一个记忆元来说，本身的输出信号通过其他神经元又反馈回自己。因此，Hopfield 神经网络是一种反馈型神经网络[107][108]。

Hopfield 神经网络的状态演变过程是一个非线性动力学系统。Hopfield 神经网络有离散型（Discrete Hopfield Neural Network，DHNN）和连续型（Continuous Hopfield Neural Network，CHNN）两种，它们可以分别用一组非线性差分方程或非线性微分方程来描述[109]。

5.3.1　离散 Hopfield 网络的结构及其工作方式

1. 离散 Hopfield 的网络结构

在离散 Hopfield 网络中，所采用的神经元是二值神经元，因此，所输出的离散值 1 和 −1 通常表示神经元处于激活和抑制状态。图 5 − 7 是 Hopfield 动态神经元模型。

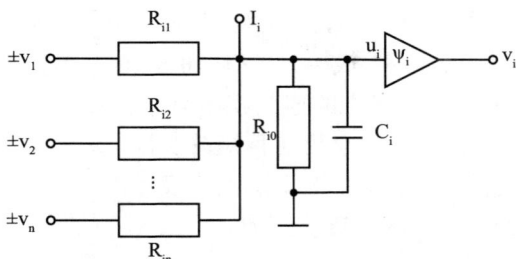

图 5 - 7　Hopfield 动态神经元模型

在图 5 - 7 中电阻 R_{i0} 和电容 C_i 并联，模拟生物神经元的延时特性。电阻 $R_{ij}(j = 1, 2, \cdots, n)$ 模拟生物神经元之间的突触特性。I_i 为独立的外输入信号。非线性运算放大器用来模拟生物神经元的非线性特性，其输入输出关系常采用如下两种单调递增有限非线性函数：

$$v_i = \psi_i(u_i) = \frac{1}{1 + e^{-u_i}} \tag{5.1}$$

$$v_i = \psi_i(u_i) = \tanh(u_i) \tag{5.2}$$

DHNN 是一种单层的，其输入、输出为二值的反馈网络。它主要用于联想记忆，其网络结构如图 5 - 8 所示。

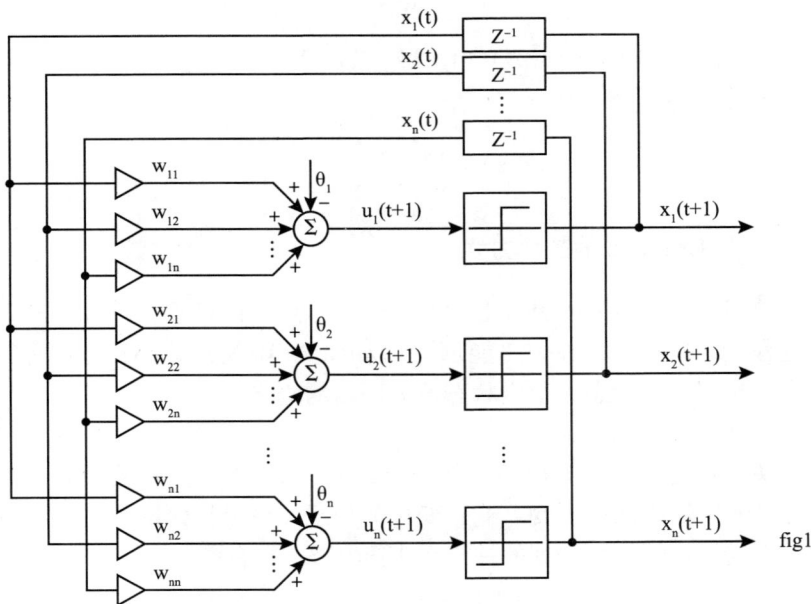

图 5 - 8　离散 Hopfield 网络结构

在图 5 -7 中，$X = [x_1, x_2, \cdots, x_n]^T$ 为网络的状态矢量，其分量是 n 个神经元的输出，仅取 +1 或 -1 二值；$\theta = [\theta_1, \theta_2, \cdots \theta_n]^T$ 为网络的阈值矢量，$W = [w_{ij}]_{n \times n}$ 为网络的连接权矩阵，其元素 w_{ij} 表示第 i 个神经元到第 j 个神经元的连接权，它为对称矩阵，即：$w_{ij} = w_{ji}$。若 $w_{ii} = 0$，则称其网络为无自反馈的，否则，称其为有自反馈的。

对于二值神经元，它的计算公式为：

$$u_i = \sum_{j=1}^{n} w_{ij}x_j(t) + y_i \tag{5.3}$$

式中，y_i 为外部输入。并且有：

$$\begin{cases} x_i = 1, & u_i \geq \theta_i \\ x_i = -1, & u_i < \theta_i \end{cases} \tag{5.4}$$

一个 DHNN 的网络状态是输出神经元信息的集合，对于一个输出层是 n 个神经元的网络，其 t 时刻的状态为一个 n 维向量：

$$X(t) = [x_1(t), x_2(t), \cdots, x_n(t)]^T \tag{5.5}$$

考虑 DHNN 的一般节点状态，用 $x_i(t)$ 表示第 i 个神经元，即节点 i 在时刻 t 的状态，则节点的下一个时刻（t+1）的状态可以求得：

$$u_i(t+1) = \sum_{j=1}^{n} w_{ij}x_j(t) + y_i - \theta_i \tag{5.6}$$

$$x_i(t+1) = sgn[u_i(t+1)] \quad (i=1, 2, \cdots, n) \tag{5.7}$$

式中，$sgn(x)$ 为符号函数：

$$sgn(x) = \begin{cases} 1 & x_i(t) \geq 0 \\ -1 & x_i(t) < 0 \end{cases}$$

2. 离散 Hopfield 的工作方式

离散 Hopfield 网络按照动力学方式运行，其工作过称为神经元状态的演化过程，即从初始状态按"能量"（Lyapunov 函数）减小的方向进行演化，直到达到稳定状态，稳定状态即为网络的输出[110]。

（1）串行工作方式。

在某一时刻只有一个神经元按照（5.6）和（5.7）式改变状态，而其余神经元的输出保持不变。这一变化的神经元可以按照随机方式或预定的顺序来选择。例如，选到的神经元为第 i 个，则有：

$$\begin{cases} x_i(t+1) = sgn[u_i(t+1)] \\ x_j(t+1) = x_j(t), \quad (j \neq i) \end{cases} \tag{5.8}$$

（2）并行工作方式。

在某一时刻有 $N(1 < N \leqslant n)$ 个神经元按照（5.1）和（5.2）式改变状态，而其余神经元的输出保持不变。变化的这一组神经元可以按照随机方式或某种规则来选择。当 $N = n$ 时，称为全并行方式，即在某一时刻，所有的神经元都按照（5.1）和（5.2）式改变状态，亦即：

$$x_i(t+1) = \text{sgn}[u_i(t+1)], \quad (i = 1, 2, \cdots, n) \tag{5.9}$$

若神经网络从某一初态 $X(0)$ 开始，经过有限时间 t 后，其状态不再发生变化，则称网络处于稳定状态。用数学表示为

$$x_i(t+1) = x_i(t) = \text{sgn}\Big[\sum_{j=1}^{n} w_{ij} x_j(t) - \theta_i\Big], \quad (i = 1, 2, \cdots, n)$$

$$\tag{5.10}$$

5.3.2　离散 Hopfield 网络的稳定性分析

从 DHNN 的网络结构可以看出：它是一种多输入、含有阈值的二值非线性动态系统。在动态系统中，平衡稳定状态可以理解为系统某种形式的能量函数在系统运行过程中，其能量值不断减小，最后处于最小值。

假设，能量函数定义为：

$$E = -\frac{1}{2} \sum_{i=1}^{n} \sum_{j=1}^{n} w_{ij} x_i x_j + \sum_{i=1}^{n} \theta_i x_i \tag{5.11}$$

写成矩阵形式为：

$$E = -\frac{1}{2} X^T W X + X^T \theta \tag{5.12}$$

由于 x_i，$x_j = \pm 1$，w_{ij}，θ_i 有界，故能量函数是有界的，即：

$$|E| = \frac{1}{2} \sum_{i=1}^{n} \sum_{j=1}^{n} |w_{ij}| |x_i| |x_j| + \sum_{i=1}^{n} |\theta_i| |x_i|$$

$$= \frac{1}{2} \sum_{i=1}^{n} \sum_{j=1}^{n} |w_{ij}| + \sum_{i=1}^{n} |\theta_i| \tag{5.13}$$

若从某一初态开始，每次迭代都能满足，$\Delta E = E(t+1) - E(t) \leqslant 0$ 即网络的能量单调下降，则网络的状态最后将趋于一个稳定点。

温布莱德和格罗斯伯格（Winblad & Grossberg）在 1983 年给出了关于 Hopfield 网络稳定的充分条件：

定理 1[111]　当网络工作在串行方式下时，若 W 为对称矩阵，且其对角元素非负，则其能量函数单调下降，网络总能收敛到一个稳定点。

证明　记 ΔE 为相继两状态能量之差，即：

$$\Delta E = E(t+1) - E(t) \qquad (5.14)$$

由于网络按串行方式演化，在每一时刻只有一个神经元的状态发生变化，对于第 k 个神经元，其状态变化为：

$$\Delta x_k = x_k(t+1) - x_k(t) \qquad (5.15)$$

且 $x_k(\cdot) = \pm 1$，所以有：

$$\Delta x_k = \begin{cases} 0 & \text{if} & x_k(t) = \text{sgn}[u_k(t)] \\ -2 & \text{if} & x_k(t) = 1, \text{ and } \text{sgn}[u_k(t)] = -1 \\ 2 & \text{if} & x_k(t) = -1, \text{ and } \text{sgn}[u_k(t)] = 1 \end{cases} \qquad (5.16)$$

由（4.11）式，网络的能量变化为：

$$\Delta E = -\frac{1}{2}\Big[\Delta x_k \sum_{i=1}^{n} w_{ik}x_i(t) + \Delta x_k \sum_{j=1}^{n} w_{kj}x_j(t) + w_{kk}(\Delta x_k)^2\Big] + \Delta x_k \theta_k$$

根据定理条件，有 $w_{ij} = w_{ji}$，故有：

$$\Delta E = -\Delta x_k\Big[\sum_{j=1}^{n} w_{kj}x_j(t) - \theta_k\Big] - \frac{1}{2}w_{kk}(\Delta x_k)^2$$

$$= -\Delta x_k u_k(t+1) - \frac{1}{2}w_{kk}(\Delta x_k)^2 \qquad (5.17)$$

根据 DHNN 的运行规则，$\Delta x_k u_k(t+1) \geq 0$，又因为 $w_{kk} \geq 0$，故对任意神经元 k 有 $\Delta E \leq 0$。另外，由于能量函数是有界的，所以它总能收敛到它的一个稳定点。

定理 2[112]　当网络工作在全并行方式下时，若 W 为非负定、对称矩阵，则网络一定收敛到一个稳定点。

证明　在全并行演化条件下，状态变化矢量为：

$$\Delta X(t) = [\Delta x_1(t), \Delta x_2(t), \cdots, \Delta x_n(t)]^T$$

式中，$\Delta x_k = x_k(t+1) - x_k(t)$，由于 $x_k(\cdot) = \pm 1$，所以有：

$$\Delta x_k = \begin{cases} 0 & \text{if} & x_k(t) = \text{sgn}[u_k(t)] \\ -2 & \text{if} & x_k(t) = 1, \text{ and } \text{sgn}[u_k(t)] = -1 \\ 2 & \text{if} & x_k(t) = -1, \text{ and } \text{sgn}[u_k(t)] = 1 \end{cases}$$

由式（4.11）和（4.13），相继两状态网络的能量变化为：

$$\Delta E = -\frac{1}{2}[X^T(t)W\Delta X(t) + \Delta X^T(t)WX(t) + \Delta X^T(t)W\Delta X(t)] + \Delta X^T(t)\theta$$

因为 W 为对称矩阵，故有：

$$\Delta E = -\Delta X^T(t)[WX(t) - \theta] - \frac{1}{2}\Delta X^T(t)W\Delta X(t)$$

$$= -\Delta X^T(t) U(t+1) - \frac{1}{2}\Delta X^T(t) W \Delta X(t) \qquad (5.18)$$

式中，$U(t+1) = [u_1(t+1)，u_2(t+1)，\cdots，u_n(t+1)]^T$。根据 DHNN 的运行规则，$\Delta X^T(t) U(t+1) \geqslant 0$；又因 W 为非负定矩阵，$\Delta X^T(t) W \Delta X(t) \geqslant 0$，故 $\Delta E \leqslant 0$，即网络的能量单调下降，而能量函数是有下界的，所以网络一定收敛到一个稳定点。

5.3.3　离散 Hopfield 网络联想记忆的设计原则及其记忆容量

1. 离散 Hopfield 网络联想记忆的设计原则

由前面的分析可知，在满足一定条件下，DHNN 必收敛到一个稳定点（吸引子）。初态所处的区域称为吸引域。如果将网络所有的稳定点看作记忆模式集合，而将初态看作一个提示模式，那么网络的收敛过程就可以看作回忆过程，即在一个提示模式下能回忆出一个记忆模式。因此，怎么样按照记忆要求设计一个网络，就可转变为确定网络 W 值和 θ 值的问题。

用 DHNN 实现联想记忆的关键问题是要使记忆模式的样本对应于网络能量函数的局部极小点。例如，设有 m 个 n 维记忆模式，通过对网络 n 个神经元之间连接权 w_{ij} 和 n 个神经元输出阈值 θ_i 的设计，使得 m 个 n 维记忆模式所对应的状态正好是网络能量函数的 m 个局部极小点。这是一个比较复杂的问题。目前还没有一个适应任意记忆模式且有效的通用设计方法。联想记忆的设计有外积法、伪逆法、正交化设计法等。我们在此仅介绍本书将用到的外积法。

定义 1　设 $X^k = [x_1^k，x_2^k，\cdots，x_n^k]^T$（$k=1，2，\cdots，m$）是 m 个 n 维 ± 1 矢量（即 $x_i^k = \pm 1$，$i=1，2，\cdots，n$），I 为 $n \times n$ 阶单位矩阵。则由下式所定义的矩阵 w 为一个外积和矩阵：

$$W = \sum_{k=1}^m \left[X^k (X^k)^T - I \right] \qquad (5.19)$$

将上式展开，可表示为：

$$W = \sum_{k=1}^m \begin{bmatrix} x_1^k \\ x_2^k \\ \vdots \\ x_n^k \end{bmatrix} \begin{bmatrix} x_1^k & x_2^k & \cdots & x_n^k \end{bmatrix} - mI$$

$$
= \begin{bmatrix} \sum_{k=1}^{m}(x_1^k)^2 & \sum_{k=1}^{m}x_1^k x_2^k & \cdots & \sum_{k=1}^{m}x_1^k x_n^k \\ \sum_{k=1}^{m}x_2^k x_1^k & \sum_{k=1}^{m}(x_2^k)^2 & \cdots & \sum_{k=1}^{m}x_2^k x_n^k \\ \vdots & \vdots & & \vdots \\ \sum_{k=1}^{m}x_n^k x_1^k & \sum_{k=1}^{m}x_n^k x_2^k & \cdots & \sum_{k=1}^{m}(x_n^k)^2 \end{bmatrix} - m \begin{bmatrix} 1 & 0 & \cdots & 0 \\ 0 & 1 & \cdots & 0 \\ \vdots & \vdots & & \vdots \\ 0 & 0 & \cdots & 1 \end{bmatrix}
$$

由于 $\sum_{k=1}^{m}(x_1^k)^2 = \sum_{k=1}^{m}(x_2^k)^2 = \cdots = \sum_{k=1}^{m}(x_n^k)^2 = m$，故：

$$
W = \begin{bmatrix} 0 & \sum_{k=1}^{m}x_1^k x_2^k & \cdots & \sum_{k=1}^{m}x_1^k x_n^k \\ \sum_{k=1}^{m}x_2^k x_1^k & 0 & \cdots & \sum_{k=1}^{m}x_2^k x_n^k \\ \vdots & \vdots & & \vdots \\ \sum_{k=1}^{m}x_n^k x_1^k & \sum_{k=1}^{m}x_n^k x_2^k & \cdots & 0 \end{bmatrix} \tag{5.20}
$$

可见，由（5.19）式所定义的外积和矩阵满足 $w_{ij} = w_{ji}$，$w_{ii} = 0 (i, j = 1, 2, \cdots, n)$。W 的元素可表示为：

$$
w_{ij} = \sum_{k=1}^{m} x_i^k x_j^k \tag{5.21}
$$

因此，如果 $X^k (k = 1, 2, \cdots, m)$ 是 DHNN 的 m 个 n 维记忆模式，则由外积和矩阵所定义的连接权是符合 Hebb 学习规则的。

定理3[113]　设 $X^k = [x_1^k, x_2^k, \cdots, x_n^k]^T$，$x_i^k \in [1, -1]$，$i = 1, 2, \cdots, n$ 是要求网络记忆的 $m(m < n)$ 个记忆模式矢量，它们彼此正交，即满足：

$$
(X^i)^T(X^j) = \begin{cases} 0 & (i \neq j) \\ n & (i = j) \end{cases} \tag{5.22}
$$

假定网络的阈值 $\theta = 0$，网络的连接权矩阵 W 按（4.19）式计算，则所有矢量 $X^k (1 \leq k \leq m)$ 都是 DHNN 的稳定点。

证明　从 X^k 中任取一矢量 X^l 作为初始输入，可得：

$$WX^1 = \begin{bmatrix} X^1 & X^2 & \cdots & X^1 & \cdots & X^m \end{bmatrix} \begin{bmatrix} (X^1)^T \\ (X^2)^T \\ \vdots \\ (X^1)^T \\ \vdots \\ (X^m)^T \end{bmatrix} X^1 - mIX^1$$

$$= \begin{bmatrix} X^1 & X^2 & \cdots & X^1 & \cdots & X^m \end{bmatrix} \begin{bmatrix} 0 \\ 0 \\ \vdots \\ (X^1)^T X^1 \\ \vdots \\ 0 \end{bmatrix} - mIX^1$$

$$= nX^1 - mX^1 = (n - m)X^1$$

因此，$\mathrm{sgn}[WX^1] = X^1$，即 X^1 为网络的一个稳定点。

推论　若 X^1 是一个稳定记忆，$X^1 \in R^n$，则 $-X^1$ 也是一个稳定记忆（$WX^1 = 0$ 的情况除外）。

定理 4[114]　设定及条件同定理 3。若令：

$$W = \sum_{k=1}^m X^k (X^k)^T \tag{5.23}$$

则所有矢量 $X^k (1 \leqslant k \leqslant m)$ 也都是 DHNN 的稳定点。（定理证明同定理 3）

由以上分析可知，利用外积法设计离散 Hopfield 的步骤可归结为：

步骤 1：根据需要记忆的样本 $X^k = [x_1^k, x_2^k, \cdots, x_n^k]^T$，按照公式（5.19）计算权系数矩阵。

步骤 2：令测试样本 $p_j(j = 1, 2, \cdots, n)$ 为网络输出的初始值 $y_j(0) = p_j(j = 1, 2, \cdots, n)$，设定迭代次数。

步骤 3：进行迭代计算的公式为：

$$y_j(k + 1) = f\left(\sum_{i=1}^n w_i x_i(t)\right) \tag{5.24}$$

步骤 4：当达到最大迭代次数或神经元输出状态保持不变时，迭代终止；否则，返回步骤 3 继续迭代。

2. 离散 Hopfield 网络的记忆容量

DHNN 稳定点的个数是网络记忆的一种测度，即记忆容量。如前所述，DHNN 的稳定性与网络的演化方式（串行或并行）及参数 W 和有关。因此，网络的记忆容量也与这些参数有关。那么，一个具有 n 个神经元的 DHNN 它的记忆容量是多少？如果单从网络的两个基本参数 w_{ij} 和 θ_i 来看，由于它们可以是任意实数，可能有无穷多种参数集合，因而其记忆容量似乎是无穷大的。但实际上 DHNN 的记忆能力决定于 w_{ij} 和 θ_i 的适当组合而能够形成的网络能量函数极小点的个数。

对外积型设计而言，如果输入样本是彼此正交的，n 个神经元的网络其记忆容量的上界为 n（即最多只能记住 n 个记忆模式）。在大多数情况下，学习样本不可能是彼此正交的，因而网络的记忆容量要比 n 小得多。目前，还没有一个精确分析和计算网络记忆容量的方法。

对于用外积法设计的网络，霍普菲尔德[115]用统计实验方法提出了一个数量级的范围，即记忆容量 K 为：

$$K \approx (0.13 : 0.15)n \tag{5.25}$$

式中，n 为网络的神经元个数。另外罗伯特·麦克莱斯（Robert McEliece）教授也给出了一个估计式为：

$$K \leqslant \frac{n}{2\lg n} \tag{5.26}$$

其中 n 也表示为网络的神经元个数。

5.4 我国商业银行信用风险度量的实证分析

信用风险历来是银行业乃至整个金融业最主要的风险形式，是金融机构和监管部门防范与控制的主要对象和核心内容。信用风险的大小不仅制约着商业银行自身的发展，同时对金融经济的稳定也具有很大的影响。如何准确评价银行的信用风险一直是商业银行最为关注和棘手的问题。目前，商业银行信用风险评价方法很多，但普遍存在工作繁琐、时间滞后等缺点，且人为主观因素对评价结果有很大的影响。如何快速、准确地对银行信用风险进行客观公正的评价是本章要解决的首要问题。

为解决这个问题，首先，我们借鉴常用的专家调查法及先前学者研究成果及经验，实现监管指标从定性到定量的转化。其次，构建基于 Hopfield 网络的信用风险度量模型，以期进行对信用风险的评价。最后，利用某商业银行的真实数据来验证度量模型的准确性，最终实现辅助决策的目标。

5.4.1　我国商业银行信用风险监管指标体系构建

根据具体金融机构的审慎指标汇总和综合，以及综合评价指标体系的设置原则及前文对信用风险影响因素的分析，本书提出的商业银行信用风险监管指标体系由八个度量指标组成，如表 5-13 所示。

表 5-13　　　　　　　　商业银行信用风险监管指标体系

指标	计算公式	阈值
不良贷款比率 G1	不良贷款余额/全部贷款余额 ×100%	≤15%
次级贷款率 G2	次级贷款余额/全部贷款余额 ×100%	≤8%
可疑贷款率 G3	可疑贷款余额/全部贷款余额 ×100%	≤5%
损失贷款率 G4	损失贷款余额/全部贷款余额 ×100%	≤2%
贷款欠息率 G5	本期应收未收利息/本期应计利息收入 ×100%	≤20%
贷款展期率 G6	已展期贷款余额/资本总额 ×100%	≤30%
同一贷款客户贷款比例 G7	对同一客户贷款余额/资本总额 ×100%	≤10%
最大十家客户贷款比例 G8	最大十家客户贷款余额/资本总额 ×100%	≤50%

1. 不良贷款比率 G_4

不良贷款余额/全部贷款余额 ×100%。该比率反映了银行贷款质量存在问题的严重程度，是判断银行贷款质量总体状况的重要指标。按现行的贷款五级分类法，贷款划分为正常、关次、可疑和损失五级，将次级、可疑和损失三类的贷款合称不良贷款。因目前没有明确具体比例要求，只能参照以往贷款分类法不良贷款比例的规定。不良贷款比率：规定值 ≤15%，预警值 ≥12%。

2. 银行不良资产分布情况

为了确切反映银行不良资产的构成，还必须计算以下三个比率。一是次级贷款率 G_5：次级贷款余额/全部贷款余额 $\times 100\%$，规定值 $\leqslant 8\%$，预警值 $\geqslant 8\%$；二是可以贷款率 G_6：可以贷款余额/全部贷款余额 $\times 100\%$，规定值 $\leqslant 5\%$，预警值 $\geqslant 3\%$；三是损失贷款率 G_7：损失贷款余额/全部贷款余额 $\times 100\%$，规定值 $\leqslant 2\%$，预警值 $\geqslant 1\%$。通过这三个比率，可反映银行不良资产分布情况，准确反映银行贷款质量的状况，其指标值越低，表明贷款资产质量越高，贷款资产的安全性越强。

3. 贷款欠息率 G_8

本期应收未收利息/本期应计利息收入 $\times 100\%$，规定值 $\leqslant 20\%$，预警值 $\geqslant 15\%$，该指标风险权重为 5%，其指标越高，反映借款单位经营管理不善，银行贷款本息安全越小。

4. 贷款展期率 G_9

已展期贷款余额/各项贷款余额 $\times 100\%$，规定值 $\leqslant 30\%$，预警值 $\geqslant 20\%$，其指标越高，反映借款单位还款能力越差，信贷资产风险越大。

5. 贷款集中程度

以下两个指标主要反映银行资产风险分散程度，指标值越低，安全系数越大。同一贷款客户贷款比率 G_{10}：对同一客户贷款余额/资本总额 $\times 100\%$，规定值 $\leqslant 10\%$；对最大十家客户贷款比例 G_{11}：以最大十家客户贷款余额/资本总额 $\times 100\%$，规定值 $\leqslant 50\%$。贷款集中程度较高，不利于分散风险，贷款过度集中所带来的风险应引起足够重视。如果贷款集中程度为 $60\% \sim 70\%$，则信贷资金风险非常集中，资产安全性风险很大。近年来，银行贷款出现向大客户倾斜的倾向，一些银行的贷款集中程度较高。这些大客户贷款主要集中在铁路、民航、石化、钢铁、通信等基础产业上。大客户虽有资金实力雄厚、经营管理力量强等优势，也便于银行对贷款的管理，但是，随着宏观经济环境、市场情况的变化，大客户的效益水平、还款能力也会改变，风险是存在的，有时还会恶化。

5.4.2 基于离散 Hopfield 网络的商业银行信用风险度量模型的构建

1. 建模步骤

根据前文离散 Hopfield 网络的相关理论概述，基于离散 Hopfield 网络的商业银行信用风险度量模型的设计思路为：将若干个典型的评价分类状态所对应的评价指标设计为离散型 Hopfield 神经网络的平衡点，Hopfield 神经网络学习过程即为典型的评价分类状态指标逐渐趋近于 Hopfield 神经网络平衡点的过程。学习完成后，Hopfield 神经网络储存的平衡点即为各个分类状态所对应的评价指标。当有待分类的信用风险评价指标输入时，Hopfield 神经网络即利用其联想记忆的能力逐渐趋近于某个储存的平衡点，当状态不再改变时，此时平衡点所对应的便是待求的分类状态，即信用风险的状态。

利用 Hopfield 模型进行信用风险的度量，即是利用网络功能进行联想记忆的过程。根据前文介绍的有关 Hopfield 网络模型的理论，在构建商业银行信用风险度量模型中，参考所建立的信用风险监管指标体系，本书设计的 Hopfield 网络含有 8 个神经元，其网络拓扑结构见图 5 - 9。

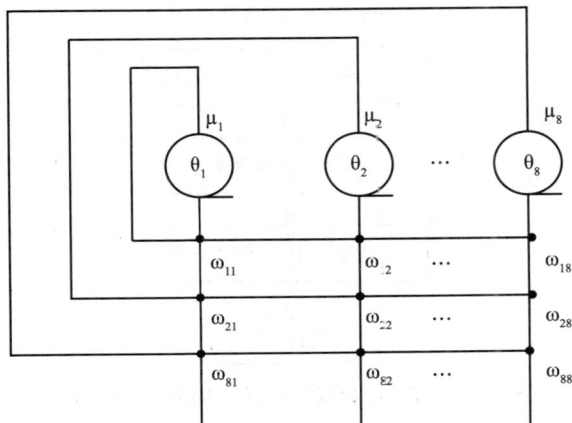

图 5 - 9 信贷风险度量模型的 Hopfield 网络结构

按照公式（5.26）计算可得到 DHNN 网络的记忆能量为 5，根据信贷资产风险分类标准，设信用风险所处的五种状态为表 5 – 14 所列。

表 5 – 14　　　　　　　　　信用风险状态等级

风险状态	良好	安全	一般	危险	危机
风险等级	I	II	III	IV	V

则不同风险状态所对应的 DHNN 里的 8 个神经元其取值是不同的，因此我们可以通过这 8 个神经元的不同取值，将信用风险的风险等级表示为网络模式，根据不同的监管对象，通过专家调查法对反映信用风险的 8 个指标逐项分析，通过 8 个神经元的不同取值得到相对应的风险状态。

若给定初始输入模式 $p^{(0)} = (p_1^{(0)}, p_2^{(0)}, \cdots, p_8^{(0)})$，按照公式（4.24）运行 DHNN 网络，直至收敛到某一记忆模式。此时，利用 DHNN 网络的联想记忆功能即可得信用风险在该输入模式下的评判结果。

在设计思路的基础上，本书构建的度量模型其建模步骤主要包括以下 5 部分，如建模步骤示意图 5 – 10 所示。

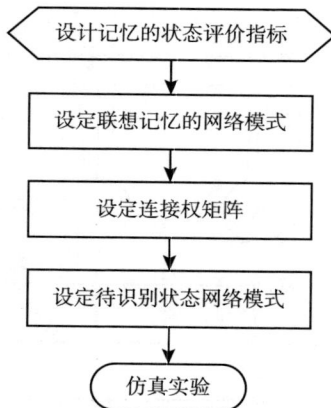

图 5 – 10　信贷风险度量模型的建模步骤示意图

2. 设计记忆的状态评价指标

根据信贷监管指标规定的阈值以及央行监管部门发布的指导措施，我们将评价指标按照不同临界值范围划分为五个等级（见表 5 – 15），以期与下文的信用风险的五种状态相对应。

表 5 – 15　　　　　　信用风险监管指标评分标准

指标	评分	阈值范围（%）	预警值	指标	评分	阈值范围（%）	预警值
不良贷款比率 G_1	5	0 ~ 8	≥15%	贷款欠息率 G_5	5	0 ~ 10	≤20%
	4	8 ~ 10			4	10 ~ 15	
	3	10 ~ 15			3	15 ~ 20	
	2	15 ~ 20			2	20 ~ 30	
	1	20 ~ 100			1	30 ~ 100	
次级贷款率 G_2	5	0 ~ 5	≤8%	贷款展期率 G_6	5	0 ~ 10	≤30%
	4	5 ~ 8			4	10 ~ 20	
	3	8 ~ 10			3	20 ~ 30	
	2	10 ~ 15			2	30 ~ 40	
	1	15 ~ 100			1	40 ~ 100	
可疑贷款率 G_3	5	0 ~ 3	≤5%	同一贷款客户贷款比例 G_7	5	0 ~ 5	≤10%
	4	3 ~ 5			4	5 ~ 10	
	3	5 ~ 8			3	10 ~ 15	
	2	8 ~ 12			2	15 ~ 25	
	1	12 ~ 100			1	25 ~ 100	
损失贷款率 G_4	5	0 ~ 1	≤2%	最大十家客户贷款比例 G_8	5	0 ~ 25	≤50%
	4	1 ~ 2			4	25 ~ 40	
	3	2 ~ 3			3	40 ~ 50	
	2	3 ~ 5			2	50 ~ 70	
	1	5 ~ 100			1	70 ~ 100	

以所获得的 10 家商业银行 2013 年的信贷数据为训练集，根据表 5 – 15

及参考前人研究文献的结果，我们给出 14 家商业银行的信用风险状态与 8 个风险监管指标之间的映射关系，其中风险等级由信用评级机构给出。如表 5-16 所示。

表 5-16   10 家商业银行信用风险状态及对应的监管指标

指标	G_1	G_2	G_3	G_4	G_5	G_6	G_7	G_8	等级
银行 1	4	5	5	5	4	5	5	4	I
银行 2	5	5	4	5	5	5	5	5	I
银行 3	3	2	3	3	3	3	2	3	III
银行 4	4	4	4	4	3	4	5	4	II
银行 5	4	4	4	4	4	4	4	4	II
银行 6	3	3	4	3	3	3	2	3	III
银行 7	2	2	3	2	3	2	2	2	IV
银行 8	2	2	3	2	2	2	2	2	IV
银行 9	4	3	4	5	4	4	4	II
银行 10	3	3	3	4	3	3	3	3	III

将各个等级的样本对应的各评价指标的平均值作为各个状态的记忆评价指标，即作为 Hopfield 神经网络的平衡点，如表 5-17 所示。

表 5-17   信用风险五个状态的记忆评价指标

等级	G_1	G_2	G_3	G_4	G_5	G_6	G_7	G_8
I	4.5	5	4.5	5	4.5	5	5	4.5
II	4	3.7	4	4	4	4	4.3	4
III	3	2.7	3.3	3.3	3	3	2.3	3
IV	2	2	2.5	2	2.5	2.5	2	2
V	1	1	1	1	1	1	1	1

3. 设定联想记忆的网络模式

由于离散型 Hopfield 神经网络神经元的状态只有 1 和 -1 两种情况，所以将评价指标映射为神经元的状态时，需要将其进行编码。编码规则为：当大于或等于某个状态的指标值时，对应的神经元状态为 "1"，否则设为 " -1"。则通过 matlab 变成运算，记忆的五个状态评价指标编码如图 5 -11 所示。

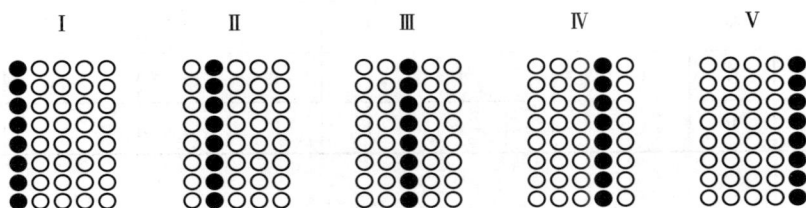

图 5 -11　联想记忆的五个状态评价指标编码

其中 ● 表示神经元状态为 "1"，即大于或等于对应等级的记忆评价指标值，反之则用 ○ 表示。所对应的网络编码值为表 5 -18 所示。

表 5 -18　　　　　　　　　　5 种记忆状态的网络编码值

理想风险状态	I					II					III					IV					V				
网络模式	1	-1	-1	-1	-1	-1	1	-1	-1	-1	-1	-1	1	-1	-1	-1	-1	-1	1	-1	-1	-1	-1	-1	1
	1	-1	-1	-1	-1	-1	1	-1	-1	-1	-1	-1	1	-1	-1	-1	-1	-1	1	-1	-1	-1	-1	-1	1
	1	-1	-1	-1	-1	-1	1	-1	-1	-1	-1	-1	1	-1	-1	-1	-1	-1	1	-1	-1	-1	-1	-1	1
	1	-1	-1	-1	-1	-1	1	-1	-1	-1	-1	-1	1	-1	-1	-1	-1	-1	1	-1	-1	-1	-1	-1	1
	1	-1	-1	-1	-1	-1	1	-1	-1	-1	-1	-1	1	-1	-1	-1	-1	-1	1	-1	-1	-1	-1	-1	1
	1	-1	-1	-1	-1	-1	1	-1	-1	-1	-1	-1	1	-1	-1	-1	-1	-1	1	-1	-1	-1	-1	-1	1
	1	-1	-1	-1	-1	-1	1	-1	-1	-1	-1	-1	1	-1	-1	-1	-1	-1	1	-1	-1	-1	-1	-1	1
	1	-1	-1	-1	-1	-1	1	-1	-1	-1	-1	-1	1	-1	-1	-1	-1	-1	1	-1	-1	-1	-1	-1	1

根据表 5 – 18 的取值及记忆状态指标的编码，经过训练后得到评价模型风险状态的联想记忆网络模式如表 5 – 19 所示。

表 5 – 19　　　　　　　　　模型风险状态的联想记忆网络模式

风险状态		网络模式							
良好	I	1	1	1	1	1	1	1	1
安全	II	1	1	– 1	1	1	– 1	1	1
一般	III	1	– 1	1	– 1	1	– 1	1	– 1
危险	IV	– 1	– 1	1	– 1	– 1	1	– 1	– 1
危机	V	– 1	– 1	– 1	– 1	– 1	– 1	– 1	– 1

4. 设计连接权矩阵

根据公式（5.21）计算连接权矩阵为：

$$
W = \begin{bmatrix}
0 & \sum_{k=1}^{5} x_1^k x_2^k & \cdots & \sum_{k=1}^{5} x_1^k x_8^k \\
\sum_{k=1}^{5} x_2^k x_1^k & 0 & \cdots & \sum_{k=1}^{5} x_2^k x_8^k \\
\vdots & \vdots & & \vdots \\
\sum_{k=1}^{5} x_8^k x_1^k & \sum_{k=1}^{5} x_8^k x_2^k & \cdots & 0
\end{bmatrix}
$$

$$
= \begin{bmatrix}
0 & -1 & 1 & 3 & 1 & -1 & 5 & -1 \\
-1 & 0 & 3 & 1 & 3 & 5 & -1 & 5 \\
1 & 3 & 0 & -1 & 5 & 3 & 1 & 3 \\
3 & 1 & -1 & 0 & -1 & 1 & 3 & 1 \\
1 & 3 & 5 & -1 & 0 & 3 & 1 & 3 \\
-1 & 5 & 3 & 1 & 3 & 0 & -1 & 5 \\
5 & -1 & 1 & 3 & 1 & -1 & 0 & -1 \\
-1 & 5 & 3 & 1 & 3 & 5 & -1 & 0
\end{bmatrix}
$$

当给定初始输入模式 $p^{(0)} = (p_1^{(0)} , p_2^{(0)} , \cdots , p_8^{(0)})$ 时，按照公式（5.24）运行 DHNN 网络，直至收敛到设定的联想记忆模式。

5. 设定待识别状态网络模式

以所获得的 4 家商业银行 2013 年的信贷数据为测试集，根据表 5 – 19 及参考前人研究文献的结果，我们给出 4 家待评价银行的信贷监管指标数值，如表 5 – 20 所示。同时根据权威信用评级机构给出的评级结果，我们将这四家商业银行的信贷评级作为模型结果的检测工具，通过与仿真结果的比较，来验证文中构建的度量模型的准确性。

表 5 – 20　　　四家待评价银行的信用风险状态及对应的监管指标

指标	G_1	G_2	G_3	G_4	G_5	G_6	G_7	G_8	等级
银行 11	4	5	4	5	3	5	5	5	I
银行 12	4	5	3	4	4	4	4	3	II
银行 13	3	2	3	3	4	3	3	2	III
银行 14	4	2	3	2	1	2	1	2	IV

根据指标编码原则，通过 matlab 运算，我们得到 4 家待评价银行的指标编码，如图 5 – 12 所示。

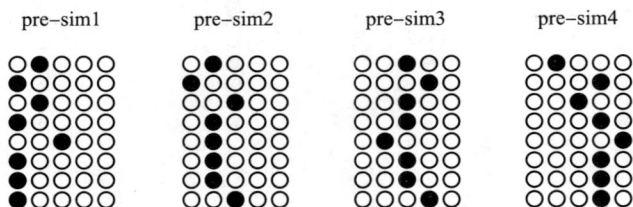

图 5 – 12　四家待评价银行的输入指标编码

5.4.3　仿真实验及结果分析

根据已建立的网络模型，首先我们将测试集里的四家待评价银行的信贷监管指标编码值作为 Hopfield 神经网络的输入值输入到网络中，依据评价模型风险状态的联想记忆网络模式和连接权矩阵，经过网络仿真运行，得到测试集里待评价银行的信贷状态仿真结果，如表 5 – 21 所示。

表 5 – 21　　　　　　　　　信用风险评价仿真实验结果（测试集）

		网络模式								风险状态	
银行 11	输入状态	-1	1	-1	1	-1	1	1	1	良好	I
	联想结果	1	1	1	1	1	1	1	1	良好	I
银行 12	输入状态	1	1	-1	1	1	1	1	-1	安全	II
	联想结果	1	1	-1	1	1	-1	1	1	安全	II
银行 13	输入状态	1	-1	1	1	1	1	1	-1	一般	III
	联想结果	1	-1	1	-1	1	-1	1	-1	一般	III
银行 14	输入状态	1	-1	1	-1	-1	-1	-1	-1	危险	IV
	联想结果	-1	-1	1	-1	-1	1	-1	-1	危险	IV

同时我们也得到指标编码仿真结果图，如图 5 – 13 所示，其中第一行为文中设计的 Hopfield 神经网络评判的结果；第二行与图 5 – 12 相对应，表示四家待评价的商业银行其初始输入指标编码值。

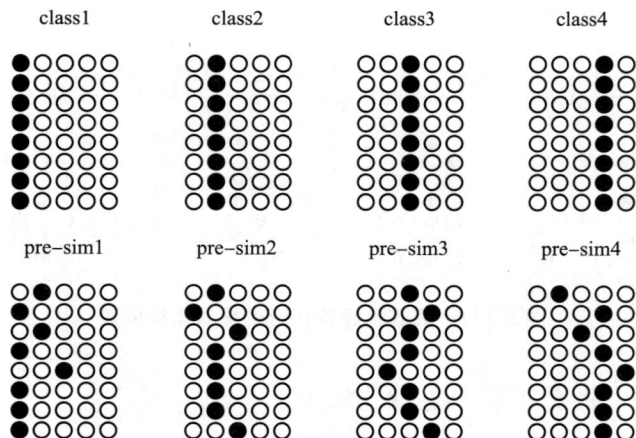

图 5 – 13　信用风险评价仿真实验结果（测试集）

然后我们再另外选取五家银行 2014 年前三季度的信贷数据作为预测集，在没有给定信贷评级的前提下，利用本书构建的信贷度量模型对这五家银行的信贷状态进行评价。最终的仿真结果如表 5 – 22 所示。

表 5 – 22　　　　　　　信用风险评价仿真实验结果（预测集）

		网络模式								风险状态	
银行 A	输入状态	1	1	-1	1	-1	1	1	1	未知	
	联想结果	1	1	-1	1	1	-1	1	1	安全	Ⅱ
银行 B	输入状态	1	-1	1	1	1	-1	1	-1	未知	
	联想结果	1	-1	1	-1	1	1	1	-1	一般	Ⅲ
银行 C	输入状态	1	-1	1	1	1	1	1	1	未知	
	联想结果	1	-1	1	-1	1	-1	1	-1	一般	Ⅲ
银行 D	输入状态	-1	1	-1	-1	1	1	1	1	未知	
	联想结果	1	1	-1	1	1	-1	1	1	安全	Ⅱ
银行 E	输入状态	-1	1	1	-1	-1	1	-1	1	未知	
	联想结果	-1	-1	1	-1	-1	1	-1	-1	危险	Ⅳ

　　由仿真实验的输出结果（见图 5 – 14）可以清晰地看出，在对银行 11、银行 12、银行 13、银行 14 进行测试模拟时，通过运行 Hopfield 网络，模型能非常准确地将相应记忆模式联想出来，输出的仿真结果与实际给定的情况相一致，从而证明基于 Hopfield 神经网络的信用风险度量模型是有效且可行的。在此基础上，利用该网络模型对银行 A、银行 B、银行 C、银行 D、银行 E 进行预测模拟，由图表可知模型得出的结果稳定可靠，且能直观反映商业银行所处的信用风险的状态，因此，本章所提出的信用风险度量模型不仅具备为商业银行管理者提供辅助决策的功能，也是金融监管部门及时掌握风险变动趋势的有效途径。

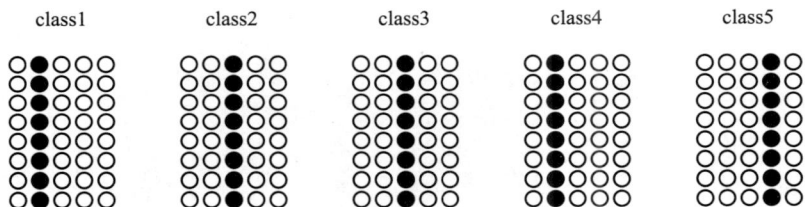

class1　　　class2　　　class3　　　class4　　　class5

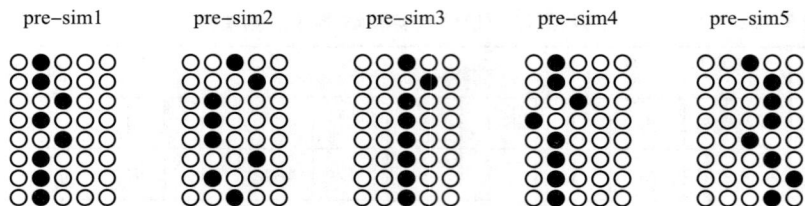

图 5 – 14 信用风险评价仿真实验结果（预测集）

5.5 本 章 小 结

本章讨论了商业银行信用风险管理问题。在相关理论的基础上，针对目前我国商业银行信贷管理现状，提出了度量信用风险的新方法。

首先，我们借鉴常用的专家调查法及先前学者研究成果及经验，实现监管指标从定性到定量的转化。其次，构建基于 Hopfield 网络的信用风险度量模型，以期进行对信用风险的评价。最后，利用某商业银行的真实数据进行仿真实验。结果表明，基于 Hopfield 神经网络的信用风险度量模型是有效且可行的。从而证明本书所提出的信用风险度量模型不仅具备为商业银行管理者提供辅助决策的功能，也是金融监管部门及时掌握风险变动趋势的有效途径。

第 6 章

基于模糊信息粒化与支持向量机的商业银行市场风险度量研究

随着人民币汇率形成机制的不断完善和利率市场化进程的加快，我国银行业金融机构面临的市场风险越来越突出。与此同时，在经济全球化趋势下，银行业监管也越来越强调商业银行自身的风险管理，并转向以风险为本的监管方式。本章在论述市场风险管理相关理论的基础上，针对目前我国商业银行所处宏观环境的现状，对如何准确度量市场风险进行了深入研究。

6.1 "一带一路"背景下商业银行市场风险理论概述

6.1.1 市场风险的含义

市场风险是指因利率、汇率及资本市场价格的不利变动而使银行表内和表外业务发生损失的风险。市场风险存在于银行的交易和非交易业务中。市场风险主要包括利率风险、汇率风险（包括黄金）、股票价格风险和商品价格风险，分别是指由于利率、汇率、股票价格和债券价格的不利变动所带来的风险。

1. 利率风险

利率风险是指市场利率变动的不确定性给商业银行造成损失的可能

性。巴塞尔委员会在 2004 年发布的《利率风险管理原则》中将利率风险定义为：利率变化使商业银行的实际收益与预期收益或实际成本与预期成本发生背离，使其实际收益低于预期收益，或实际成本高于预期成本，从而使商业银行遭受损失的可能性。指原本投资于固定利率的金融工具，当市场利率上升时，可能导致其价格下跌的风险。利率的变动通过影响银行的净利息收入和其他一些利率敏感性收入与经营管理费用，最终影响到银行的收益。

巴塞尔银行监管委员会将利率风险分为重新定价风险、基差风险、收益率曲线风险和选择权风险四类。

（1）重新定价风险。

重新定价风险是最主要的利率风险，它产生于银行资产、负债和表外项目头寸重新定价时间（对浮动利率而言）和到期日（对固定利率而言）的不匹配。通常把某一时间段内对利率敏感的资产和对利率敏感的负债之间的差额称为"重新定价缺口"。只要该缺口不为零，则利率变动时，会使银行面临利率风险。

（2）基差风险。

当一般利率水平的变化引起不同种类的金融工具的利率发生程度不等的变动时，银行就会面临基差风险。即使银行资产和负债的重新定价时间相同，但是只要存款利率与贷款利率的调整幅度不完全一致，银行就会面临风险。

（3）收益率曲线风险。

收益曲线是将各种期限债券的收益率连接起来而得到的一条曲线，当银行的存贷款利率都以国库券收益率为基准来制定时，由于收益曲线的意外位移或斜率的突然变化而对银行净利差收入和资产内在价值造成的不利影响就是收益曲线风险。收益曲线的斜率会随着经济周期的不同阶段而发生变化，使收益曲线呈现出不同的形状。正收益曲线一般表示长期债券的收益率高于短期债券的收益率，这时没有收益率曲线风险；而负收益率曲线则表示长期债券的收益率低于短期债券的收益率，这时有收益率曲线风险。

（4）选择权风险。

选择权风险是指利率变化时，银行客户行使隐含在银行资产负债表内业务中的期权给银行造成损失的可能性。即在客户提前归还贷款本息和提前支取存款的潜在选择中产生的利率风险。

2. 汇率风险

汇率风险一般发生在商业银行的国际信贷活动中。在信贷活动中，如果一笔贷款或组合贷款是以外币计价，贷款与还款的币种不一致，有时候，银行会做出多种币种的信贷承诺，允许客户在每个借款期和还款期选择货币，汇率风险就会随之产生。汇率风险会随着政治、社会或者经济的发展而增大。如果其中某一种货币受到严格的外汇管制，或者汇率剧烈波动，后果对银行十分不利。商业银行一般通过货币互换、掉期、远期合约等金融工程技术来规避汇率风险。

3. 资本市场风险

资本市场是金融市场的一部分，它包括所有关系到提供和需求长期资本的机构和交易，一般分为股票市场和债券市场。

现代资本市场是以商业银行为重要参与者的市场，这不仅表现在商业银行是资本市场重要的筹资者和投资者，还表现在商业银行是资本市场重要的中介机构和专业性服务机构，是资本市场工具的重要创造者之一。因此资本市场的异常波动必定会对银行体系的健康发展产生重大冲击。资本市场波动风险主要是由股票价格和债券价格的不利变动带来的。

6.1.2　市场风险的传统度量方法

市场风险的度量方法包括缺口分析、久期分析、外汇敞口分析、敏感性分析和情景分析，这些不同方法各有其优势和局限性。

1. 缺口分析

缺口分析是衡量利率变动对银行当期收益的影响的一种方法。具体而言，就是将银行的所有生息资产和付息负债按照重新定价的期限划分到不同的时间段（如 1 个月以下、1~3 个月、3 个月~1 年、1~5 年及 5 年以上等）。在每个时间段内，将利率敏感性资产减去利率敏感性负债，再加上表外业务头寸，就得到该时间段内的重新定价"缺口"。以该缺口乘以假定的利率变动，即得出这一利率变动对净利息收入变动的大致影响。当某一时段内的负债大于资产（包括表外业务头寸）时，就产生了负缺口，即负债敏感型缺口，此时市场利率上升会导致银行的净利息收入下降。相反，当某一时段内的资产（包括表外业务头寸）大于负债时，就产生了正缺口，即资产敏感型缺口，此时市场利率下降会导致银行的净利息收入下降。缺口分析中的假定利率变动可以通过多种方式来确定，如根据历史经验确定、根据银行管理层的判断确定和模拟潜在的未来利率变动等方式。

缺口分析是对利率变动进行敏感性分析的方法之一，是银行业较早采用的利率风险计量方法。因为其计算简便、清晰易懂，目前仍然被广泛使用。但是，缺口分析也存在一定的局限性。第一，缺口分析假定同一时间段内的所有头寸到期时间或重新定价时间相同，因此忽略了同一时段内不同头寸的到期时间或利率重新定价期限的差异。在同一时间段内的加总程度越高，对计量结果精确性的影响就越大。第二，缺口分析只考虑了由重新定价期限的不同而带来的利率风险，即重新定价风险，未考虑当利率水平变化时，因各种金融产品基准利率的调整幅度不同而带来的利率风险，即基准风险。同时，缺口分析也未考虑因利率环境改变而引起的支付时间的变化，即忽略了与期权有关的头寸在收入敏感性方面的差异。第三，非利息收入和费用是银行当期收益的重要来源，但大多数缺口分析未能反映利率变动对非利息收入和费用的影响。第四，缺口分析主要衡量利率变动对银行当期收益的影响，未考虑利率变动对银行经济价值的影响，所以只能反映利率变动的短期影响。因此，缺口分析只是一种初级的、粗略的利率风险计量方法。

2. 久期分析

久期分析也称为持续期分析或期限弹性分析，是衡量利率变动对银行经济价值的影响的一种方法。具体而言，就是对各时段的缺口赋以相应的敏感性权重，得到加权缺口，然后对所有时段的加权缺口进行汇总，以此估算某一给定的小幅（通常小于1%）利率变动可能会对银行经济价值产生的影响（用经济价值变动的百分比表示）。各个时段的敏感性权重通常是由假定的利率变动乘以该时段头寸的假定平均久期来确定。一般而言，金融工具的到期日或距下一次重新定价日的时间越长，并且在到期日之前支付的金额越小，则久期的绝对值越高，表明利率变动将会对银行的经济价值产生越大的影响。久期分析也是对利率变动进行敏感性分析的方法之一。

银行可以对以上的标准久期分析法进行演变，如可以不采用对每一时段头寸使用平均久期的做法，而是通过计算每项资产、负债和表外头寸的精确久期来计量市场利率变化所产生的影响，从而消除加总头寸/现金流量时可能产生的误差。另外，银行还可以采用有效久期分析法，即对不同的时段运用不同的权重，根据在特定的利率变化情况下，假想金融工具市场价值的实际百分比变化，来设计各时段风险权重，从而更好地反映市场利率的显著变动所导致的价格的非线性变化。

与缺口分析相比较，久期分析是一种更为先进的利率风险计量方法。缺口分析侧重于计量利率变动对银行短期收益的影响，而久期分析则能计量利率风险对银行经济价值的影响，即估算利率变动对所有头寸的未来现金流现值的潜在影响，从而能够对利率变动的长期影响进行评估，更为准确地估算利率风险对银行的影响。但是，久期分析仍然存在一定的局限性。第一，如果在计算敏感性权重时对每一时段使用平均久期，即采用标准久期分析法，久期分析仍然只能反映重新定价风险，不能反映基准风险，以及因利率和支付时间的不同而导致的头寸的实际利率敏感性差异，也不能很好地反映期权性风险；第二，对于利率的大幅变动（大于 1%），由于头寸价格的变化与利率的变动无法近似为线性关系，因此，久期分析的结果就不再准确。

3. 外汇敞口分析

外汇敞口分析是衡量汇率变动对银行当期收益的影响的一种方法。外汇敞口主要来源于资产、负债及资本金的货币错配，以及外币利润合并表折算等方面。当在某一时段内，银行某一币种的多头头寸与空头头寸不一致时，所产生的差额就形成了外汇敞口。在存在外汇敞口的情况下，汇率变动可能会给银行的当期收益或经济价值带来损失，从而形成汇率风险。

在进行敞口分析时，银行应当分析单一币种的外汇敞口，以及各币种敞口折成报告货币并加总轧差后形成的外汇总敞口。对单一币种的外汇敞口，银行应当分析即期外汇敞口、远期外汇敞口和即期、远期加总轧差后的外汇敞口。银行还应当对交易业务和非交易业务形成的外汇敞口加以区分。对因存在外汇敞口而产生的汇率风险，银行通常采用套期保值和限额管理等方式进行控制。外汇敞口限额包括对单一币种的外汇敞口限额和外汇总敞口限额。外汇敞口分析是银行业较早采用的汇率风险计量方法，具有计算简便、清晰易懂的优点。但是，外汇敞口分析也存在一定的局限性，主要是忽略了各币种汇率变动的相关性，难以揭示由于各币种汇率变动的相关性所带来的汇率风险。

4. 敏感性分析

敏感性分析是指在保持其他条件不变的前提下，研究单个市场风险要素——利率、汇率、股票价格和商品价格——的变化可能会对金融工具或资产组合的收益或经济价值产生的影响。例如，缺口分析可用于衡量银行当期收益对利率变动的敏感性；久期分析可用于衡量银行经济价值对利率变动的敏感性。巴塞尔委员会在 2004 年发布的《利率风险管理与监管原则》中，要求银行评估标准利率冲击对银行经济价值的影响，以便监管当局对不同机构所承担的利率风险进行比较，也是评估银行的内部计量系统是否能充分反映其实际利率风险水平的一种利率敏感性分析方法。

敏感性分析计算简单且便于理解，在市场风险分析中得到了广泛应用。但是敏感性分析也存在一定的局限性，主要表现在对于较复杂的金融工具或资产组合，无法计量其收益或经济价值相对市场风险要素的非线性变化。因此，在使用敏感性分析时要注意其适用范围，并在必要时辅以其他的市场风险分析方法。

5. 情景分析

与敏感性分析对单一因素进行分析不同，情景分析是一种多因素分析方法，结合设定的各种可能情景的概率，研究多种因素同时作用时可能产生的影响。在情景分析过程中要注意考虑各种头寸的相关关系和相互作用。情景分析中所用的情景通常包括基准情景、最好的情景和最坏的情景。情景可以人为设定（如直接使用历史上发生过的情景），也可以从对市场风险要素历史数据变动的统计分析中得到，或通过运行描述在特定情况下市场风险要素变动的随机过程得到。如银行可以分析利率、汇率同时发生变化时可能会对其市场风险水平产生的影响，也可以分析在发生历史上出现过的政治、经济事件或金融危机以及一些假设事件时，其市场风险状况可能发生的变化。

目前，随着市场风险变化的复杂性与多样性，根据巴塞尔新资本协议的要求，越来越多的银行机构开始使用内部模型来计量市场风险。与缺口分析、久期分析等传统的市场风险计量方法相比，市场风险内部模型的主要优点是可以将不同业务、不同类别的市场风险用一个确切的数值表示出来，是一种能在不同业务和风险类别之间进行比较和汇总的市场风险计量方法，而且将隐性风险显性化之后，有利于进行风险的监测、管理和控

制。同时，由于风险价值具有高度的概括性，简明易懂，也适宜董事会和
高级管理层了解本行市场风险的总体水平。

目前，市场风险内部模型的主要依据是风险价值（VaR），但是由于
传统 VaR 方法其未涵盖价格剧烈波动等可能会对银行机构造成重大损失
的突发性小概率事件而存在一定的局限性，因此，本书尝试引入支持向量
机这一智能技术来实现商业银行市场风险的度量。

6.2　我国商业银行市场风险管理现状研究

6.2.1　我国金融市场目前运行现状

1. 货币市场利率下行，交易量较快增长

银行间回购、拆借交易量快速增长，中资大中型银行仍是资金的净融
出方，证券和保险业机构融入资金大幅增长。表 6-1 中第一季度，银行
间市场债券回购累计成交 196.6 万亿元，日均成交 3.3 万亿元，同比增长
21.3%；同业拆借累计成交 41 万亿元，日均成交 6833 亿元，同比增长
36.3%。从期限结构看，回购和拆借隔夜品种的成交量分别占各自总量的
84.2% 和 91.7%。回购隔夜品种占比较上年同期上升 5.8 个百分点，拆借
隔夜品种占比较上年同期上升 3.0 个百分点。交易所债券回购累计成交
56.6 万亿元，同比下降 3.2%。

从融资主体结构看，主要呈现以下特点：一是中资大中型银行为资金
的融出方，融出量较快增长。第一季度大中型银行经回购和拆借净融出资
金 85.2 万亿元，同比增长 20.9%。二是保险业机构融入资金大幅增长，
第一季度净融入 2.0 万亿元，是上年同期的 2.1 倍。三是其他金融机构及
产品、证券业机构净融入资金快速增长，其他金融机构及产品净融入 46.6
万亿元，同比增长 45.0%；证券业机构净融入 25.6 万亿元，同比增长
45.3%。

表 6 – 1 2019 年第一季度金融机构回购、同业拆借
资金净融出、净融入情况

	回购市场（亿元）		同业拆借（亿元）	
	2019 年第一季度	2018 年第一季度	2019 年第一季度	2018 年第一季度
中资大型银行①	−516915	−114858	−18076	−12716
中资中型银行②	−212088	−215385	−39830	−37281
中资小型银行③	52584	132983	37387	45250
证券业机构④	190239	134676	66229	41784
保险业机构⑤	19818	9377	93	82
外资银行	26569	18860	−6838	579
其他金融机构及产⑥	439794	305994	26376	15399

注：①中资大型银行包括工商银行、农业银行、中国银行、建设银行、国家开发银行、交通银行、邮政储蓄银行。②中资中型银行包括政策性银行、招商银行等 9 家股份制商业银行、北京银行、上海银行、江苏银行。③中资小型银行包括恒丰银行、浙商银行、渤海银行、其他城市商业银行、农村商业银行和合作银行、民营银行、村镇银行。④证券业机构包括证券公司、基金公司和期货公司。⑤保险业机构包括保险公司和企业年金。⑥其他金融机构及产品包括城市信用社、农村信用社、财务公司、信托投资公司、金融租赁公司、资产管理公司、社保基金、基金、理财产品、信托计划、其他投资产品等，其中部分金融机构和产品未参与同业拆借市场。

负号表示净融出，正号表示净融入。

资料来源：中国外汇交易中心。

表 6 – 2 中第一季度，人民币利率互换市场达成交易 4.9 万笔，同比增长 16.6%；名义本金总额为 3.81 万亿元，同比下降 27.9%。从期限结构来看，1 年及 1 年期以下交易最为活跃，名义本金总额达 2.28 万亿元，占总量的 59.8%。从参考利率来看，人民币利率互换交易的浮动端参考利率主要包括 7 天回购定盘利率和 Shibor，与之挂钩的利率互换交易名义本金占比为 74.2% 和 24.4%。

表 6 – 2 2019 年第一季度利率互换交易情况

	交易笔数（笔）	交易量（亿元）
2019 年第一季度	49493	38146.87
2018 年第一季度	42456	52882.92

资料来源：中国外汇交易中心。

2. 国债收益率曲线整体下行，公司信用类债券发行利率明显下降，债券交易量和发行量同比多增

2019 年第一季度，银行间债券市场现券交易 43.3 万亿元，日均成交 7219 亿元，同比增长 80.2%。从交易主体看，中资中小型银行和证券业机构是净卖出方，净卖出现券 2.0 万亿元；其他金融机构及产品是主要的净买入方，净买入现券 1.9 万亿元；中资大型银行自 2017 年第二季度以来首次由净卖出方转为净买入方，净买入现券 1162 亿元。从交易品种看，银行间债券市场政府债券现券交易累计成交 7.2 万亿元，占银行间市场现券交易的 16.6%；金融债券和公司信用类债券现券交易分别累计成交 31.0 万亿元和 5.1 万亿元，占比分别为 71.5% 和 11.8%。交易所债券现券成交 1.9 万亿元，同比增长 18.4%。

债券市场指数小幅上行。中债综合净价指数由年初的 102.07 点上升至 3 月末的 102.14 点，涨幅为 0.07%；中债综合全价指数升至 119.36 点，涨幅为 0.32%。交易所上证国债指数升至 172.02 点，涨幅为 1.18%。

国债收益率曲线整体下行。第一季度，国债各期限品种收益率整体下行。3 月末，1 年期、3 年期、5 年期、7 年期和 10 年期收益率分别为 2.44%、2.71%、2.96%、3.11% 和 3.07%，分别较上年末下行 16 个、16 个、1 个、5 个和 16 个基点；1 年期和 10 年期国债利差为 63 个基点，较上年末保持不变。

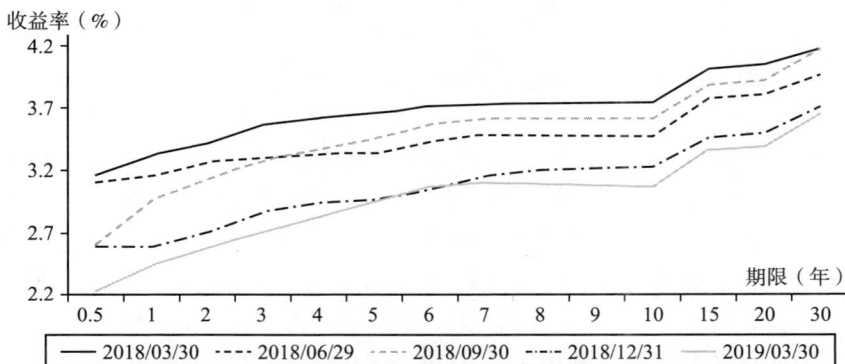

图 6 - 1　2019 年第一季度银行间市场国债收益率曲线变化情况

资料来源：中央国债登记结算有限责任公司。

债券发行同比增加较多。2019 年第一季度累计发行各类债券 10.2 万亿元，同比增加 1.4 万亿元。地方政府债和公司信用类债券发行增加较多。3 月末，国内各类债券余额为 88.8 万亿元，同比增长 16.4%。

表 6-3 2019 年第一季度主要债券发行情况

债券品种	发行额（亿元）	比上年同期增减（亿元）
国债	5090	-109
地方政府债券	14067	11871
中央银行票据	0	0
金融债券①	59381	-5618
其中：国家开发银行及政策性金融债	9652	459
同业存单	40482	-11942
公司信用类债券②	23859	7872
其中：非金融企业债务融资工具	18567	5721
企业债券	820	-302
公司债	4278	2401
国际机构债券	85	-127
合计	102482	13889

注：①金融债券包括国开行金融债、政策性金融债、商业银行普通债、商业银行次级债、商业银行混合资本债、证券公司债券、同业存单等。②公司信用类债券包括非金融企业债务融资工具、企业债券以及公司债、可转债、可分离债、中小企业私募债等。
资料来源：中国人民银行、中国证券监督管理委员会、中央国债登记结算有限责任公司。

国债发行利率基本平稳，公司信用类债券发行利率继续下降。3 月发行的 10 年期国债发行利率为 3.25%，与上年 12 月发行的同期限国债利率持平；国开行发行的 10 年期金融债利率为 3.65%，比上年 12 月发行同期限金融债利率高 6 个基点；主体评级 AAA 的企业发行的一年期短期融资券（债券评级 A-1）平均利率为 3.42%，比上年 12 月低 60 个基点；5 年期中期票据平均发行利率为 4.67%，比上年 12 月低 44 个基点。Shibor 对债券产品定价继续发挥重要的基准作用。第一季度，发行以 Shibor 为基准定价的浮动利率债券及同业存单 10 只，总量为 85.5 亿元；发行固定利率企业债 104 只，总量为 851.59 亿元，全部参照 Shibor 定价；发行参照 Shibor 定价的固定利率短期融资券 688 亿元，占固定利率短期融资券发行总量的 51.8%。

3. 票据融资增长较快，利率保持低位，有助于缓解小微企业融资难、融资贵问题

票据承兑业务平稳增长。2019 年第一季度，企业累计签发商业汇票 4.8 万亿元，同比上升 18.6%；3 月末商业汇票未到期金额为 10.6 万亿元，同比上升 25.1%。3 月末票据承兑余额较年初上升 1.2 万亿元。从行业结构看，银行承兑汇票余额集中在制造业、批发和零售业；从企业结构看，由中小微企业签发的银行承兑汇票约占 2/3。

票据融资增长较快，票据市场利率低位震荡。2019 年第一季度，金融机构累计贴现 10.0 万亿元，同比上升 41.0%；3 月末贴现余额为 6.6 万亿元，同比上升 71.3%。票据融资余额延续上年增长趋势，3 月增长放缓，当月增量占一季度增量的 12%。3 月末较年初增加 7834 亿元，占各项贷款的比重为 4.6%，同比上升 1.5 个百分点。第一季度银行体系流动性合理充裕，剔除春节因素，票据市场利率低位小幅震荡，票据交易供需两旺。票据期限短、便利性高、流动性好，是中小企业重要的融资渠道。目前中小微企业在票据融资中占比超过六成。票据融资主要支持实体经济发展，有助于缓解小微企业融资难、融资贵问题。

4. 股票市场指数显著回升，成交量大幅增加

股票市场指数显著回升。2019 年 3 月末，上证综合指数收于 3091 点，比上年末上涨 23.9%；深证成份指数收于 9907 点，比上年末上涨 36.8%；创业板指数收于 1694 点，比上年末上涨 35.4%。3 月末，沪市 A 股加权平均市盈率从上年末的 12.5 倍升至 15.5 倍，深市 A 股加权平均市盈率从上年末的 20.2 倍升至 26.3 倍。

股票市场成交量大幅增加。第一季度，沪、深股市累计成交 34.1 万亿元，日均成交 5875 亿元，同比增长 22.7%；创业板累计成交 5.6 万亿元，同比增长 30.3%。3 月末，沪、深股市流通市值为 45.6 万亿元，同比增长 2.4%；创业板流通市值为 3.4 万亿元，同比增长 3.3%。

股票市场筹资额同比减少。第一季度，境内各类企业和金融机构在境内外股票市场上通过发行、增发、配股、双证行权等方式累计筹资 1005

亿元,同比下降 50.3%;其中 A 股筹资 908 亿元,同比下降 50%。

6.2.2 我国商业银行市场风险管理存在的问题

我国金融市场的改革在不断推进,实现利率和汇率的市场化是大势所趋,目前金融监管部门已经放开了对贷款利率的管制,存款利率的市场化也在按部就班的开展。随着对利率和汇率管制的放松,其波动幅度也必然会随之增大。在这种情况下,商业银行持有的资产头寸所面临的风险也增加。

1. 适度宽松货币政策下商业银行外汇风险加大

随着与日俱增的经济全球化与金融自由化,汇率波动已经成为全球金融市场中的常态,汇率波动频率的增加以及波动幅度的不断变动导致经营外汇业务的商业银行面临的外汇风险日益加大,如图 6-2 所示。

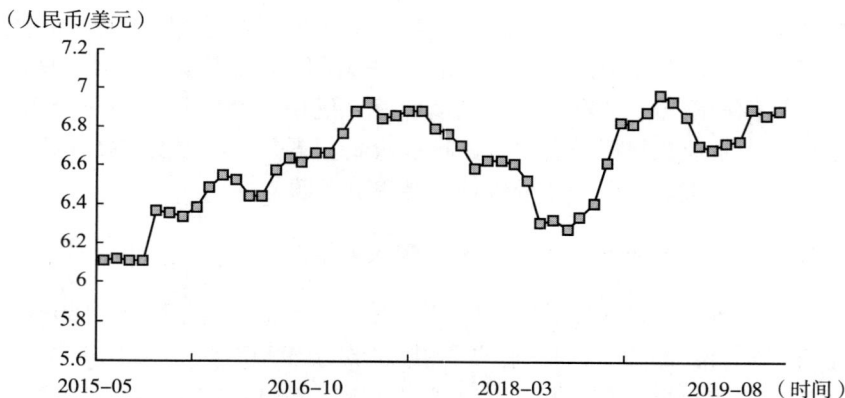

图 6-2 2015 年 5 月至 2019 年 8 月人民币对美元平均汇率

资料来源:中国人民银行数据统计库。

2. 货币政策与汇率政策矛盾下通胀风险加大

国家统计局 2019 年 8 月 9 日发布的 2019 年 7 月份全国居民消费价格指数(CPI)(见图 6-3)和工业生产者出厂价格指数(PPI)数据显示,CPI 环比上涨 0.4%,同比上涨 2.8%;PPI 环比下降 0.2%,同比下降 0.3%。

CPI同比增长率（％）

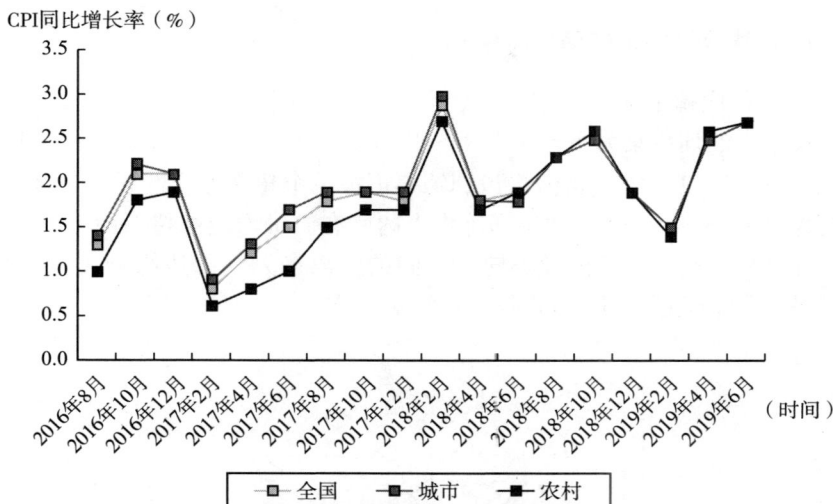

图 6 - 3　我国居民消费指数（CPI）走势图
资料来源：国家统计局。

6.3　市场风险度量方法：支持向量机与信息粒化

6.3.1　支持向量机的基础理论

支持向量机（Support Vector Machines，SVM）是美国数学家弗拉迪米尔（Vladimir N. Vapnik，1998）[116]等根据统计学习理论中结构化风险最小化原则提出的。支持向量机能够尽量提高学习机的推广能力，即使由有限数据集得到的判别函数对独立的测试集仍能够得到较小的误差，此外，支持向量机是一个凸二次优化问题，能够保证找到的极值解就是全局最优解。这些特点使支持向量机成为一种优秀的基于数据的机器学习算法，无论是在理论基础还是应用前景上，支持向量机在很多方面都具有其他学习方法难于比拟的优越性[117]。因此，利用支持向量机优越的非线性学习及预测性能，提出基于支持向量机的市场风险度量新方法，将能有效地提高市场风险预测的精度与速度。

1. 最优超平面及核函数的含义

（1）最优超平面。

设给定的训练集为 $S = \{(x_1, y_1), (x_2, y_2), \cdots, (x_1, y_1)\}$，其中 $x \in R^n$，$y \in \{-1, 1\}$。再假设该训练集可被一个超平面线性划分，该超平面记为 $(w \cdot x) + b = 0$。如果训练集中的所有向量均能被超平面 H 正确划分，并且距超平面最近的异类向量之间的距离最大（即边缘最大化），则该超平面为最优超平面，如图 6-4 所示。

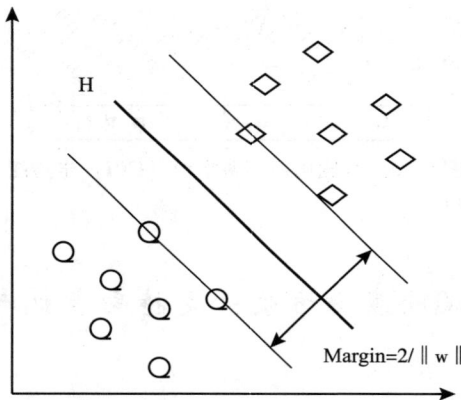

图 6-4　最优分类超平面

其中距离超平面最近的异类向量被称为支持向量，一组支持向量可以唯一地确定一个超平面，两类支持向量间的距离叫分类间隔（Margin）[118]。离超平面最近的样本点（支持向量）满足：

$$\begin{cases} (w^T \cdot x_i) + b = 1, & y_i = 1 \\ (w^T \cdot x_i) + b = -1, & y_i = 1 \end{cases}$$

由图 6-4 可知，支持向量到超平面的距离为 $\dfrac{|(w \cdot x_i) - b|}{\|w\|} = \dfrac{1}{\|w\|}$，支持向量之间的距离为 $\dfrac{2}{\|w\|}$，即为分类间隔，因此构造最优超平面使分类间隔最大化的问题就转化为如下的最优化问题：

$$\begin{cases} \text{Minimize} \quad \Phi(w, b) = \dfrac{1}{2}\|w\|^2 \\ \text{s. t. } y_i(w \cdot x_i + b) - 1 \geqslant 0 \quad i = 1, 2, \cdots, l \end{cases} \tag{6.1}$$

目标函数是严格上凹的二次型，约束函数是下凹的，这是一个严格凸规划。按照最优化理论中凸二次规划的解法，可以把它转化为 Wolfe 对偶问题来求解。

构造 Lagrange 函数：

$$L(w, \alpha, b) = \frac{1}{2}\|w\|^2 - \sum_{i=1}^{l} \alpha_i y_i (x_i \cdot w + b) + \sum_{i=1}^{l} \alpha_i \qquad (6.2)$$

其中 $\alpha_i \geqslant 0$，$i = 1, 2, \cdots, l$，α_i 是 Lagrange 乘子。它应满足条件 $\nabla_w L(w, \alpha, b) = 0$，$\frac{\partial}{\partial b} L(w, \alpha, b) = 0$，即 $w = \sum \alpha_i y_i x_i$ 和 $\sum \alpha_i y_i = 0$。将这两式代回 Lagrange 函数中，消去 w 和 b，经运算得到最优化问题的 Wolfe 对偶问题，即：

$$\begin{cases} \text{Maxmize} \quad W(\alpha) = \sum_{i=1}^{l} \alpha_i - \frac{1}{2} \sum_{i=1}^{l} \alpha_i \alpha_j y_i y_j (x_i \cdot x_j) \\ \text{s.t.} \, \alpha_i \geqslant 0 \quad i = 1, 2, \cdots, l \\ \sum_{i=1}^{l} \alpha_i y_i = 0 \end{cases} \qquad (6.3)$$

其解是最优化问题的整体最优解。解出 α 后利用 $w = \sum_i \alpha_i y_i x_i$ 即可确定最优超平面。因此，基于最优超平面的分类函数为：

$$f(x') = \text{sgn}\left[\sum_{i=1}^{l} y_i \alpha_i (x_i \cdot x') + b\right] \qquad (6.4)$$

式中，b 作为偏移值，取值如下：

$$b = \frac{1}{2}\left[\sum_{i=1}^{l} \alpha_i y_i (x_i \cdot x(1)) + \sum_{i=1}^{l} \alpha_i y_i (x_i \cdot x(-1))\right] \qquad (6.5)$$

其中，x(1) 表示属于第一类的某个（任一个）支持向量；x(-1) 表示属于第二类的某个支持向量。

（2）核函数的应用。

当分类面是非线性函数的情况时，理论上应将输入空间通过某种非线性映射 ϕ，映射到一个高维特征空间 ¥，在这个空间中存在线性的分类规则，能够构造线性的最优分类超平面。为了能实现这个映射，弗拉迪米尔（1998）[119] 教授将核函数方法引入支持向量机的研究中。核函数 $K(x_i, x_j)$ 因不需要知道非线性变换的具体形式，只需在满足 Mercer 条件下，代替 Wolfe 对偶问题中 x_i 和 x_j 的点积运算，就能得到原输入空间中对应的非线性算法，因此计算量将会大大减少。

假设，输入向量 x 通过映射 $\phi: R^n \rightarrow$ ¥ 映射到高维空间 ¥ 中。设核函数 K 满足：$K(x_i, x_j) = \phi(x_i) \cdot \phi(x_j)$，则二次规划问题的目标函数变为：

$$\begin{cases} \text{Maxmize} \quad W(\alpha) = \sum_{i=1}^{l} \alpha_i - \frac{1}{2} \sum_{i=1}^{l} \alpha_i \alpha_j y_i y_j K(x_i, x_j) \\ \text{s.t.} \ \alpha_i \geqslant 0 \quad i = 1, 2, \cdots, l \\ \sum_{i=1}^{l} \alpha_i y_i = 0 \end{cases} \tag{6.6}$$

相应地，得到非线性情况下的分类函数为：

$$f(x) = \text{sgn}\Big[\sum_{i=1}^{l} y_i \alpha_i K(x_i, x_j) + b \Big] \tag{6.7}$$

常用的核函数有以下几种形式：

①d – 阶多项式核函数：$K(x_i, x_j) = (1 + x_i \alpha_0 x_j)^d$。

②可以取为径向基核函数：$K(x_i, x_j) = \exp(\|x_i - x_j\|^2 / \sigma^2)$。

③Sigmoid 核函数：$K(x_i, x_j) = \tanh(c_1(x_i \alpha_0 x_j) + c_2)$。

2. 支持向量回归机的预测方法

对于分类，支持向量机相当于属性类别为有限集的情形。考虑属性集合为不可数的情形，即设训练集为 $S = \{(x_1, y_1), (x_2, y_2), \cdots, (x_l, y_l) \mid x_i \in R^n, y_j \in R\}$ 则演化出支持向量回归概念。支持向量机的回归也分为线性回归和非线性回归两种，但不同于统计学中的线性或者非线性回归，而是根据是否需要嵌入到高维空间来划分[120]。

（1）线性回归 SVM 数学模型的建立。

对于给定的样本集 S，以及任意给定的 $\varepsilon > 0$，如果在原始空间 R^n 存在超平面 $f(x) = (w \cdot x) + b$，其中 $w \in R^n$，$b \in R$ 使得 $|y_i - f(x_i)| \leqslant \varepsilon$ 且 $(x_i, y_i) \in S$，则称 $f(x) = (w \cdot x) + b$ 是样本集合 S 的 ε – 线性回归。

与初等代数类似，$|y_i - f(x_i)| \leqslant \varepsilon$ 等价于 S 中任何点 (x_i, y_i) 到超平面 $f(x) = (w \cdot x) + b$ 的距离不超过 $\varepsilon / \sqrt{1 + \|w\|^2}$。由于我们是分类，所以希望调整超平面的斜率 w 使得与 S 中任意点 (x_i, y_i) 距离都尽可能大，也即使得 $\varepsilon / \sqrt{1 + \|w\|^2}$ 最大化，于是，ε – 线性回归问题转化为如下优化问题：

$$\begin{cases} \text{Minimize} \quad \frac{1}{2} \|w\|^2 \\ \text{s.t.} \ |y_i - (w \cdot x_i + b)| \leqslant \varepsilon \quad i = 1, 2, \cdots, l \end{cases} \tag{6.8}$$

于是，引入惩罚参数 C，并使用 Lagrange 乘子法，得到优化问题的 Wolfe 对偶形式：

$$\begin{cases} \text{Minimize} & \dfrac{1}{2}\sum_{i,j=1}^{l}(a_i^*-\alpha_i)(a_j^*-\alpha_j)(x_i\cdot x_j)+\varepsilon\sum_{i=1}^{l}(a_i^*+\alpha_i)-\sum_{i=1}^{l}y_i(a_i^*-\alpha_i) \\ \text{s. t.} & o\leqslant\alpha_i,\ a_i^*\leqslant C,\ i=1,2,\cdots,l \\ & \sum_{i=1}^{l}(a_i^*-\alpha_i)=0 \end{cases}$$

求出解向量 α_i，α_i^* 后，即可得到回归决策函数：

$$f(x)=\sum_{i=1}^{l}(a_i^*-\alpha_i)(x_i\cdot x)+b \qquad (6.9)$$

式中，b 作为偏移值，取值为：

$$b=\begin{cases} y+\varepsilon-\sum_{i=1}^{l}(\alpha_i-\alpha_i^*)(x\cdot x_i)，当\ \alpha_i\in(0,C) \\ y-\varepsilon-\sum_{i=1}^{l}(\alpha_i-\alpha_i^*)(x\cdot x_i)，当\ \alpha_i^*\in(0,C) \end{cases} \qquad (6.10)$$

（2）非线性回归 SVM 数学模型的建立。

对于不可能在原始空间 R^n 就可以线性分离的样本集 S，由之前分析可知，先用一个非线性映射 φ 将数据 S 映射到一个高维特征空间中，使得 φ(S) 在特征空间￥中具有很好的线性回归特征，先在该特征空间中进行线性回归，然后返回到原始空间 R^n 中。这就是支持向量机非线性回归[121]。

于是，在引入核函数 $K(x_i,x_j)$ 的情况下，支持向量机非线性回归的对偶优化问题可表示如下：

$$\begin{cases} \text{Minimize} & \dfrac{1}{2}\sum_{i,j=1}^{l}(a_i^*-\alpha_i)(a_j^*-\alpha_j)K(x_i,x_j)+\varepsilon\sum_{i=1}^{l}(a_i^*+\alpha_i)-\sum_{i=1}^{l}y_i(a_i^*-\alpha_i) \\ \text{s. t.} & o\leqslant\alpha_i,\ a_i^*\leqslant C,\ i=1,2,\cdots,l \\ & \sum_{i=1}^{l}(a_i^*-\alpha_i)=0 \end{cases}$$

$$(6.11)$$

求得 α_i，α_i^* 后，计算得出偏移值 b，最后得到非线性情况下的回归决策函数为：

$$f(x)=\sum_{i=1}^{l}(\alpha_i-\alpha_i^*)K(x_i,x)+b \qquad (6.12)$$

支持向量机通过对样本点集的适当变换，提出一种将回归问题转化为二分类问题的新思想，一方面这与前馈神经网络的理论体系相一致，另一方面也使得回归问题中支持向量的几何意义更明显，为分类问题的研究成果应用于回归问题奠定了理论基础。

3. 支持向量机参数的选择

关于 SVM 参数的优化选取，国际上并没有公认统一的最好的方法，目前常用的方法就是采用交叉验证（Cross Validation，CV）[122]。交叉验证的思想可以在某种意义下得到最优的参数，可以有效地避免过学习和欠学习状态的发生，最终对于测试集合的预测得到较理想的准确率[123]。实例验证表明，用交叉验证选取出的参数来训练 SVM 得到的模型比随机地选取参数训练 SVM 得到的模型在分类上更有效。

CV 是用来验证分类器性能的一种统计分析方法，基本思想是把某种意义下将原始数据（Dataset）进行分组，一部分作为训练集（Train Set），另一部分作为验证集（Validation Set）。其方法是首先用训练集对分类器进行训练，再用验证集来测试训练得到的模型（Model），以得到的分类准确率作为评价分类器的性能指标[124]。常见 CV 的方法如下。

（1）Hold – Out Method。

原始数据被随机分为两组，一组作为训练集，一组作为验证集，利用训练集训练分类器，然后利用验证集验证模型，记录最后的分类准确率作为此 Hold – Out Method 下分类器的性能指标。此种方法的好处是处理简单，只需随机把原始数据非为两组即可，其实严格意义来说 Hold – Out Method 并不能算是真正意义上的 CV，因为这种方法没有达到交叉的思想，由于是随机的将原始数据分组，所以最后验证集分类准确率的高低与原始数据的分组有很大的关系，所以这种方法得到的结果其实并不具有说服力。

（2）K – fold Cross Validation（K – CV）。

原始数据被分为 K 组（一般是均分），将每个集数据分别做一次验证集，同事其余的 K – 1 组子集数据作为训练集，这样会得到 K 个模型，用这 K 个模型最终的验证集的分类准确率的平均数作为此 K – CV 下分类器的性能指标。K 一般大于等于 2，实际操作时一般从 3 开始取，只有在原始数据集合数据量小的时候才会尝试取 2。K – CV 可以有效地避免过学习及欠学习状态的发生，最后得到的结果也比较具有说服力。

（3）Leave – One – Out Cross Validation（LOO – CV）。

如果设原始数据有 N 个样本，那么 LOO – CV 就是 N – CV，即每个样本单独作为验证集，其余的 N – 1 个样本作为训练集，所以 LOO – CV 会得到 N 个模型，用这 N 个模型最终的验证集的分类准确率的平均数作为在 LOO – CV 下分类器的性能指标。

在市场风险度量预测问题中，由于外界宏观因素复杂多变，大多数时候无法对利率指数、汇率指数及股票指数等进行精确预测，因此预估他们的变动空间及变动趋势就显得更为重要。为了达到这个目的，本章在使用支持向量机进行回归预测之前，首先使用模糊信息粒化法对原始样本进行了预处理。

6.3.2　模糊信息粒化的理论基础

1. 模糊信息粒化简介

信息粒化（Information Granulation，IG）是粒化计算和词语计算的主要方面，从本质上讲，信息颗粒是通过不可区分性、功能相近性、相似性、函数性等来划分的对象的集合。粒化计算（Granular Computation，GrC）是信息处理的一种新的概念和计算范式，覆盖了所有有关粒化的理论、方法、技术和工具的研究。它是词计算理论、粗糙集理论、商空间理论、区间计算等的超集，也是软计算科学的一个分支。近几年，随着粒化理论的发展，它已成为粗糙及海量信息处理的重要工具和人工智能研究领域的热点之一。

信息粒化（IG）这一概念最早是由洛特菲（Lotfi A. Zadeh，1979）[125]教授提出的。信息粒化就是将一个整体分解为各个部分进行研究，每个部分为一个信息粒。洛特菲教授指出：信息粒就是一些元素的集合，这些元素由于难以区别、或相似、或接近或某种功能而结合在一起。信息粒化的主要三种模型有：基于模糊集理论的模型；基于粗糙集理论的模型；基于商空间理论的模型。本章采用的就是基于模糊集理论的模型。

20 世纪 60 年代，洛特菲教授首次提出了模糊集合论，在此基础上，于 1979 年提出了模糊信息粒化问题，并给出了一种数据粒的命题刻画：

$$g@（x \quad is \quad G）is\lambda$$

其中，x 是论域 U 中取值的变量，G 是 U 的模糊子集，由隶属函数 μ_G 来刻画。λ 表示可能性概率。在实际应用中，一般假设 U 为实数集合 $R（R^n）$，G 是 U 的凸模糊子集，λ 是单位区间的模糊子集。例如：

$$g（x \text{ 是小的}）\text{ 是可能的}$$
$$g（x \text{ 不是很大}）\text{ 是很不可能的}$$
$$g（x \text{ 比 y 大得多}）\text{ 是不可能的}$$

2. 模糊信息粒化的建模原理

在许多领域中，由于非模糊的信息粒不能明确反映所描述事物的特性，因此建立模糊信息粒子就成为模糊信息粒化分析的一个非常重要的过程。模糊信息粒就是以模糊集形式表示的信息粒[126]。用模糊集方法对时间序列进行模糊粒化，主要分为两个步骤：划分窗口和模糊化。划分窗口就是将时间序列分割成若干小子序列，作为操作窗口；模糊化则是将产生的每一个窗口进行模糊化，生成一个个模糊集也就是信息粒。这两种广义模式结合在一起就是模糊信息粒化，成为 f - 粒化。在 f - 粒化中，最为关键的就是模糊化过程，也就是在所给的窗口上建立一个合理的模糊集，使其能够取代原来窗口中的数据来表示相关的信息。

假设给定时间序列 $\{X\}$，考虑单窗口问题，即把整个时序 X 看成是一个窗口进行模糊化。模糊化的任务是在 X 上建立一个模糊粒子 P，即一个能够合理描述 X 的模糊概念 G（以 X 为论域的模糊集合），确定了 G 也就确定了模糊粒子 P：

$$g@ x \text{ is } G \tag{6.13}$$

所以模糊化过程本质上就是确定一个函数 A 的过程，A 是模糊概念 G 的隶属函数，即 $A = \mu_G$。通常粒化时首先确定模糊概念的基本形式，然后确定具体的隶属函数 A。

常用的模糊粒子有以下几种基本形式：三角形、梯形、高斯型及抛物型等。其中三角形模糊粒子为本书采用的，其隶属度函数如式（6.13）所示。

$$A(x, a, m, b) = \begin{cases} 0, & x < a \\ \dfrac{x - a}{m - a}, & a \leqslant x \leqslant m \\ \dfrac{b - x}{b - m}, & m < x \leqslant b \\ 0, & x > b \end{cases} \tag{6.14}$$

3. W. Pedrycz 模糊粒化方法模型

建立模糊粒子的基本思想：

①模糊粒子能够合理地代表原始数据；

②模糊粒子要有一定的特殊性。

即无论使用哪种形式的模糊集来建立模糊粒子，都要满足上面建立模糊粒子的基本思想。为满足上述的两个要求，找到两者的最佳平衡，可考虑建立如下的关于 A 的一个函数：

$$Q_A = \frac{M_A}{N_A} \qquad (6.15)$$

其中 M_A 满足建立模糊粒子的基本思想①，N_A 满足建立模糊粒子的基本思想②。

6.3.3　基于模糊信息粒化与支持向量机的算法流程

基于模糊信息粒化与支持向量机的预测模型的算法流程如图 6 - 5 所示。

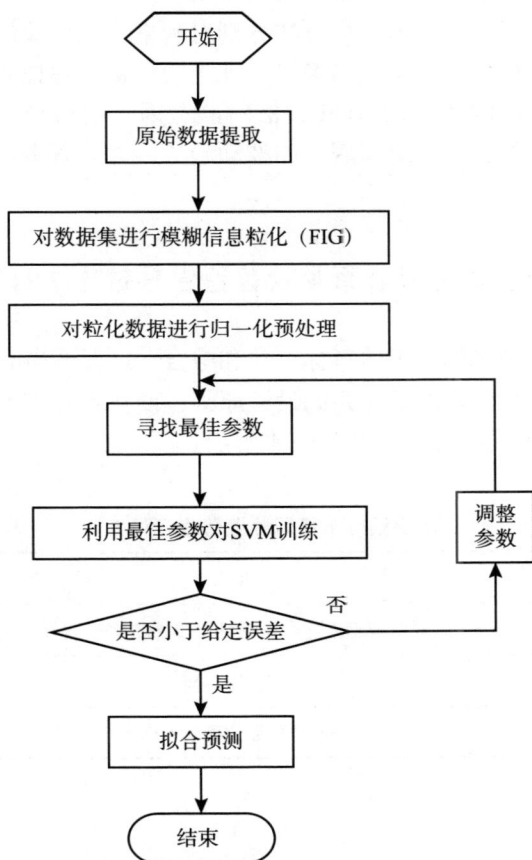

图 6 - 5　基于模糊信息粒化与支持向量机的算法流程

首先从原始数据集里提取训练集和测试集，利用所介绍的模糊信息粒化方法对数据进行模糊化处理并归一化，然后利用交叉验证法寻找最优参数，之后用训练集对 SVM 进行训练，最后再用得到的模型来拟合预测测试集。

6.4 我国商业银行市场风险度量的实证分析

由于影响市场风险的外界宏观因素复杂多变，大多数时候无法对利率指数、汇率指数及股票指数等进行精确预测，同时对于商业银行管理者而言，这三个监管因子各自的变动空间及变动趋势更具有参考意义和实际价值，因此本书将利用支持向量机方法分别对利率、汇率及股指进行预测度量。首先我们将根据前文有关市场风险理论的分析构建监管指标体系，其次根据本书所提出的改进的 SVM 方法对监管因子进行仿真试验，最后给出影响商业银行的各市场风险因子的波动趋势，为监管者的决策提供科学的理论依据。

6.4.1 我国商业银行市场风险监管指标体系构建

根据具体金融机构的审慎指标汇总和综合，以及金融企业经营风险的特殊规律性及综合评价指标体系的设置原则，商业银行市场风险监管指标体系由三个度量指标组成，如表 6 – 4 所示。

表 6 – 4　　　　　　　　商业银行市场风险监管指标体系

指标	公式	警戒值
利率敏感性比率 G_{29}	利率敏感性资产规模/利率敏感性负债规模	<1 或 >1
汇率 G_{31}	真实汇率偏离度	<20
股价指数 G_{32}	股价指数的稳定程度	10 ~ 20

1. 利率

利率是资金的价格，而金融机构是资金供给者与自己需求者的中介机构，其资产负债绝大多数透过利率来计价，当资产与负债利率变动的敏感程度不一时，就会产生利率风险。参与计算综合利率风险指数的相关因素指标，应从潜在利率风险的相关因素指标和现实利率风险的相关因素指标两个方面去考虑潜在利率风险的相关因素指标的指数，主要有敏感性指数、消费物价指数、全国（区域）资金供求指数；现实利率风险的相关因素指标的指数，主要有存款综合利率指数、贷款综合利率指数、上存款利率综合指数。在这里重点分析利率敏感性分析。

利率敏感性分析 G_{29}。当某一期间的利率敏感性资产利率敏感性负债完全相等时，缺口为零，成为"轧平"；如缺口为正值，成为"正缺口"；如缺口为负值，则成为"负缺口"。缺口越大，银行承担的利率风险也就越大。其计算公式：

利率敏感性比率 = 利率敏感性资产规模/利率敏感性负债规模

在当前我国利率市场化不断加快的形势下，我国银行间的竞争激烈，面临利率多变的经营环境，利率敏感性分析及利率风险管理是金融风险预警的重点。

2. 汇率 G_{31}

汇率作为货币的对外价值，直接影响到贸易商品的价格，频繁而剧烈的汇率变动不利于对外贸易的稳定，阻碍国际贸易活动的正常开展，而且还会对国内物价水平产生负面影响。随着我国经济开放度的增大，汇率变动的其他经济效应如收入分配效应、资源配置效应、资本流动效应、货币效应等都会日渐显现，从而使汇率变动对宏观经济产生全局性的复杂影响。在这里主要用真是汇率偏离度来说明本币的高估或低估程度。本币高估，会抑制出口，同时，国际投机资本对其冲击的可能性较大；本币低估，会抑制进口，不利于国民经济的发展。国际公认其极限为20%。虽然我国资本账户未开放，但是，汇率失调同样会通过经常账户影响国际收支，并且增加资本管制的难度和成本。汇率的流动性越大，金融机构的汇率风险也就越大。例如，实际汇率剧升可能对出口部门带来较大冲击，而剧降则会削弱其他部门的偿债能力。随着我国汇率政策改革的推进，浮动幅度加大，观察这项指标对金融风险的预警意义也将增加。

3. 股价指数 G_{32}

股票价格指数作为一种统计指标，其基本功能是用平均值的变化来描述股票市场的动态演变。估计作为虚拟资本的一种价格，它是股票市场最重要的信号之一。股市是经济的"晴雨表"。股价只有在市场给予合理定位前提下，才有可能成为国民经济的"晴雨表"，从而做到准确有效地反映宏观基本面和微观景气度。一般而言，当股价指数日波动在正负10%以内时不属于金融危险区间，当股指变动连续每日变动10%，或者每日变动5%，累计周期波动达到20%以上则进入金融危机阶段，而超过30%且具有持久性，可以认为发生了局部金融危机。

6.4.2　仿真实验

如前所述，本书是建立非线性支持向量机回归模型来预测度量各市场风险因子，而模型的输入是影响市场风险因子的主要因素。因此，我们首先确定模型的输入自变量，然后根据前文设计的算法流程图进行仿真试验。下面我们以上证综合指数波动趋势的预测为例，详细描述其建模过程。

1. 根据模型假设选定自变量与因变量

根据所建立的指标体系，我们假设上证综合指数每日的开盘数与前一日的开盘指数、指数最高值、指数最低值、收盘指数、交易量及交易额相关，即把前一日的开盘指数 $[T(d-1, s_1)]$、指数最高值 $[T(d-1, s_2)]$、指数最低值 $[T(d-1, s_3)]$、收盘指数 $[T(d-1, s_4)]$、交易量 $[T(d-1, s_5)]$ 及交易额 $[T(d-1, s_6)]$ 作为当日开盘指数的自变量，当日的开盘指数 $[F(d, h)]$ 为因变量，确定预测模型的输入输出量。表 6-5 为输入输出结构。

表 6-5　　　　　　　上证综合指数预测模型的自变量与因变量

因变量	自变量					
$F(d, h)$	$T(d-1, s_1)$	$T(d-1, s_2)$	$T(d-1, s_3)$	$T(d-1, s_4)$	$T(d-1, s_5)$	$T(d-1, s_6)$

预测模型要解决的问题即可描述为：寻求一个反映上证综合指数走势的最优函数关系 $F(d, h) = f(T(d-1, s_1), T(d-1, s_2), T(d-1, s_3), T(d-1, s_4), T(d-1, s_5), T(d-1, s_6))$，为了获得函数 f，使用基于

SVM 回归算法对模糊粒化后的训练样本集进行学习。

选取上海证券交易所数据库中 1990 年 12 月 19 日至 2020 年 6 月 8 日这段时间内 4579 个交易日每日上证综合指数的各指标值为建模数据。上证指数每日的开盘指数如图 6-6 所示。

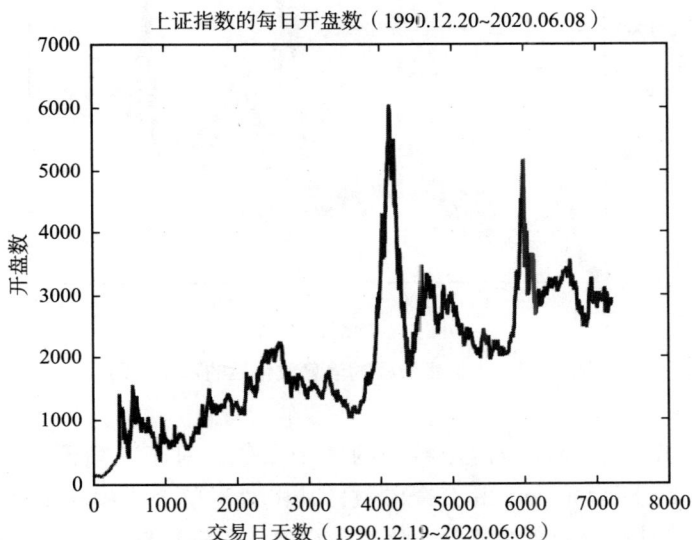

图 6-6　1990.12.19～2020.06.08 上证指数每日的开盘指数

这里，我们选取第 1 个到第 7202 个交易日内每日的开盘指数、指数最高值、指数最低值、收盘指数、交易量及交易额作为自变量，选取第 2 个到第 7203 个交易日内每日的开盘数作为因变量。使用 Matlab 模糊逻辑工具箱和 Matlab 语言编写的 SVR 算法来建模。

2. 对原始数据模糊信息粒化

采用前文介绍的模糊粒化模型对原始数据进行模糊信息粒化，本书采用的是三角形的模糊粒子，根据股票交易的特性，取一周内的 5 个交易日作为一个窗口的大小，则窗口数目为原始数据的长度除以 5 后取整，每个窗口将生成一个模糊粒子。最终粒化的结果可视化如图 6-7 所示。

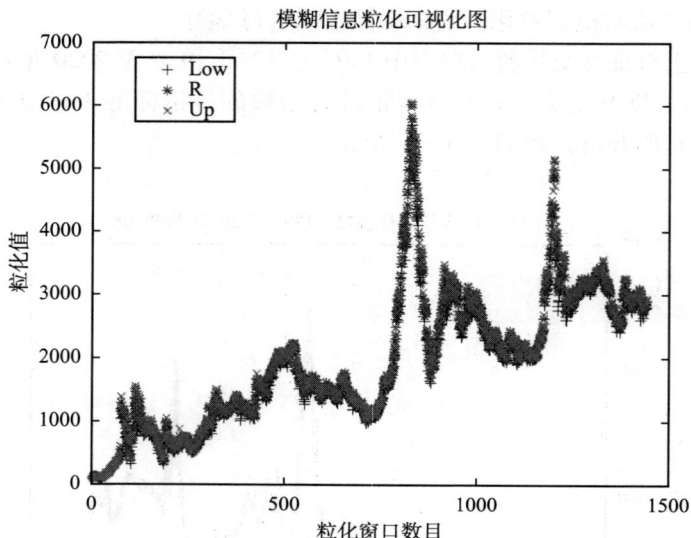

图 6 - 7 上证指数模糊信息粒化后的可视化图

Low、R、Up 分别为模糊粒子的三个参数，对于三角形模糊数而言 Low、R、Up 即为 a、m、b 三个参数，其中对于单个模糊粒子而言，Low 参数描述的是相应的原始数据变化的最小值，R 参数描述的是相应的原始数据变化的平均水平，up 参数描述的是相应的原始数据变化的最大值。由图形可看出，在训练时间周期内，上证综合指数经过模糊信息粒化后得到相应的指数波动空间。

3. 数据预处理

对模糊信息粒化后的数据集进行归一化预处理，根据上证综合指数变动范围的特性，本书采用的归一化映射如下：

$$f: x \longrightarrow y = 400 \times \frac{x - x_{min}}{x_{max} - x_{min}} + 100$$

式中，x，$y \in R^n$，$x_{min} = \min(x)$，$x_{max} = \max(x)$ 归一化的效果是数据被规整到 [100，500] 的范围内，$y_i \in [0，1]$，$i = 1，2，\cdots，n$，这种归一化方式称为 [100，500] 区间归一化。

在对数据进行预处理时，不仅需要对因变量（上证综合指数每日的开盘数）做归一化，同时对于自变量的数据也需要做同样的预处理。对模糊信息粒化后的上证综合指数每日开盘数归一化后的结果，如图 6 - 8 所示。

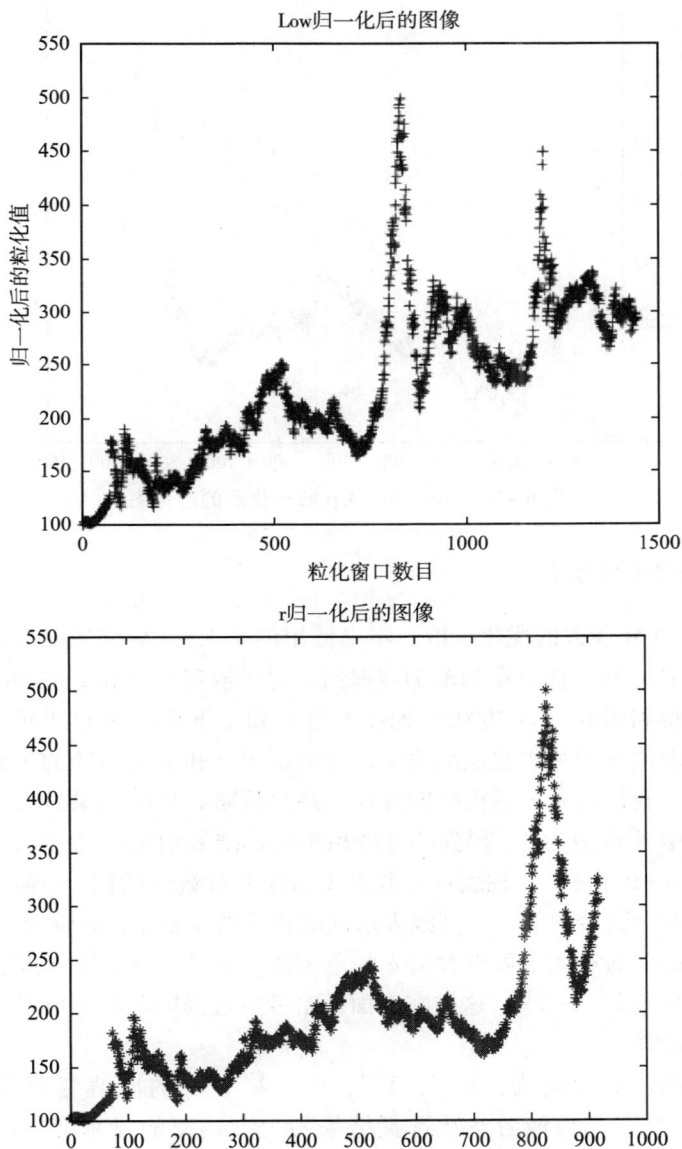

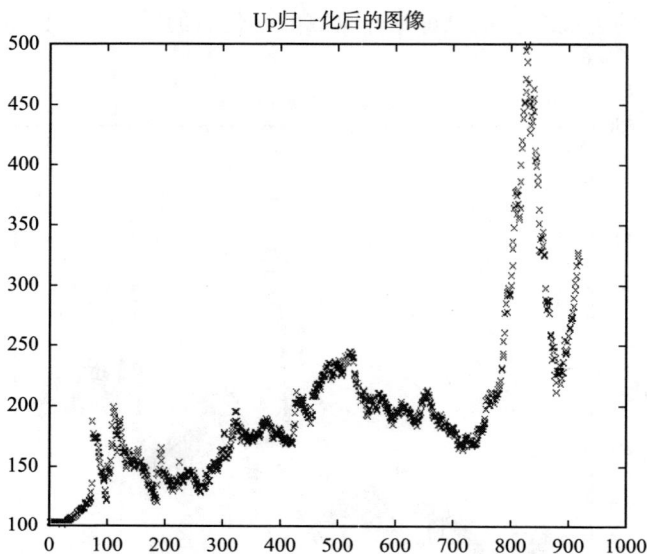

图 6 - 8　Low、R、Up 归一化后的趋势图

4. 选择最优参数

关于 SVM 参数的优化选取，本书使用的是 K - CV 交叉验证法，即使 SVM 的参数 c 和 g 在一定的范围内取值，对于取定的 c 和 g 把训练集作为原始数据集利用 K - CV 方法得到在此组 c 和 g 下训练集验证回归的准确率，最终取使得训练集验证准确率最高的那组 c 和 g 为最佳的参数。在实际操作中，我们首先进行粗略的寻找，观察粗略寻找的结果后再进行精细选择，其中 K 取值为 3。得到的参数粗略选择结果如图 6 - 9 所示。

如图 6 - 9 所示，x 轴表示 c 取以 2 为底的对数后的值，y 轴表示 g 取以 2 为底的对数后的值，等高线表示的取相应的 c 和 g 后对应的 K - CV 方法的准确率，通过图中可以看出 c 的范围缩小到 $2^{-10} \sim 2^{10}$，同时，g 的范围可以缩小到 $2^{-10} \sim 2^{10}$，这样在上面粗略参数选择的基础上可以再进行精细的参数选择。

让 c 的取值变化为：2^{-10}，2^{-9}，…，2^{10} 让 g 的取值变化为：2^{-10}，2^{-9}，…，2^{10}，并把最后参数选择结果图上准确率的显示变化间隔设为 0.1，这样可以更加精细的看到准确率的变化。参数精细选择结果如图 6 - 10 所示。至此可以看到在 K - CV 方法下最佳的参数是 c = 256，g = 0.0625。

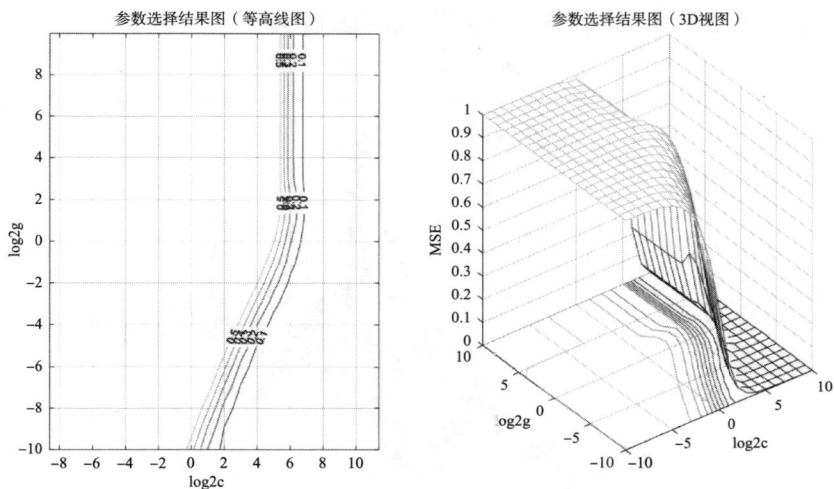

图 6 – 9　参数粗略选择结果图

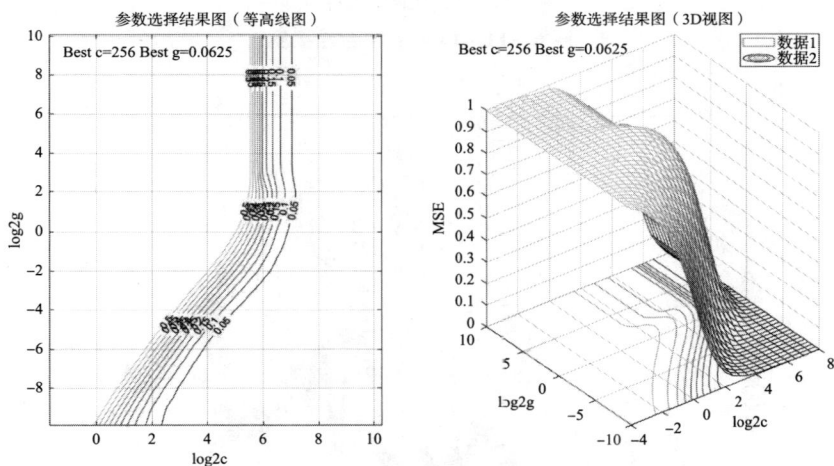

图 6 – 10　参数精细选择结果图

5. 训练与回归预测

利用前文得到的最佳参数 c 和 g 对 SVM 进行训练，然后使用训练后的 SVM 再分别对模糊粒化后的 Low、R、Up 数据进行回归预测，经过 Matlab 仿真运算，最终得到的拟合结果如图 6 – 11、图 6 – 12、图 6 – 13 所示，三者的误差如图 6 – 14、图 6 – 15、图 6 – 16 所示。

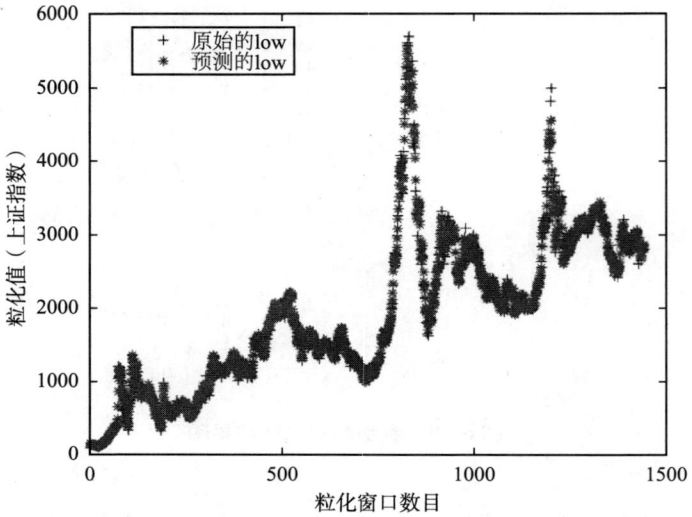

图 6 – 11　Low 的拟合结果图

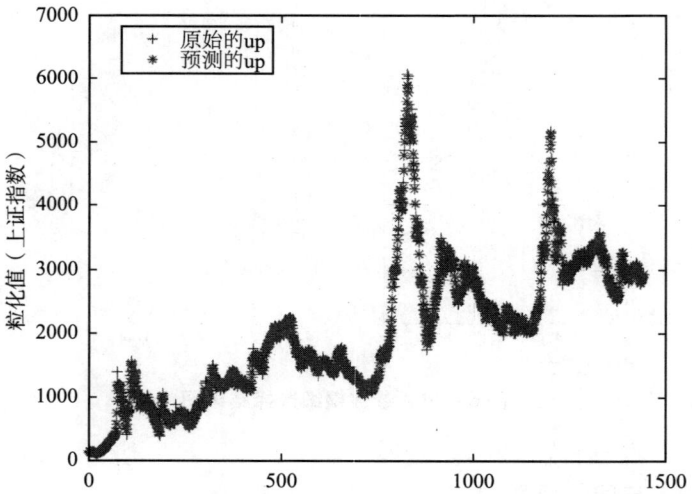

图 6 – 12　Up 的拟合结果

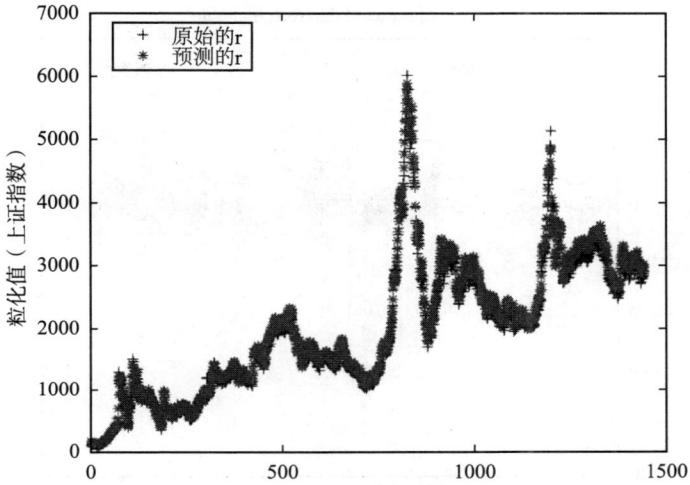

图6-13 R 的拟合结果图

误差（predicted data-original data）

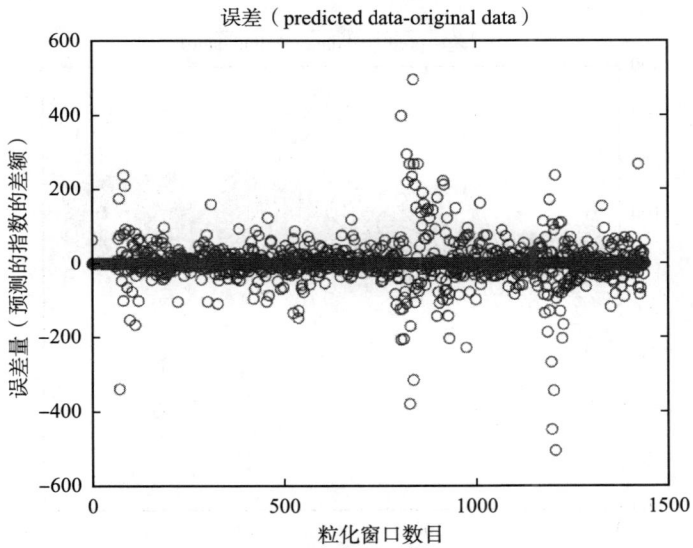

图6-14 Low 的误差图

误差（predicted data-original data）

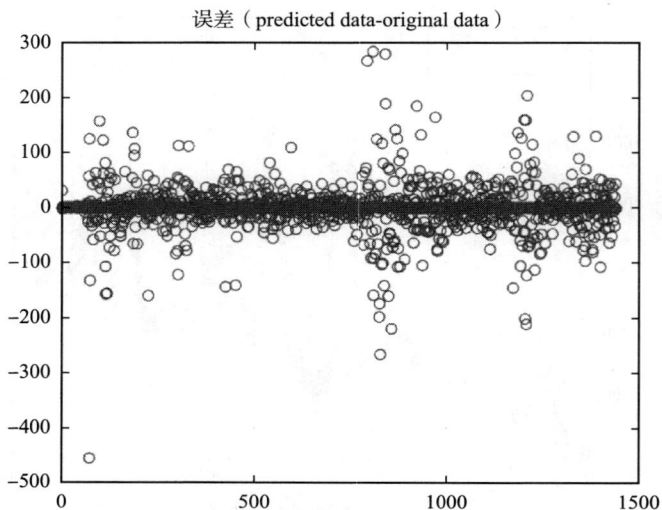

图 6 – 15　Up 的误差图

误差（predicted data-original data）

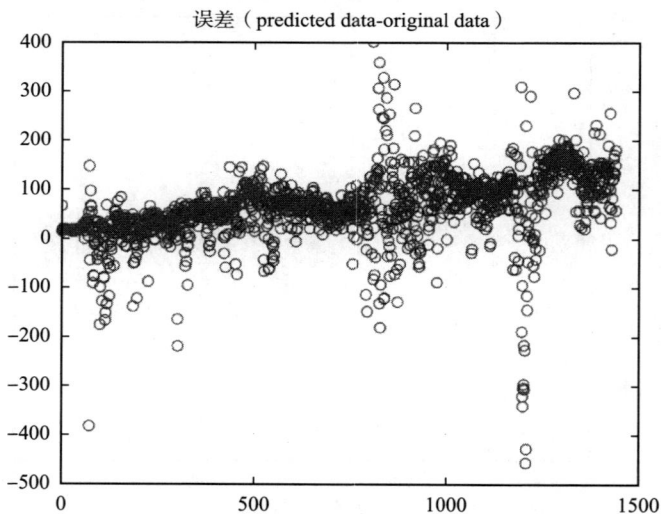

图 6 – 16　R 的误差图

　　图 6 – 11 至图 6.16 分别是根据本章提出的方法得出的上证综合指数每日波动的预测值以及相对误差。从曲线可以直观地看出，基于模糊信息粒化与支持向量机的预测度量值与实际值的拟合程度很高，说明了本章所提出的建模预测方法能对上证综合指数未来变化趋势及变化空间进行比较

准确的预测。

6.4.3 实验结果及分析

通过对 Low、R、Up 的回归预测，最终可以得到 5 个交易日内（20日、21 日、24 日、25 日、26 日）模糊粒子的 Low、R、Up 参数分别为：

$$\begin{cases} \text{predict\_low} = 2796.8 \\ \text{predict\_r} = 2950.0 \\ \text{predict\_up} = 3267.3 \end{cases}$$

下面验证一下预测的效果，检验 20 日、21 日、24 日、25 日、26 日这 5 日内上证综合指数的开盘数是否在上述预测的范围内，并与上 5 个交易日进行比较来整体看待上证综合指数的变化趋势如表 6 - 6 所列。

表 6 - 6 　　　　　　　　 上证综合指数变化趋势和变化空间预测

日期	13	14	17	18	19	预测变化范围（由模糊粒子描述）
实际开盘数	3112.6	3138.2	2994.9	2845.3	2916.1	[Low, R, Up] = [2796.3, 3138.2, 3380.2]
日期	20	21	24	25	26	预测变化范围（由模糊粒子描述）
实际开盘数	2798.4	2905.05	2982.19	2980.10	2889.74	[Low, R, Up] = [2796.8, 2950.0, 3267.3]

通过表 6 - 6 可以看到预测的 20 日、21 日、24 日、25 日、26 日这 5日内上证综合指数每日开盘数的变化范围是准确的，并且较前 5 个交易日而言，20 日、21 日、24 日、25 日、26 日这 5 日内上证综合指数开盘数整体有下降趋势。实验结果证明，本书提出的基于模糊信息粒化与支持向量机的股指波动预测度量模型不仅能给出未来股指的波动空间及波动趋势，而且预测精度也非常满意，因此该度量模型应用在商业银行市场风险的度量中是可行有效的，并且对商业银行管理者及时掌握市场风险因子波动趋势，快速做出正确的决策起到重要的辅助作用。

6.5 本章小结

本章在商业银行市场风险相关理论的基础上，针对目前我国商业银行所面临的市场环境，提出利用支持向量机方法分别对利率、汇率及股指进行预测度量。

首先我们根据前文有关市场风险理论的分析构建监管指标体系，然后根据本章所提出的改进的 SVM 方法对监管因子进行仿真试验，最后给出影响商业银行的各市场风险因子的波动趋势。

实验结果证明，本章提出的基于模糊信息粒化与支持向量机的股指波动预测度量模型不仅能给出未来股指的波动空间及波动趋势，而且预测精度也非常令人满意，因此该度量模型应用在商业银行市场风险的度量中是可行有效的，并且对商业银行管理者及时掌握市场风险因子波动趋势、快速做出正确的决策起到重要的辅助作用。

第 7 章

基于贝叶斯网络的商业银行
操作风险度量研究

20世纪以来，世界范围内国际活跃商业银行操作风险事件频频发生，而且带来的损失额往往比较巨大，可能给银行带来毁灭性的打击。国内银行近年来大案要案也不断发生，涉案金额较多，造成了恶劣的社会影响。2004年6月，巴塞尔银行监管委员会正式发布《巴塞尔新资本协议》，首次把操作风险纳入风险资本的计算与监管框架中，并且要求商业银行为操作风险配置相应的资本金水平，披露更为详细的有关操作风险的信息。因此，对于商业银行风险管理而言，科学且适用的操作风险计量方法研究亟须深入。本章在论述操作风险管理相关理论的基础上，针对目前商业银行操作风险管理现状，对如何准确度量操作风险进行了深入研究。

7.1 "一带一路"背景下商业银行
操作风险理论概述

操作风险是金融市场中另一类重要的风险，特别是近十几年来一系列操作风险的事例，如巴林银行倒闭事件和大和银行债券舞弊案等，促使理论界与实务界对操作风险的研究和关注。

7.1.1 操作风险的内涵

操作风险和市场风险、流动性风险、信用风险并列，是金融风险机构需要面对的主要风险之一。与市场风险和信用风险有较为明确的定义和成熟的风险管理技术相比，操作风险存在较大的复杂性，对其量化研究方法和手段以及管理方法都还很不成熟[127]。

一般而言，操作风险是指金融机构因信息系统不完善、内控机制失灵、诈骗或其他一些原因而导致的潜在损失。操作风险多是由人为的错误、系统的失灵、操作程序发生错误或控制失效而引起，其内容涵盖了金融机构内部的诸多风险。实际中，由于忽视和风险管理技术的不成熟，很多公司遭受了操作风险造成的损失，如著名的巴林银行倒闭案、安然事件以及爱尔兰联合银行事件等。

巴塞尔新资本协议认为操作风险是指由不完善或有问题的内部程序、人员及系统或外部事件所造成直接或间接损失的风险。损失的风险主要是产生于不充分的或失败的内部运作过程、员工和制度，或者来源于外部事件，既包括预期损失，也包括意外损失。该定义包括法律风险，但不包括策略风险和声誉风险[128]。

虽然操作风险这个概念已经有了较长的历史，但将其与信用风险、流动性风险、市场风险并列为金融机构面临的主要风险，并纳入全面风险管理中则是最近几年的事情。图7-1是操作风险管理的演进。

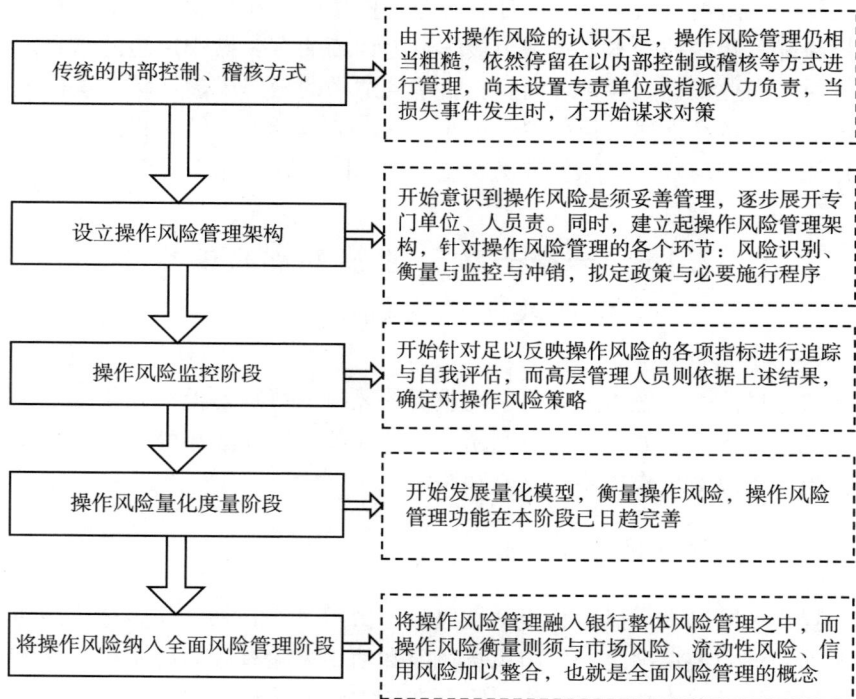

传统的内部控制、稽核方式	由于对操作风险的认识不足，操作风险管理仍相当粗糙，依然停留在以内部控制或稽核等方式进行管理，尚未设置专责单位或指派人力负责，当损失事件发生时，才开始谋求对策
设立操作风险管理架构	开始意识到操作风险是须妥善管理，逐步展开专门单位、人员责。同时，建立起操作风险管理架构，针对操作风险管理的各个环节：风险识别、衡量与监控与冲销，拟定政策与必要施行程序
操作风险监控阶段	开始针对足以反映操作风险的各项指标进行追踪与自我评估，而高层管理人员则依据上述结果，确定对操作风险策略
操作风险量化度量阶段	开始发展量化模型，衡量操作风险，操作风险管理功能在本阶段已日趋完善
将操作风险纳入全面风险管理阶段	将操作风险管理融入银行整体风险管理之中，而操作风险衡量则须与市场风险、流动性风险、信用风险加以整合，也就是全面风险管理的概念

图7-1 操作风险管理的演进

由于操作风险具有很强的突发性，银行可以通过有效的风险管理计量风险值以降低防范风险的资金成本，而采用复杂技术通常能够更为灵敏地反映银行内部风险变动及其所需的资本配置，从而在竞争中占据更为主动的地位。因此不少监管当局希望一些大型的金融机构能够逐步建立基于复杂计量技术的操作风险内部衡量方法。

7.1.2　操作风险损失事件的分类

随着西方商业银行对操作风险认识和管理实践的进一步加深，银行业中广为存在的有关操作风险义的争议和困惑正在逐步消失，并逐渐趋同。根据 2003 年发布的巴塞尔新资本协议征询意见稿，操作风险是指由于不完善或失灵的内部程序、人员和系统，或外部事件导致损失的风险。巴塞尔委员会认为操作风险的内涵包括法律风险，但不包含战略风险（来自错误决策的损失）和信誉风险（指公司价值的下降及声誉丧失）[129]。这一定义开始被西方商业银行所接受。巴塞尔委员会将操作风险分为七大类型：

1. 内部欺诈风险（Internal Fraud）

主要指内部员工有主观愿望，存心欺诈银行。包括由于进行未被授权的交易、从事未报告的交易、超过限额的交易、内部交易；偷盗、贪污、接受贿赂、做假账、违反乘法等原因而引发的银行损失。例如，大和银行资金交易员在长达 11 年的资金交易中，有 3 万多笔未经授权的交易，为长期掩盖他们所从事的超授权交易及所造成的损失，这些交易员们常常做假账，伪造交易记录。

2. 外部欺诈风险（External Fraud）

主要指由于第三方的故意欺诈、非法侵占财产以及规避法律而引发的损失。包括利用伪造的票据、偷盗、抢劫、敲诈、贿赂等手段造成银行损失；税制、政治等方面的变动，监管和法律环境的调整等导致银行收益减少。例如，最近刚发生的济南齐鲁银行特大伪造金融票证案，犯罪嫌疑人刘某某通过伪造金融票证等手段多次骗取资金，涉案金额预计在 10 亿 ~ 15 亿元。

3. 客户、产品与商业行为风险（Clients, Product & business Practices）

由于产品特性或设计不合理、员工服务粗心大意、对特定客户不能提供专业服务等原因而造成的银行损失。包括产品功能不完善引发的损失；由于强行销售产品、未对敏感问题披露、对客户建议不当、职业疏忽大意、不恰当的广告、不适当的交易、销售歧视等导致与客户信托关系破裂、合同关系破裂、客户关系破裂而引发的损失。这类风险，在国外商业银行的操作风险类型中占有相当大的比重。例如，2000 年，英国平等生命保险社团公司，准备对最终奖金进行削减，这一计划单方面修改合同，抵消了客户所享有的保障年金受益率，最终客户告上法院，被英国议会上院判为非法而损失惨重。

4. 涉及执行、交割以及交易过程管理的风险事件（Execution, Delivery & Process Management）

主要指交易处理、流程管理失误以及与交易对手关系破裂而引发的损失。包括业务记账错误、错误的信息交流、叙述错误、未被批准的账户录入、未经客户允许的交易、交割失误、抵押品管理失误等原因造成的损失。例如，1984～1985 年，所罗门兄弟公司因为前五年内部交易上的不一致和不平衡而形成 1.26 亿美元的损失，现时因当年的账务处理错误而形成 6000 万美元的损失。

5. 经营中断和系统错误风险（Business Disruption & System Failure）

主要指由于计算机硬件、软件、通信或电力中断而引发的损失。包括硬件瘫痪、软件漏洞、设备故障、程序错误、计算机病毒、互联网失灵等原因造成的损失。1985 年 11 月，美国一家声誉很好的证券清算银行，其计算机系统偶然发生故障，不接受任何收性交易，这样他们在美联储的账户上出现 226 亿美元的赤字，形成了严重的支付风险。

6. 雇用合同以及工作状况带来的风险事件（Employ Practices & Workspace Safety）

主要指在员工雇用、管理中，由于违反相关法律、制度，而引发的索赔、补偿损失；由于缺乏对员工的恰当评估和考核等导致的风险。2004 年

7 月，华尔街第二大投资银行——摩根—士丹利公司，因在员工管理中存在性别歧视，被提起诉讼，最后不得不向女雇员赔付 5400 万美元。

7. 有形资产的损失（Damage to Physical Assets）

主要指自然灾害或其他外部事件（恐怖主义）而引起的损失。包括由于暴风、洪水、地震、电压过大、恐怖活动等原因造成的物质资产损失。例如，2001 年，美国 Cantor Fitzgerald 公司受"9·11"恐怖袭击事件而破产。

7.1.3　操作风险的计量方法

随着监管当局对操作风险的重视，金融机构逐步积累、完善损失事件的历史数据，并利用成熟的统计方法和模拟计算技术，产生了一些用来度量操作风险的数量模型。按照操作风险度量的出发角度不同可以将这些数量模型分成两个大类：由上至下模型和由下至上模型[130]。

由上至下模型是在假设对企业的内部经营状况不甚了解，将其作为一个黑箱，对其市值、收入、成本等变量进行分析，然后计算操作风险的值，使用这种思路的建立的模型有 CAPM 模型、基本指标法、波动率模型等。这一类的模型对数据要求较低，使用较少的外部数据就可以对操作风险做出估计，但是得到的结果较不准确。

由下至上模型则是在对企业各个业务部门的经营状况以及各种操作风险，最终将其加总作为整个企业的操作风险。按照这种思路建立的度量模型包括统计度量模型、情景分析、因素分析模型等。这一类模型不但要求有完善的对于操作风险损失事件的记录，还要求很多其他的企业内部经营的数据，当然使用这类模型得到的结果也更准确一些。

根据巴塞尔委员会的建议，按照银行由低到高的风险管理水平，可以依次使用下面的方法度量操作风险，度量的方法越高级，需要损失事件的信息越多，作为回报，最后计算出的商业银行需要为操作风险配置的资本就越少。这些方法由低级到高级依次是：

1. 基本指标法

基本指标法是指银行持有的操作风险资本应等于前三年总收入的平均值乘上一个固定比例（用 α 表示），计算公式如下：

$$K_{BIA} = GI \times \alpha \qquad (7.1)$$

其中，K_{BIA} 是基本指标法需要的资本，GI 是前三年总收入的平均值，α 是 15%（由巴塞尔委员会设定，将行业范围的监管资本要求与行业范围的指标联系起来）。此类模型的缺陷是操作风险的暴露与总收入之间的联系并不紧密，只能反映部分操作风险，不利于加强银行的相关内控管理建设。

2. 标准法

是基本指标法的一种改进方法。它与基本指标法的不同之处在于该方法将金融机构的业务分为八个业务条线，计算各业务条线资本要求的方法是用银行各业务条线的总收入乘以一个该业务条线适用的系数（用 β 表示）[131]。β 值代表行业在特定业务条线的操作风险损失经验值与该业务条线总收入之间的关系。总资本要求是各业务条线监管资本的简单加总，计算公式如下：

$$K_{TSA} = \sum (GI_{1-9} \times \beta_{1-9}) \qquad (7.2)$$

$$K_{TSA} = \frac{\{\sum_{1-3年} \max[\sum(GI_{1-9} \times \beta_{1-9}), 0]\}}{3}$$

其中：K_{TSA} 为商业银行用标准法计算的操作风险资本要求；$\dfrac{\{\sum_{1-3年}\max[\sum(GI_{1-9} \times \beta_{1-9}), 0]\}}{3}$ 的含义是前三年操作风险监管资本的算术平均数；$\max[\sum(GI_{1-9} \times \beta_{1-9}), 0]$ 的含义是当年的操作风险资本要求为负数的，用零表示；GI_{1-9} 是按基本指标法的定义，九个业务条线中各业务条线当年的总收入；β_{1-9} 是由委员会设定的固定百分数，建立九个业务条线中各业务条线的总收入与资本要求之间的联系（见表 7 – 1）。

表 7 – 1　　　巴塞尔协议规定的业务条线与 β 系数之间的关系

	业务条线	β 系数	监管资本
1	公司金融	18%	18% ×公司金融总收入
2	交易和销售	18%	18% ×交易和销售总收入

续表

	业务条线	β 系数	监管资本
3	零售银行	12%	12%×零售银行总收入
4	商业银行	15%	15%×商业银行总收入
5	支付和清算	18%	18%×支付和清算总收入
6	代理服务	15%	15%×代理服务总收入
7	资产管理	12%	12%×资产管理总收入
8	零售经纪	12%	12%×零售经纪总收入
9	其他业务条线	18%	18%×未能划入上述 8 类业务条线的其他业务总收入
	第一年操作风险监管资本	—	以上各项之和
	第二年操作风险监管资本	同上	同上
	第三年操作风险监管资本	同上	同上
	操作风险监管资本		前三年操作风险监管资本之和÷3

标准法是按个业务条线计算收入的，因此这种方法可以帮助银行按业务的不同分配风险资本量，有利于优化资源配置及针对各部门及业务条线进行绩效考核。但是，该方法计算出的各业务条线的操作风险并不能与金融机构实际存在的操作风险相匹配。

3. 内部度量法

巴塞尔委员会建议把内部度量法作为计算规定资本要求的高级方法。与标准法相同，委员会把金融机构的业务分为不同的业务条线，对业务条线/风险类型组合规定一个风险暴露指标（EI），该指标代表着该业务条线操作风险暴露的规模或数量[132]。金融机构通过内部损失数据计算出给定损失事件的概率（PE）以及该事件的损失（LGE）。则该业务条线/风险类型组合的预期损失（EI）为：

$$EL = EI \times PI \times LGE \tag{7.3}$$

监管者根据全行业的损失分布，为每个业务条线/损失类型组合确定一个将预期损失转换或资本要求的转换因子，利用转换因子计算出每个业务单位的资本要求。用内部度量法计算的总资本要求（K_{TAMA}）的计算公式为：

$$K_{TAMA} = \sum_i \sum_j [r(i, j) \times EI(i, j) \times PE(i, j) \times LGEI(i, j)]$$

$$(7.4)$$

其中，i 代表业务条线，j 代表风险类型。

而巴塞尔委员会在内部度量法中特别提到的损失分布法则是利用历史数据来估计每一个业务部门损失事件类型组合中的损失事件发生频率和损失金额的概率分布函数，有了对这两个属性的估计之后，就可以进一步地计算操作风险的监管资本。

内部模型法是依照内部损失信息来计算应计提资本，能够更加真实地反映银行所承受的操作风险，但此方法在实际运用中的一大障碍是损失数据的不足[133]。

7.2 操作风险度量方法：贝叶斯网络

贝叶斯网络又称信念网络，是对贝叶斯规则的扩展。贝叶斯网络是根据各个变量之间的概率关系，使用图论方法表示变量集合的联合概率分布的图形模型，是一个有向无圈图，用其节点代表随机变量，节点间的边代表变量间的直接依赖关系，并且每个节点都附有一个概率分布，从而同时代表了定量和定性的意义（结构和参数）[134]。贝叶斯网络不仅提供了一种自然的表示因果信息的方法，同时它还可以用来发现数据间的潜在关系。贝叶斯网络具有很多优点：它能灵活地输入和输出数据；它可以处理小样本、不完整和带有噪声的数据集；它可以利用专家意见，而不需要历史数据；它还允许添加或删除变量而不会显著影响网络的其余部分；特别地，它用图形的方法描述数据间的相互关系，语义清晰，可理解性强，这将有助于利用数据间的因果关系来进行预测分析[135]。基于这些优点，贝叶斯网络已经广泛应用于处理不确定性问题的分析和决策支持。

在贝叶斯网络中，用节点表示变量，有向边表示变量间的依赖关系。贝叶斯理论给出了信任函数在数学上的计算方法，具有稳固的数学基础，同时刻画了信任度与证据的一致性以及信任度随证据而变化的增量学习特性。因此，在数值分析中，贝叶斯网络可以处理不完整和带有噪声的数据集，它用概率测度的权重来描述数据间的相关性，从而解决了数据间的不一致性，甚至是相互独立的问题。

7.2.1　贝叶斯方法的基本观点

贝叶斯分析方法的特点是使用概率去表示所有形式的不确定性，学习或其他形式的推理都是用概率规则来实现的。贝叶斯学习的结果表示为随机变量的概率分布，它可以解释为我们对不同可能性的信任程度[136]。贝叶斯学派的起点是贝叶斯的两项工作：贝叶斯定理和贝叶斯假设。

1. 贝叶斯定理

假设随机变量 x，θ 的联合分布密度是 p(x, θ)，它们的边际密度分别为 p(x)，p(θ)。设 x 是观测向量，θ 是未知参数向量，则可通过观测向量来获得未知参数向量的估计。贝叶斯定理为：

$$p(\theta \mid x) = \frac{\pi(\theta) \times p(x \mid \theta)}{p(x)} = \frac{\pi(\theta) \times p(x \mid \theta)}{\int \pi(\theta) \times p(x \mid \theta) d\theta} \quad (7.5)$$

这里，$\pi(\theta)$ 是 θ 的先验分布。

上式可以看出，对未知参数向量 θ 的估计综合了它的先验信息和样本信息。而传统的参数估计方法只从样本数据获取信息，如最大似然估计。

贝叶斯方法对未知参数向量估计的一般过程为：

（1）将未知参数看成是随机变量；

（2）根据以往未知参数 θ 的知识，确定先验分布 $\pi(\theta)$；

（3）计算后验分布密度，做出对未知参数的推断。

2. 贝叶斯假设

贝叶斯假设[137]：如果没有任何以往的知识来帮助确定 $\pi(\theta)$，贝叶斯提出可以采用均匀分布作为其分布，即参数在它的变化范围内，取到各个值的机会是相同的。

7.2.2 贝叶斯网络的构造原理

定义：贝叶斯网络是一个二元组 $B = <G, P>$，其中网络结构 $G = <V, A>$ 是一个有向无环图，$V = \{V_1, V_2, \cdots, V_n\}$ 为结点集；A 为弧的集合；网络参数 P 中的每一个元素代表结点 V_i 的条件概率密度。则由概率的链规则得：

$$P(V) = P(V_1, V_2, \cdots, V_n) = \coprod_{i=1}^{n} P(V_i \mid V_1, V_2, \cdots, V_{i-1})$$

(7.6)

对于 n 个离散二值随机变量，要确定它们的联合分布，需要给出 $2^n - 1$ 个概率值。这当 n 较大时，巨大的存储要求往往难以满足[138]。因此，一定的假设独立性是必要的。随机变量间的假设独立性原则使得贝叶斯网络所需定义的先验概率大为减少。联合概率分布由随机变量各自的分布的乘积所唯一确定。

对于网络结构中的任一结点 V_i，必可找到一个与 V_i 条件都不独立的最小子集 $U_i \subseteq \{V_1, V_2, \cdots, V_{i-1}\}$，使得：

$$P(V) = P(V_1, V_2, \cdots, V_n) = \coprod_{i=1}^{n} P(V_i \mid U_i)$$

(7.7)

贝叶斯网络是一种用图表示知识的方法，并且是可以计算的概率模型。通过这种网络，可以综合各种来源的数据，并对这些数据进行综合和推理[139]。

给定一个联合概率分布 $P(X_1, X_2, \cdots, X_n)$ 以及变量的一个排序 d。将 X_1 作为根结点开始，并赋予 X_1 以先验概率分布 $P(X_1)$，然后用一结点表示 X_2，如果 X_2 与 X_1 有关，则从 X_1 到 X_2 建立一联结，并用 $P(X_2 \mid X_1)$ 表示联结强度。如果 X_2 与 X_1 无关，则赋予 X_2 以先验概率分布 $P(X_2)$。在第 i 级从 X_i 的父结点集合 $\prod_{X_i}$，（$\prod_{X_i} \subseteq \{X_1, X_2, \cdots, X_{i-1}\}$），画一组方向线联结到 X_i，并用 $P(X_i \mid \prod_{X_i})$ 条件概率定量表示，结果可以得到一个有向非循环图，可用于表示 $P(X_1, X_2, \cdots, X_n)$ 中所体现的许多独立关系，该图就称作贝叶斯网络。图 7-2 所示即是一个简单的贝叶斯网络结构图（n=6）。

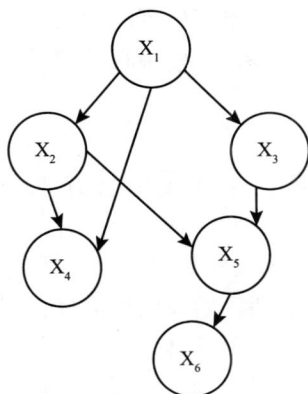

图 7 - 2　贝叶斯网络结构图

反过来，$P(X_i \mid \prod_{X_i})$ 包含有重构原始分布函数所必需的所有信息，在排序 d 下，有如下关系：

$$P(X_1,\ X_2,\ \cdots,\ X_n) = P(X_n \mid X_{n-1},\ X_{n-2},\ \cdots,\ X_1) \cdot P(X_{n-1} \mid X_{n-2},\ \cdots,$$
$$X_1) \cdots P(X_3 \mid X_1,\ X_2) \cdot P(X_2 \mid X_1) P(X_1)\ =\ \prod_i P(X_i \mid \prod_{X_i})\quad (7.8)$$

在本章下一节的实证分析中，我们利用贝叶斯网络进行建模。因为贝叶斯网络用图形的方法描述数据间的相互关系，语义清晰、可理解性强，这有助于在风险预测时分析数据间的因果关系。

7.3　我国商业银行操作风险现状分析

操作风险虽然是商业银行与生俱来的"古老"风险之一，但我国商业银行，无论是从理论上还是实践上都还比较陌生。近几年来，我国银监会（2018 年后为银保监会）加强了对不良资产的监管，新放贷款不良率成为银保监会和各家商业银行监控的重点，在健全内控制度、加强操作风险管理等方面重视还不够。长期以来，我国银行界对操作风险的认识、管理、防范控制还处在不全面、不系统、不规范的初级阶段。对操作风险的防范和控制，仅限于传统的柜面操作风险控制、内部管理、内部控制和"三防一保"工作。柜面操作风险控制、内部管理、内部控制主要是保证支付结算资金安全，"三防一保"就是防盗窃、防抢劫、防诈骗，保银行资金安全。今年以来，我国部分商业银行出现的银行工作人员与外界人员勾结诈骗银行资金等金融案件的发生，迫使银行监管部门和各商业银行将操作风险的防范提上议事日程。

7.3.1 我国商业银行操作风险管理的发展历程

进入 21 世纪以后，由于金融管制放松、业务全球化、金融创新步伐加快以及信息技术的迅猛发展，商业银行的操作风险有增大的趋势。面对不断暴露的大案要案，2002～2003 年，在银行监管部门的组织下，国家开发银行、中国工商银行、中国银行、中国建设银行和中信实业银行参加了巴塞尔委员会推行的"第三次定量影响测试"（QIS3），向巴塞尔委员会提供了数据，测算了新协议中操作风险对各行资本充足率的影响。2004 年，我国工商银行出台了《操作风险管理框架》，并将其作为《我国工商银行全面风险管理框架》的一部分，这标志着工商银行在我国金融系统内第一家正式将操作风险的监督管理纳入具体议事日程。

经过 20 多年的改革和发展，我国银行业外部环境和内部机制都有了很大变化。尤其是通过近年来的股份制改革，商业银行在资产质量、资本充足率、公司治理结构、人才储备以及风险管理等方面都有显著提高，一些商业银行已经开始逐步完善操作风险的管理架构，根据监管部门的要求制定了一些规章制度，并指定了专门的部门或岗位负责操作风险管理；还有的商业银行也开始比照新资本协议要求，探索为操作风险计提资本。在此过程中，许多商业银行希望监管部门在现有的关于内部控制、合规等指引的基础上，尽快出台有关操作风险管理的指引，明确操作风险管理方面的监管指导意见，提高风险管理水平。

2005 年 3 月，银监会在借鉴先进的国际银行业监管经验的基础上，结合我国的实际情况，制定、下发了《关于加大防范操作风险工作力度的通知》（以下简称《通知》）。基于近年来一些银行的经验教训，针对银行业机构当前防范操作风险的主要薄弱环节，《通知》不仅突出了对防范操作风险的规章制度建设、稽核建设、基层行管理、管理人员轮岗、敏感岗位人员管理、对账管理、印押证管理、账外经营监控、改进科技信息系统等方面的要求，更突破了过去在内部控制范畴内操作风险控制问题的局限，直接点题新资本协议中与信用风险、流动性风险和市场风险相并列的操作风险，并且大量借鉴了一些国际通行或公认的防范操作风险的原则（如

KYC、KYB、KYD 原则等)[140]。

《关于加大防范操作风险工作力度的通知》从强化内部控制入手，提出了操作风险管理的 13 条要求，为商业银行提高操作风险的管理水平提供了有效的指导。但也应看到，在操作风险管理的认识、制度建设、组织结构的设计，到操作风险管理识别、评估、监测、报告、持续经营机制的建立，操作风险损失数据库的构建和操作风险资本计量分配模型的研究开发等方面，我国商业银行与国际化大银行操作风险管理实践还有不小的差距，与加强操作风险管理的要求仍有较大的距离。为此，从与时俱进、进一步完善对操作风险的监管要求考虑，在相继出台有关内部控制、合规等指引之后，2007 年 6 月 1 日，我国银监会发布了《商业银行操作风险管理指引》(以下简称《指引》)。

该《指引》的发布，又进一步对银行业机构的操作风险提出了更加全面的监管指引。由此，银监会就对商业银行面临的主要风险：信用风险、流动性风险、市场风险和操作风险的监管有了一套较完整的法规。《指引》的出台，不仅进一步推动完善银行业审慎监管的规章体系，提高监管的有效性，推进我国银行业监管标准与国际银行监管标准接轨，而且也对银行业机构提高识别、控制操作风险的能力和风险管理水平提供了理论上的指导[141]。

7.3.2　我国商业银行操作风险损失事件的案例分析

目前，欧洲银行业已在全欧洲范围内建立了银行业损失数据库，可以为各成员国的风险控制提供必要的支持。而我国商业银行由于长期以来对操作风险不够重视，导致在积累损失数据方面严重滞后。因此，现阶段有关操作风险计量的实验数据多来自媒体的信息披露，并且报道的损失事件大多数具有典型性，案值普遍较大。本书根据媒体公开报道的操作风险损失案例，搜集了 2007～2014 年单笔损失金额大于 50 万元人民币的操作风险损失事件案例共计 143 起。

1. 从涉案银行性质来看

根据巴塞尔新资本协议的规定，银行业务一般被划分为公司金融业务、交易与销售、零售银行、商业银行、支付与清算、代理服务、资产管理、零售经纪业务八大类。考虑目前我国商业银行的收益来源主要是来自公司金融业务(对公业务)和个人金融业务(对私业务),并且收集到的损失数据也主要集中于这两项业务,所以在本书的分析中,将商业银行的业务种类概括分为公司金融业务、个人金融业务以及中间业务。

在收集到的143起损失事件中,其中涉案银行包括四大国有商业银行(79起),股份制商业银行(53起)及地区性信用社(11起)。统计数据如表7-2所示。

表7-2　　2007~2014年我国商业银行操作风险涉案银行分类统计

	国有商业银行	股份制商业银行	地区性信用社	合计
公司金融业务	41	20	6	67
个人金融业务	26	22	4	52
中间业务	12	11	1	24
合计	79	53	11	143

从涉案银行性质来看,国有商业银行发生操作风险损失事件的数量最多,占全部案例的55.24%,股份制商业银行为37.06%,地区性信用社的占比最小,为7.69%。

从近几年的统计情况来看,总的来说是商业银行的管理在逐步加强,尤其是中小股份制商业银行因其自身灵活的经营方式和良好的激励措施,使得对操作风险的管理能力得到有效提高,而国有商业银行因其内部结构繁冗,导致管理链条过长,使得对各部门特别是分支机构的控制仍存在欠缺。而对于地区性信用社,因为经营方向和客户群的差异化,以及硬件系统仍不够完善,使得操作风险的发生概率一直低于其他两类银行,并且在事件上报、数据统计方面的欠缺,也极可能造成损失事件的不可知。

2. 从操作风险损失事件类型来看

按照巴塞尔新资本协议的分类方法,结合收集到的案例样本数据将我国商业银行操作风险损失事件分为六种,统计结果如表7-3所示。

表 7 - 3　　　　　　　我国商业银行操作风险损失事件类型分布表

损失事件类型	案例数量(件)	所占比重(%)
内部欺诈	61	42.66
外部欺诈	48	33.57
客户、产品及业务操作出错	11	7.69
实体资产损坏	2	1.40
业务中断和系统失败	4	2.80
执行、交割及流程管理出错	17	11.89

从表 7 - 3 可以看出，我国商业银行操作风险损失事件主要来自欺诈行为，其中内部欺诈案有 61 起，占总案例数的 42.66%，外部欺诈案有 48 起，占总数的 33.57%。

在对案例进行详细分析基础上，发现目前内部欺诈主要是有银行机构内部人员参与的诈骗、盗用资产、违反法律以及公司的规章制度的行为，如近年各银行揽储大战加剧，在监管部门整治"高息揽储"恶性竞争同时，也有部分人勾结银行职员伪造金融票证，诈骗资金。同时随着经济不断发展，我国银行业务交易方式呈现多元化，与此同时出现的外部欺诈案件也猛然增多，特别是近期社会上出现了较多的信用卡诈骗、网银诈骗及电话银行欺诈行为。例如，有的不法分子利用网银渠道进行非法资金盗划，主要表现形式为冒充国家执法人员，通过电信渠道编造各种理由欺骗客户开通网上银行，诱骗客户泄露其合法的网上银行用户名、登录密码及动态口令等个人身份认证信息，进而盗划客户账户资金。

随着金融全球化的持续推进、金融创新的不断加速，银行业面临的操作风险日益复杂严峻。在此背景下，作为全面风险管理的重要内容，操作风险管理越来越受到监管及金融机构的高度重视。为此，各商业银行应积极推进以风险监管为本的理念，建立银行操作风险管理的长效机制，以提升银行对操作风险的监管力度。

7.4 我国商业银行操作风险度量的实证研究

尽管早在几年前新资本协议针对操作风险就已给出了清晰的定义以及计量框架，但是由于这类风险的特殊性，国际银行业及其监管机构直到最近才开始关注，国际各大银行对操作风险的精确计量和有效管理也才刚刚起步。因此，目前还很少有文献涉及如何建立相应的预警模型来准确预测操作风险发生的可能性。此外，由于操作风险损失事件的小样本性和信息不完全性等特点，使得操作风险预警模型的研究仍属于"不确定信息下的小样本决策问题"，所以操作风险的管理过程具有较高的复杂性和不确定性，很难利用传统方法来建立度量模型。而贝叶斯网络方法(Bayesian Networks，BN)因为可以较好地揭示客观事件之间的条件概率分布与因果联系，是一种推理不确定性问题的重要工具[142]。因此，根据本章 7.3 节损失事件的统计分析，本章采用贝叶斯网络对 2013 年我国商业银行的操作风险进行一定程度的测算。

由于国有商业银行和股份制商业银行处于相同的宏观环境下，并且具有相似的客户群，所以即使它们存在不同程度的区别，但在本质仍可看作同一类。因此，为了研究的方便，本章将它们假设为同一个商业银行的数据，且不同年度以及同一年度各类操作风险损失相互独立并有相同的分布。首先，通过构建由关键风险指标(Key Risk Indicators，KRIs)和关键风险诱因(Key Risk Drives，KRDs)组成的操作风险拓扑结构，来建立起相应的操作风险预警模型；其次，采用收集到的我国商业银行业近年来发生的操作风险损失事件的实际数据，对相关节点进行赋值；最后，根据父子节点之间的贝叶斯网络关系，对预警模型进行正向和逆向推理，以期为商业银行实施操作风险的事前预警管理提供理论基础和操作模式[143]。

7.4.1 设置贝叶斯网络节点

统计推断的贝叶斯过程是人们根据获得的数据不断修正关于客观世界主观判断的过程。贝叶斯规则的基础是具有一定因果联系的事件之间的条件概率[144]。假设已知某商业银行零售银行业务条线(Corporate Banking，CBK)的操作风险主要来自两个方面：操作疏忽(Negligent Operation，NO)

和内部欺诈(Internal Fraud, IF)。

其中，由 NO 导致的操作风险占 30%，由 IF 导致的操作风险占 70%，也就是说，由于银行柜台员工因疏忽大意而导致交易操作出错并使得银行实际发生的损失占零售银行业务操作风险损失总和的 30%，而由于银行员工与行外人员勾结作案，导致银行实际发生的损失占零售银行业务操作风险损失总和的 70%。用"Ns"分别表示节点 NO 和 IF 处于正常状态，即没有发生操作疏忽和内部欺诈事件；用"Hs"分别表示节点 NO 或 IF 已经出现了操作风险案件；用"S"表示 CBK 没有发生操作风险，即处于安全状态；"R"表示 CBK 已经出现操作风险。

根据以往经验，该银行 NO 正常的概率为 99%、发生风险的概率为 1%，IF 正常的概率为 98%、发生风险的概率为 2%(如图 7-3 所示)，由 NO 和 IF 同时作用导致 CBK 操作风险的先验条件概率如表 7-4 所示。

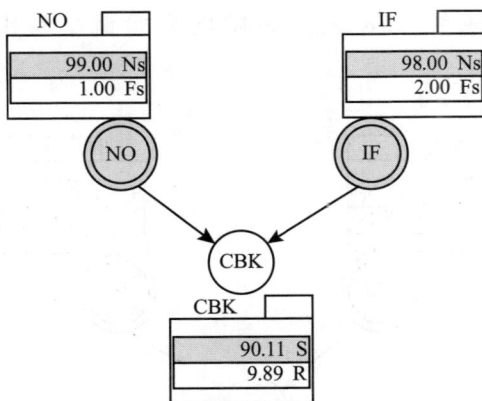

图 7-3　公司金融业务操作风险先验概率分布(单位:%)

表 7-4　　　　　　　　　零售银行业务操作风险的先验条件概率

	NO = "Ns"		NO = "Fs"	
	IF = "Ns"	IF = "Fs"	IF = "Ns"	IF = "Fs"
CBK = "S"	0.915	0.355	0.645	0.085
CBK = "R"	0.085	0.645	0.355	0.915

这样，根据贝叶斯规则，我们可以方便地计算 CBK 处于安全状态和出险状态的先验无条件概率：

$$
\begin{aligned}
P(CBK = "S") &= P(NO = "Ns") \times (P(CBK = "S" \mid NO = "Ns", IF = "Ns") \\
&\quad \times P(IF = "Ns") + P(CBK = "S" \mid NO = "Ns", IF = "Ns") \\
&\quad \times P(IF = "Fs")) + P(NO = "Fs") \\
&\quad \times (P(CBK = "Fs" \mid NO = "Ns", IF = "Ns") \times P(IF = "Ns") \\
&\quad + P(CBK = "Fs" \mid NO = "Ns", IF = "Fs") \times P(IF = "Fs")) \\
&= 0.99 \times (0.915 \times 0.98 + 0.355 \times 0.02) + 0.01 \\
&\quad \times (0.645 \times 0.98 + 0.085 \times 0.02) \\
&= 0.9011 \\
P(CBK = "R") &= 1 - P(CBK = "S") = 0.0989
\end{aligned}
$$

在求得先验无条件概率以后，就可以很容易地由图 7 - 3 推理得到图 7 - 4。当发现节点 IF 各分布状态不变，而节点 NO 风险程度上升时（例如处于正常状态的概率由 99% 下降到 95%），通过贝叶斯定理的传递可计算得到：零售银行条线 CBK 发生风险的后验概率将由 9.89% 上升到 10.97%。

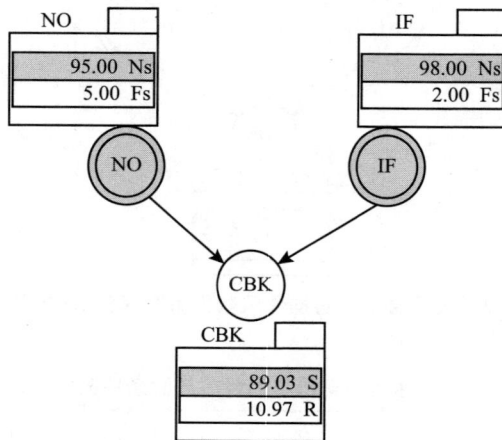

图 7 - 4　公司金融业务操作风险后验概率分布（单位:%）

7.4.2　构建贝叶斯网络模型

由于在操作风险预警模型的构建中，涉及的节点非常多，为此我们需要利用贝叶斯网络来完成。

1. 确定预警模型的贝叶斯网络拓扑结构

根据前文贝叶斯网络的相关理论可知,一组变量 $X = \{X_1, X_2, \cdots, X_n\}$ 的贝叶斯网络包括两个部分:一是表示 X 中变量条件独立断言的网络结构 S;二是与每一个变量相联系的局部概率分布集合 P,两者定义了 X 的联合概率分布。如果网络中任一个节点的状态确定时,网络本身就可以利用贝叶斯规则在网络中进行正向或逆向推理,从而得出网络中任一个节点的后验概率,这是贝叶斯网络最吸引人的特点,也是其可以建立操作风险预警模型的关键机理。因此,在全面分析操作风险影响因素的基础上,本书建立基于贝叶斯网络的操作风险预警模型,以满足对操作风险的动态评价,为商业银行的操作风险管理决策提供有力的工具。

为了保证预警测算结果的准确性以及观测的方便性,本书将预警模型中的贝叶斯网络节点分为两类:一是直接风险源类别,它由风险原因节点和关键风险诱因节点组成,可以通过数值观测直接得到;二是间接风险源类别,它由征兆节点和关键风险指标节点组成,可以通过贝叶斯网络计算得到。

按照巴塞尔新协议认定的业务条线对应表,结合我国商业银行操作风险损失事件的具体表现形式及原因,本章将商业银行的所有经营活动分为公司金融、交易和销售、零售银行业务、商业银行业务、支付和结算、代理服务、资产管理、零售经纪 8 个节点,并且把这 8 个节点定义为关键风险指标,它们产生的操作风险汇总就构成了全行的操作风险。至于关键风险诱因,根据本章对所搜集到的样本的分析,在零售银行业务确定了盗用资产、头寸计价错误、贿赂、泄露私密和内幕交易等诱因节点;在商业银行业务确定了欺诈、窃取账户资金、洗钱、产品缺陷、超过客户的风险限额、客户记录错误和会计错误等诱因节点;在支付和结算方面,确定了数据维护错误、违反规章制度和交割失败等诱因节点(见表 7 - 5)。

表 7-5

商业银行操作风险贝叶斯网络预警模型节点及先验损失分布

关键风险指标 节点名称	简称	先验损失参数 均值	方差	$VaR_{0.999}$	关键风险诱因 节点名称	简称	先验损失参数 均值	方差	$VaR_{0.999}$
零售银行业务	RBK	4.71	1.47	1270	盗用资产	MA	0.69	0.41	14
					头寸计价错误	MP	2.71	1.39	519
					贿赂	BR	1.61	1.1	117
					泄露私密	BP	2.71	1.3	464
					内幕交易	IT	3.91	1.45	1875
商业银行业务	CB	5.76	1.47	2203	欺诈	FR	5.38	1.31	6817
					窃取账户资金	ATO	3.22	1.34	815
					洗钱	ML	3.56	1.79	1967
					产品缺陷	PD	3.81	1.79	2529
					超过客户的风险限额	ECEL	3.22	1.61	1139
支付和结算	PS	3.32	0.71	309	客户记录错误	ICR	3.4	1.41	1070
					会计错误	AE	2.71	1.08	342
					数据维护错误	DME	1.61	1.1	117
					违反规章制度	GV	2.08	1.79	450
					交割失败	DF	1.39	0.69	49

续表

| 关键风险指标 | 节点名称 | 简称 | 先验损失参数 | | VaR$_{0.999}$ | 节点名称 | 简称 | 先验损失参数 | | VaR$_{0.999}$ |
			均值	方差				均值	方差	
	公司金融	CF	2.89	1.3	557					
	交易和销售	TS	2.3	1.21	274					
	资产管理	AM	2.48	1.22	41					
	零售经纪	RB	0.69	0.02	2.49					
	代理服务	AS	1.1	0.41	22					
全行操作风险		OR	7.98	2.39	306615					

注：①假定损失金额服从对数正态分布；②均值和 VaR$_{0.999}$ 的单位：万元。

2. 对预警模型的节点赋值

经过上一节确定了贝叶斯网络拓扑结构后，接下来就需要计算操作风险的贝叶斯网络中各节点的先验分布值，即对贝叶斯网络节点进行赋值。本章假设各节点服从对数正态分布，由于操作风险是在一定置信度下的风险值，所以如表7-5所示，本章计算了各节点的分布参数及99.9%置信度下的风险资本值（单位为万元）。

根据前文所讨论的有关贝叶斯网络定义及网络节点赋值的方法，本书最终构建了操作风险贝叶斯网络拓扑结构示意图（见图7-5）。图7-5中的阴影节点列示了预测操作风险的关键风险指标，其余网络节点为关键

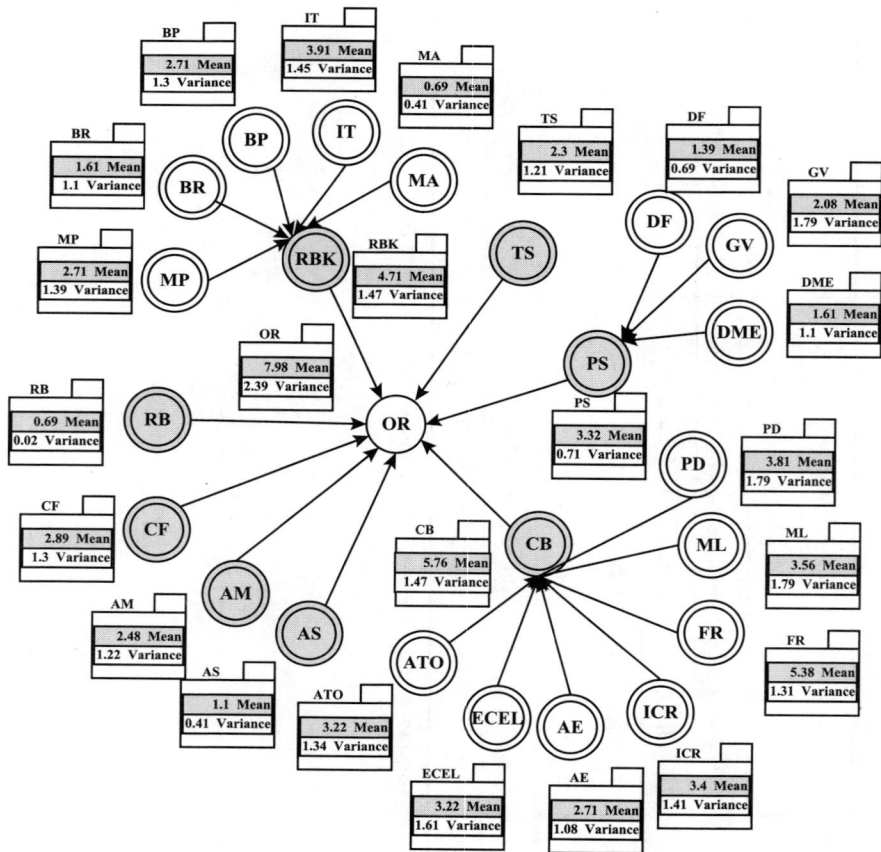

图7-5　商业银行操作风险贝叶斯网络拓扑结构及先验分布

风险诱因。各网络节点间的有向弧表示各节点间的逻辑关系，方框中的内容表示各节点的损失先验分布值。如节点"PS"表示支付和结算业务条线的操作风险，节点"OR"表示全行的操作风险，这两个节点之间的有向弧表示支付和结算业务导致的全行操作风险。而节点"PS"的风险直接由数据维护错误、违反规章制度及交割失败等关键风险诱因构成。

3. 预警临界值的确定

在构建完成商业银行操作风险贝叶斯网络拓扑结构并赋值后，本章利用信号模型来显示预警结果。首先，选择导致全行操作风险的关键风险指标作为监测目标，根据其变化情况进行预警监测；其次，根据贝叶斯网络各节点的不同取值，分别以"绿""黄""红"和"黑"来相应表示风险的程度，即"无警""轻警""中警"和"重警"；最后，根据操作风险的初始状态值和推断值来确定关键风险指标所处状态临界点值。根据以往经验和前人研究结论，本章假设当全行操作风险处于"无警"状态时，操作风险损失金额为 OR ≤ 200000 万元，此时的预警信号为"绿"；当全行操作风险处于"轻警"状态时，操作风险损失金额为 200000 < OR ≤ 400000 万元，此时的预警信号为"黄"；当全行操作风险处于"中警"状态时，操作风险损失金额为 400000 < OR ≤ 600000 万元，此时的预警信号为"红"；当全行操作风险处于"重警"状态时，操作风险损失金额为 OR > 600000 万元，此时的预警信号为"黑"。操作风险预警模型各网络节点的临界值如表 7 – 6 所示。

表 7 – 6　　　　　　操作风险预警模型各网络节点的临界值

	节点名称	简称	预警临界值			
			无警（绿灯）	轻警（黄灯）	中警（红灯）	重警（黑灯）
关键风险指标	零售银行业务	RBK	≤4500	≤5000	≤6000	>6000
	商业银行业务	CB	≤13000	≤14000	≤15000	>15000
	支付和结算	PS	≤350	≤350	≤400	>400
	公司金融	CF	≤600	≤550	≤600	>600

续表

节点名称		简称	预警临界值			
			无警 （绿灯）	轻警 （黄灯）	中警 （红灯）	重警 （黑灯）
关键风险指标	交易和销售	TS	≤300	≤280	≤320	>320
	资产管理	AM	≤350	≤400	≤450	>450
	零售经纪	RB	≤42	≤50	≤60	>60
	代理服务	AS	≤30	≤50	≤70	>70
全行操作风险		OR	≤200000	≤400000	≤600000	>600000

7.4.3 模型运行及结果分析

1. 通过关键诱因节点风险状态的变化进行正向推理

根据前述的初始状态概率及信号模型的判别标准，在操作风险预警模型运行中，本书将收集到的各个关键风险诱因节点状态的变化数据输入图 7-5 的贝叶斯网络图中，系统按照贝叶斯网络结构进行推理，计算出各关键风险指标节点的后验概率（见表 7-7），构建出贝叶斯网络拓扑结构并用信号显示预警情况（见图 7-6）。

表 7-7　　　　全行操作风险状态改变后各节点的后验分布

	简称	先验损失参数		$VaR_{0.999}$	VaR 变化率
		均值	方差		
零售银行业务	RBK	5.71	2.17	2543	100.24%
商业银行业务	CB	6.51	1.89	4211	91.15%
支付和结算	PS	3.33	0.72	359	2.94%
公司金融	CF	2.91	1.33	591	6.05%
交易和销售	TS	2.35	1.22	291	6.35%

续表

	简称	先验损失参数		VaR$_{0.999}$	VaR 变化率
		均值	方差		
资产管理	AM	2.65	1.33	45	6.77%
零售经纪	RB	0.72	0.03	3	15.34%
代理服务	AS	1.16	0.45	24	10.13%

如图 7-6 所示，当贝叶斯网络的关键风险诱因节点发生变化时，例如节点"IT"的均值和方差分别变为 2.19 和 0.75、节点"DME"的均值

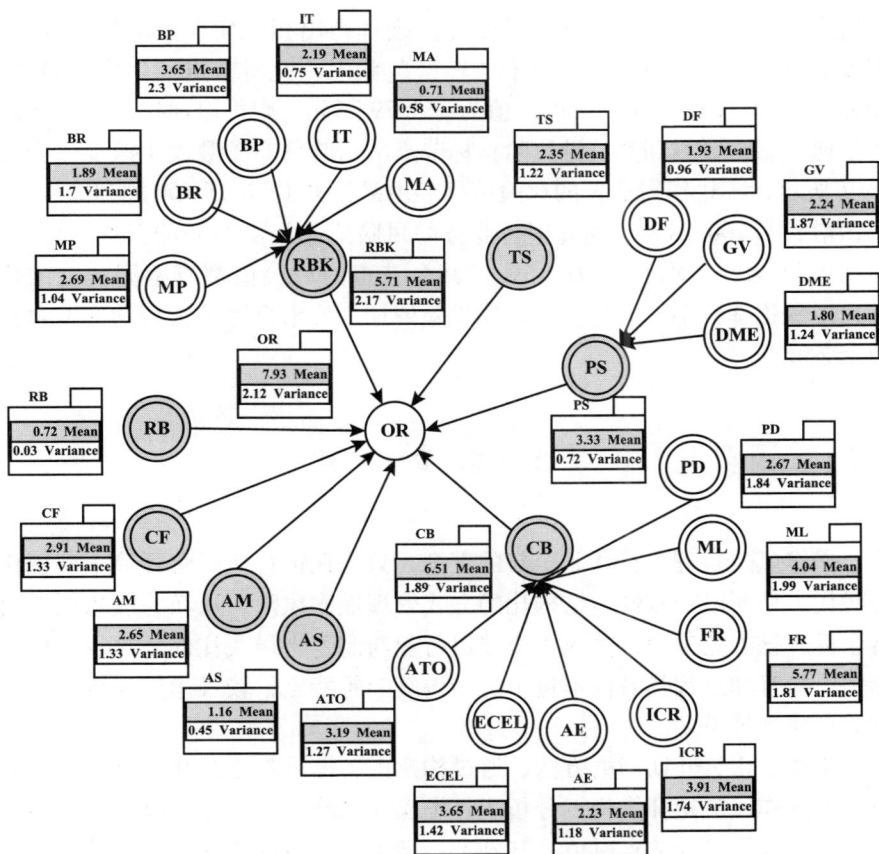

图 7-6 商业银行操作风险贝叶斯网络拓扑结构及后验分布

和方差分别变为 1.80 和 1.24，则根据贝叶斯网络的传递机制，关键风险指标节点 "RBK" 和 "PS" 的后验分布值将分别变为 "5.71、2.17" 和 "3.33、0.72"，同时这两个节点的损失值分别为 2543 万元、359 万元。此时可以由表 7-6 的临界点值判断得出，零售银行业务条线 "RBK" 处于 "无警" 即正常状态，而支付和结算业务条线 "PS" 处于 "中警" 状态。由各节点的值推算得出全行操作风险节点 "OR" 的均值和方差为 "7.93、2.12"，损失值为 353839 万元，即此时全行的操作风险处于 "轻警" 状态。

2. 通过全行操作风险节点状态的变化进行逆向推理

由于贝叶斯网络可以很方便地进行逆向推理，所以如果监测到全行操作风险状态发生变化时，则可以由逆向推理得出相关父节点的后验分布。例如知道此时全行操作风险处于 "轻警" 状态，此时节点 "OR" 的均值和方差为 "7.93、2.12"，损失值为 353839 万元，则可以通过贝叶斯网络的传递机制，监测到其关键风险指标节点的后验分布参数发生改变。如表 7-7 所示，零售银行业务的风险值已经由最初的 1270 万元增加到 2543 万元，增长了 100.24%；商业银行业务的风险值已经由最初的 2203 万元增加到 4211 万元，增长了 91.15%；其余节点的风险值都有不同程度的增长，但变化率较小，说明全行操作风险增加主要来自零售银行和商业银行两个条线。

7.5　本章小结

操作风险管理本身并非全新的理念，只是在银行业经营环境不断变化的时代，如何以一致性、结构化的方式管理操作风险，从而为股东创造财富、提升核心竞争力，才成为全球银行业与监管当局关注的新焦点。由于操作风险管理过程具有样本量小、结构复杂等特点，较难运用传统的计量方法构建预警模型。

本章采用贝叶斯网络方法，通过构建由关键风险指标和关键风险诱因组成的操作风险拓扑结构，分析了各类操作风险指标对操作风险的作用形式，在对各级指标节点赋值的基础上，运用贝叶斯网络测算了各类指标对操作风险的影响程度，从而建立起操作风险的预警模型，并以 2007~2014

年我国商业银行操作风险损失事件的实际数据为样本，对 2013 年商业银行操作风险进行度量。计算结果表明，2013 年全行操作风险增加主要来自零售银行和商业银行两个业务条线，监管部门应在出现可能导致巨额操作风险损失事件前，及时采取措施化解风险。

第 *8* 章

基于 TGARCH 模型与极值理论的
商业银行全面风险控制研究

在风险管理的各种方法中，风险价值法（VaR 方法）最为引人瞩目，尤其是在最近的几年里，许多银行和金融监管部门开始把 VaR 作为整个银行业测量和监控各类风险的重要工具。本章在前文对现代银行业面临的四类主要风险进行度量基础上，进一步研究估计 VaR 值的方法和模型，通过估算全行的风险值，来实现全面风险管理框架下的银行整体风险的监控。

8.1 全面风险管理框架下的监管新方法：
风险价值 VaR

伴随金融一体化的趋势，全球金融市场正在高速发展，金融市场风险也在加剧，许多国际性的金融机构在风险投资方面投入了大量的资源，把风险管理技能作为金融机构获取竞争优势的核心能力之一。20 世纪 90 年代开始，作为资产风险主要的工具，如方差和半方差、日系数、久期（duration）以及 Delta、Gamma、Vega 系数等被广泛应用于基金管理公司、商业银行、证券公司等金融机构[145]。但是，在马科维茨（Markowitz）的投资理论中应用方差和半方差来度量风险，依赖于对投资收益分布的严格假设，没有用货币明确表示出投资组合的风险大小，也没有考虑投资者的不同风险偏好和指出投资组合可能的潜在损失。而日系数、久期（dura-tion）以及 Delta、Gamma、Vega 等系数，则是分别针对股票、债券等利率性金融产品以及衍生金融证券的灵敏度指标。它们只能应用于特定的金融工具的特定的市场范围，也没有综合反映投资组合的风险承担状况[146]。随着风险管理的不断发展，金融机构的高层管理者越来越需要一种更精确、直观且易于操作的风险度量和管理技术，能够全面反映金融机构各种类型投资（组合）所承担的风险。下面即将提到的风险价值 VaR 方法便是这样一种风险管理技术。

8.1.1　风险价值 VaR 的理论概述

1. 风险价值 VaR 的含义

VaR 是风险估计模型 Value at Risk 的简称，中文译作"风险价值"或"在险值"，意为处在风险中的价值，旨在估计给定金融产品或组合在未来资产价格的波动下可能或潜在的损失。菲利普·詹森（Philippe Jansen，1996）[147]给出的权威定义为：在正常的市场条件下，给定置信区间内，某种投资工具或资产组合在给定持有期内的最坏预期损失。

风险价值 VaR 模型是由摩根（J. P. Morgan）公司率先在 1993 年提出的。是一种能全面量化复杂投资组合风险的方法，它可以解决传统的风险量化方法所不能解决的问题。它试图回答这样的问题：在所考虑的时间期限内，一项给定的交易或头寸最大预期损失是多少[148]。也可以表达为：在未来 N 天中标的资产发生的损失值不超过 V 美元的把握为 X%。

具体数学表述为：设 N 为时间范围，X% 为置信水平，则 VaR 是与未来 N 天中标的资产价值变动概率分布的第（100 − X）个百分点相对应的损失值。如，当 N = 5，X = 97 时，VaR 是未来 5 天中标的资产价值变动概率分布的第三个百分点所对应的损失值，即"第五坏的情况"，如图 8 − 1 所示。

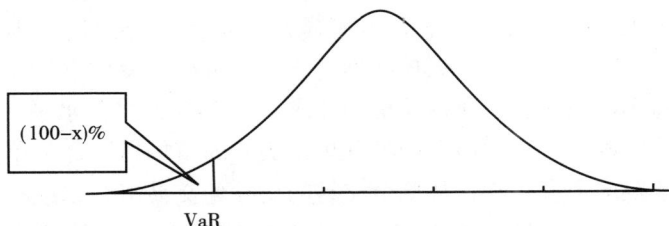

（100−x)%

VaR

图 8 − 1　风险价值 VaR 示意图

例如，持有期为 1 天，置信水平为 97.5% 的 VaR 是 10 万元，是指在未来的 24 小时内组合价值的最大损失超过 10 万元的概率应该小于 2.5%。

由定义可知，VaR 刻画的是 t 时刻资产在一单位时间内以置信概率 p 估计的损失额，它涉及两个重要参数：资产组合的持有期及置信水平。这两个参数对 VaR 的计算及应用都起着重要的作用[149]。

（1）资产组合的持有期。

从投资者的角度来说，资产组合的持有期应由资产组合自身的特点来决定。资产的流动性越强，相应的持有期越短；反之，流动性越差，持有期则越长。国外商业银行由于其资产的高流动性，一般选择持有期为一个交易日；而各种养老基金所选择的持有期则较长，一般为一个月。在应用正态假设时，持有期选择得越短越好，因为资产组合的收益率不一定服从正态分布，但在持有期非常短的情形下，收益率渐进服从正态分布，这时的持有期一般选为一天。另外，持有期越短，得到大量样本数据的可能性越大。巴塞尔委员会选择 10 个交易日作为资产组合的持有期，这反映了其对监控成本及实际监管效果的一种折衷。持有期太短则监控成本过高；持有期太长则不利于及早发现潜在的风险。本章主要对股票投资组合进行分析，持有期选为一个交易日。

（2）置信水平。

置信水平的选取反映了投资主体对风险的厌恶程度，置信水平越高，厌恶风险的程度越大。由前面所述 VaR 的定义我们可以看出，置信水平的选取对 VaR 值有很大影响。同样的资产组合，由于选取的置信水平不同计算出的 VaR 值也不同。由于国外已将 VaR 值作为衡量风险的一个指标对外公布，因此各金融机构有选取不同的置信水平以影响 VaR 值的内在动力。例如，国外各银行选取的置信水平就不尽相同，美洲银行和摩根（J. P. Morgan）银行选择 95%，花旗银行选择 95.4%，大通曼哈顿银行（Chemical and Chase）选择 97.5%，信孚银行（Bankers Trust）选择 99%。由 VaR 的定义可知，置信水平越高，资产组合的损失小于其 VaR 值的概率越大，也就是说，VaR 模型对于极端事件的发生进行预测时失败的可能性越小。因此，巴塞尔委员会要求采用 99% 的置信水平。

利用这一概念，金融市场中各种规模头寸的市场风险，从单个资产到多个资产甚至多个资产类，从单个交易的头寸到交易组合，或整个企业甚至整个行业，都能进行分析与度量。风险价值 VaR 方法是组合理论的自然发展，它从根本上改变了组合理论在风险度量上的不足。正因为如此，当摩根公司将其开发的 Risk Metrics 风险管理系统软件包发布在因特网上后，VaR 方法很快得到了广泛的应用，并成为风险管理的国际标准之一[150]。

2. VaR 模型的表达式

根据定义，VaR 可以表示为：

$$\text{prob}(\Delta P > \text{VaR}) = 1 - \alpha \qquad (8.1)$$

其中 ΔP 为金融资产或金融资产组合在持有期 Δt 内的损失，VaR 为置信水平 α 下处于风险中的价值。式中 VaR 及损失均取正数。

设金融资产或金融资产组合的初始价值为 P，持有期期末的期望收益为 R，R 的数学期望和标准差分别为 μ 和 σ，在给定置信水平 α 下，期末资产组合的最低价值为 $P^* = P(1 + R^*)$，其中 R^* 为相应的最低收益率（一般为负值），可以得到 VaR 为：

$$\text{VaR} = E(P) - P^* = -P(R^* - \mu) \qquad (8.2)$$

记资产或资产组合值 P 的密度函数为 $f(P)$，收益率分布的 α 分位点为 P^*，则有：

$$\alpha = \int_{P^*}^{+\infty} f(P)\,dP \ , \ \text{或} \ 1 - \alpha = \int_{-\infty}^{P^*} f(P)\,dP$$

即该资产或资产组合价值高于 P^* 的概率为 α。

3. 正态分布下的 VaR 模型

若假设资产或资产组合的价值 P 服从正态分布，记 Z_α 为标准正态分布相应分位数，$f(r)$ 为资产或资产组合收益率的密度函数，$\varphi(\varepsilon)$ 为标准正态分布密度函数，则：

$$1 - \alpha = \int_{-\infty}^{P^*} f(P)\,dP = \int_{-\infty}^{-|R^*|} f(r)\,dr = \int_{-\infty}^{Z_\alpha} \varphi(\varepsilon)\,d\varepsilon$$

又由：

$$P(R < R^*) = P\left(\frac{R - \mu}{\sigma} < \frac{R^* - \mu}{\sigma}\right) = 1 - \alpha$$

可知：

$$\frac{R^* - \mu}{\sigma} = Z_\alpha \Rightarrow R^* = \mu + Z_\alpha \sigma \qquad (8.3)$$

将 (8.2) 式代入 (8.3) 式可得：

$$VaR = E(P) - P^* = -P(R^* - \mu) = -P(\mu + Z_\alpha \sigma - \mu) = -PZ_\alpha \sigma$$

$$(8.4)$$

（8.4）式是正态分布假设下 VaR 的一般表达式，这种方法还可以推广到不同的累积概率函数，不同分布得到不同 Z_α，其中不确定性体现在 σ 上。

8.1.2　风险价值 VaR 的估计方法

1. VaR 几种估计方法的比较分析

尽管 VaR 概念简单，但对 VaR 的度量并非易事。从上文中我们知道求解 VaR 的核心在于求解组合收益率的分布密度，由于收益率的分布在整个考察期内并不是固定不变的，因而对收益率分布密度的预测具有极大的难度，为了准确地求解 VaR，西方学者提出了许多 VaR 模型，对 VaR 模型的研究呈现出百家争鸣的局面，主要可以分为以下三类：

（1）非参数模型，例如历史模拟法（Historical Simulation）；

（2）参数模型，例如风险矩阵（Risk Metrics）模型、蒙特卡洛模拟法；

（3）半参数模型（Semi-parameter），例如极值理论和分位数回归模型。

VaR 计算方法的归纳和比较如表 8-1 所示。

表 8-1　　　　　　　　　　VaR 计算方法的归纳和比较

步骤	历史模拟法	方差—协方差法	蒙特卡罗模拟法
1. 确认头寸	找到受市场风险影响的各种金融工具的全部头寸		
2. 确认风险因素	确认影响资产组合中金融工具的各种风险因素		
3. 获得持有期内风险因素的收益分布	计算过去年份里的历史上的频度分布	计算过去年份里风险因素的标准差和相关系数	假定特定的参数分布或从历史资料中按自助法随机产生

续表

步骤	历史模拟法	方差—协方差法	蒙特卡罗模拟法
4. 将风险因素的收益与金融工具头寸相联系	将头寸的市场价值表示为风险因素的函数	按照风险因素分解头寸	将头寸的市场价值表示为风险因素的函数
5. 计算资产组合的可变性	利用从步骤 3 和步骤 4 得到的结果模拟资产组合收益的频度分布	假定风险因素是呈正态分布，计算资产组合的标准差	利用从步骤 3 和步骤 4 得到的结果模拟资产组合收益的频度分布
6. 给定置信区间推导 VaR	排列资产组合顺序，选择刚好在 1% 或 5% 概率下刚 ≥1 的那一损失	用 2.33（1%）或 1.65（5%）乘以资产组合标准差	排列资产组合顺序，选择刚好在 1% 或 5% 概率下刚 ≥1 的那一损失

比较	历史模拟法	方差—协方差法	蒙特卡罗模拟法
头寸			
评价	全面的	全面的	全面的
非线性资产	是	是	是
分布			
历史的	现实的	正态的	全面的
时间变化的	否	是	是
隐含的	否	可能的	是
市场			
非正态分布	是	否	是
测量极端事件	可能	可能	可能
应用相关性	是	是	是
实施			
避免模型风险	是	可能	否

续表

比较	历史模拟法	方差—协方差法	蒙特卡罗模拟法
易于计算	比较容易	易	否
易传达性	易	易	困难

2. VaR 估计的准确性检验

VaR 估计的准确性检验是指对所得的计算结果检验其对实际损失的覆盖程度。这是一种事后检验法，就是把计算所得的结果对过去的数据进行建议[151]。例如，假定给出了 95% 置信度下的 VaR 值，则 VaR 模型的准确性是指实际损益结果超过 VaR 值的概率是否小于 5%。VaR 模型的准确性有多种表示形式，因此其检验方法也有很多种，主要包括失败检验法、区间预测法、分布预测法、超额损失大小检验法、方差检验法、概率检验法以及风险轨迹检验法等。

检验 VaR 模型准确性的最直接的方法是失败频率检验法，该方法是由库皮克（Kupiec, 1995）[152] 在 1995 年提出的。其原理是考察实际损失超过 VaR 的概率。把实际损失超过 VaR 估计值的记为失败，实际损失低于 VaR 估计值的记为成功。如果假定 VaR 值的估计具有时间独立性，则失败观察的二项式结果代表了一系列独立的贝努里实验。

假定计算 VaR 值的显著性度为 α，实际考察天数为 T，观察到的失败天数为 N，则失败频率为 $p = \dfrac{N}{T}$，这样对 VaR 值模型准确性的评估就转化为检验失败频率 p 是否显著不同于 p_0。

由二项式过程可得到 N 次失败在 T 个样本中发生的概率为 $(1 - p)^{T-N}p^N$。对原假设 $p = p_0$ 最合适的检验是似然比率检验：

$$LR = -2\ln\left[(1-p_0)^{T-N}p_0^N\right] + 2\ln\left[(1-N/T)^N\right] \tag{8.5}$$

在原假设的条件下，统计量 LR 服从自由度为 1 的 χ^2 分布，其非拒绝域满足条件 $\chi^2_{1-\alpha/2}(1) < LR < \chi^2_{\alpha/2}(1)$。例如当 T = 540，$p_0 = \alpha = 0.05$ 时，$\chi^2_{1-\alpha/2}(1) = 0.000982$，$\chi^2_{\alpha/2}(1) = 5.023903$ 代入上式，可以通过编程得到失败次数 N 的非拒绝域为 18 < N < 39；同理可得到当 $\alpha = 0.025$ 时非拒绝域为 6 < N < 23，当 $\alpha = 0.01$ 时非拒绝域为 1 < N < 13。库皮克给出了这种检验方法的置信区域，如表 8 – 2 所示。

表 8 - 2　　　　　　　　　　　　失败频率检验法的非拒绝域

概率水平 p_0	失败次数 N 的非拒绝域		
	T = 400 天	T = 800 天	T = 1000 天
0.01	0 < N < 9	2 < N < 15	4 < N < 17
0.025	4 < N < 19	13 < N < 34	15 < N < 36
0.05	14 < N < 34	34 < N < 62	37 < N < 65
0.075	25 < N < 49	56 < N < 87	59 < N < 92
0.10	36 < N < 63	79 < N < 117	81 < N < 120

检验的原则为，只要失败的个数 N 在区间（5，20）内，则不能拒绝原假设。但是如果 N ≥ 20，表明 VaR 模型低估了损失发生的频率；如果 N ≤ 5，表明 VaR 模型过于保守。

8.1.3　风险价值 VaR 计量的缺陷："厚尾现象"的存在

1. 风险损失分布的构建

风险管理者可以由历史数据制表得到相关损失的分布，但这一分布不可能是平滑的，尤其是在样本规模有限的情况下更是如此。因此，我们可由参数分布来确定损失频率的概率密度函数。

假设，损失频率为 n 时的几何分布为：

$$f(n) = p(1-p)^{n-1} \quad n = 1, 2, \cdots \quad (8.6)$$

且参数 p 必须满足 $0 < p \le 1$。若 p = 0.5，则 f(1) = 0.5，f(2) = 0.25，以此类推，概率以等比数列递减。预期损失频率 E(N) = 1/p，其方差 V(N) = $(1-p)p^2$。其他的频率分布包括正的或负的二项分布，而几何分布是一种特例。

其次，损失严重程度 x 的概率密度函数可从指数分布中得到：

$$g(x) = \lambda e^{-\lambda x} \quad x \ge 10 \quad (8.7)$$

其中参数 $\lambda > 0$ 为特征值。此处隐含着一个损失规模呈指数递减的损失概率。损失的预期值和标准差可由 E(X) = SD(X) = $1/\lambda$ 得到。其他重要的分布包括对数 - 正态分布、伟伯分布和伽马分布，而指数分布是一种特殊的分布。

我们可从 $S_n = \sum_{i=1}^{n} X_i$ 中求出期间内全部损失的分布。它是随机变量的随机数的总和。我们假设 n 独立于 X。

总和小于 s 的观察值的总体概率为：

$$P(S \leq s) = \sum_{n=1}^{\infty} P(S_n \leq s \mid n)f(n) \tag{8.8}$$

接着我们用独立且趋同分布的指数随机变量之和得出伽马分布：

$$P(S \leq s \mid n) = \int_0^s \frac{1}{(n-1)!}\lambda^n u^{n-1} e^{-\lambda u}du \tag{8.9}$$

整理后，我们可得到：

$$P(S \leq s) = 1 - e^{-(\lambda p)s} \tag{8.10}$$

用参数 λp 可得损失自身的指数分布：

$$h(s) = (\lambda p)e^{-(\lambda p)s} \tag{8.11}$$

在一定的置信水平下，我们可计算出预期损失与最大偏差。其中，预期损失为：

$$E(S) = (1/\lambda p) \tag{8.12}$$

它实际上是两个预期分布值的乘积，置信水平为 c 时的 VaR 可表示为

$$s^* - E(S) = (1/\lambda p)[(1/c) - 1] \tag{8.13}$$

2. 风险概率分布的厚尾（Fat Tail）现象和有偏性

我们通常假定风险的概率分布为正态分布，因为资产价格的波动是以其期望值为中心，主要集中于相近两侧，而远离期望值的情况发生可能性较小，大致呈钟形对称，尽管严格说来风险存在一定的"厚尾现象"，但正态分布假设在大多情况下反映了风险的基本特征。相比之下，风险是分布不是对称的，而是有偏的，收益分布曲线的一端向左下倾斜，并在左侧出现"厚尾现象"（见图 8-1），这是由小概率事件以及收益和损失的不对称造成的。银行在贷款合约期限有较大的可能性收回贷款，并获得事先约定的利润。然而，贷款一旦违约，会使银行面临相对大规模的损失，这种损失比贷款的利息收益要大得多。也就是说，贷款的收益是固定的和有上限的，它的损失则是变化的和没有下限的。另一方面，银行不能从企业的经营收益中获得对等的收益，贷款的预期收益不会随企业经营业绩的改善而增加，相反，随着企业经营业绩的恶化，贷款的预期损失增加，甚至本金一点也收不回。企业违约的小概率事件以及贷款收益和损失的不对称

性造成了风险分布的偏离，它明显不服从正态分布，而是向左倾斜，在左侧呈现厚尾特征，见图 8 - 1。这一特征使我们难以对风险进行正态分布的假设，为风险的分析与控制带来了较大困难。

8.2　商业银行风险控制方法：基于 TGARCH 模型与极值理论的 VaR 度量

自 20 世纪 70 年代以来，金融市场的波动日益加剧，一些金融危机事件频繁发生，如 2008 年的"雷曼事件"和全球金融危机，使得金融监管机构和广大投资者对金融资产价值的暴跌变得尤为敏感。金融资产收益率的尖峰厚尾现象也使传统的正态分布假定受到严重的质疑，因此如何有效地刻画风险的尾部特征，给出其渐进分布形式，及风险度量模型的准确估计方法和置信区间，依此制定投资策略，确定国家监管制度，成为风险度量和管理所面临的巨大挑战。

目前，对商业银行风险损失的估计方法主要包括历史模拟、参数方法和非参数方法。历史模拟法是一种简单的、非理论的方法，它可以通过计算过去一段时间内资产组合风险收益的概率分布，来重新构建资产价值的历史损益分配，但是由于重大极端事件比较罕见，无法获取足够的资料，所以该方法对极端事件的损失不能进行有效模拟。参数估计法是在假定总体分布类型已知情况下，用样本指标对总体参数进行推断或作假设检验的一种统计方法，但因为实际金融收益的分布与这些假定存在较大差异，所以该方法在刻画资产收益率的"尖峰厚尾"现象上存在局限性。而非参数估计法（主要包括极值理论）由于其对总体分布的假定条件要求很宽，只关注样本的极值分布情况，因而在处理极端问题时往往有较好的稳健性，所以被广泛应用于估计极端事件损失的尾部分布情况[153][154]。因此，本书使用极值理论的方法来对传统的风险度量方法——风险价值（VaR）进行估计，以期获得控制商业银行风险的理论依据。

本章在采用传统单纯极值理论（假设被分析数据是独立同分布的）描述风险尾部特征的基础上，把 ARMA - TGARCH 模型和极值理论有机地结合起来。首先利用 ARMA - TGARCH 模型捕获金融数据中的序列自相关（Correlation）和异方差（Heteroskedasticity）现象，利用 GMM 估计参数，获得近似独立同分布的残差序列，再采用传统的极值理论对经过 ARMA -

TGARCH 模型筛选处理过的残差进行极值分析，在一定程度上克服了传统单纯采用极值理论时，由于金融数据序列自相关和波动率聚类现象不能满足极值理论假设所造成的估计误差。最后本章采用 Bootstrap 的方法给出了采用极值理论估计出的 VaR 和 ES 在某一置信水平 α 下的置信区间，改进了采用似然比率法估计置信区间时，由于极值事件的小样本所造成的误差。下面我们将对相关理论知识进行概述。

8.2.1 ARMA – TGARCH 模型

自回归滑动平均模型（ARMA 模型）是一种随机时间序列模型，由自回归模型（AR 模型）与滑动平均模型（MA 模型）为基础 "混合" 构成。

1. 自回归滑动平均模型与非对称广义自回归条件异方差模型

ARMA(p，q) 模型的一般结构为：

$$y_t = \sum \phi_p y_{t-p} + \sum \xi_q y_{t-q} + \varepsilon_t \tag{8.14}$$

其中，y_t 为预测到的时间序列值，ε_t 是期望值为 0，方差 σ^2 为常数的误差随机变量。由于 ARMA 模型具有平稳性与可逆性，所以任何一个自回归滑动平均模型都可以用一个足够高阶的自回归模型逼近。

随着时间序列模型的不断发展，ARMA 模型因其具备自回归模型与滑动平均模型的双重优点，使得在金融时序中的预测应用越来越广泛。但因为 ARMA 模型估计理论都是基于平稳时间序列的，模型假定序列的均值和条件方差为常数，所以该模型无法有效地解释金融时间序列中的 "波动集群" 特征及异方差性，因此我们需要引入动态波动模型来间接估计序列的这种特性[155]。

令

$$\begin{cases} \varepsilon_t = z_t \sigma_t \\ \sigma_t = \sigma\ (\varepsilon_{t-1},\ \sigma_{t-1},\ \varepsilon_{t-2},\ \sigma_{t-2},\ \cdots) \end{cases}$$

其中，残差序列 z_t 服从期望值为 0，方差为 1 的独立同分布过程，σ_t^2 是 ε_t 在 t 时刻的条件方差，$\sigma_t^2 = \sigma(\varepsilon_{t-1},\ \sigma_{t-1},\ \varepsilon_{t-2},\ \sigma_{t-2},\ \cdots)$ 为方差方程。这种通过对残差的条件方差进行进一步的建模，来实现序列波动性拟合的过程通常由 GARCH 族模型来实现。

GARCH 族模型是专门针对金融数据所量体定做的回归模型，由于

GARCH 族模型是在自回归条件异方差模型（ARCH 模型）基础上，保持均值方程不变，但条件方差方程变为：$\sigma_t^2 = a_0 + \sum a_i \varepsilon_{t-i}^2 + \sum b_k \sigma_{t-k}^2$ 演变而来的[156]。由此可看出，条件方差 σ_t^2 对正冲击与对负冲击的反应是对称的。然而研究发现，金融资产的收益率常常表现出非对称性，因此本章需引入的动态波动模型选定为扎克伊安（Zakoian，1994）[157] 提出的非对称广义自回归条件异方差模型（TGARCH 模型）。

考虑常用的 TGARCH(1，1) 模型，其一般结构表示为：

$$\sigma_t^2 = a_0 + a_1 \varepsilon_{t-1}^2 + \gamma \mathrm{sgn}(\varepsilon_{t-1}) \varepsilon_{t-1}^2 + b_1 \sigma_{t-1}^2 \tag{8.15}$$

其中，$\mathrm{sgn}(\varepsilon_t) = \begin{cases} 0 & \varepsilon_t \geq 0 \\ 1 & \varepsilon_t < 0 \end{cases}$，$\varepsilon_t \geq 0$ 表示利好消息属于正面冲击，$\varepsilon_t < 0$ 表示利坏消息属于负面冲击。

对于 TGARCH 模型，利好消息与利坏消息对条件方差的影响是不一样的。当出现利好消息时，波动的平方项的系数是 a_1。当出现利坏消息时，波动的平方项的系数是 $a_1 + \gamma$。当 $\gamma = 0$ 时，条件方差对冲击的反应是对称的。当 $\gamma \neq 0$ 时，条件方差对冲击的反应是非对称的，并称这种现象为杠杆作用。

综上，我们就得到了 ARMA – TGARCH 模型：

$$\begin{cases} y_t = \sum \phi_p y_{t-p} + \sum \xi_q y_{t-q} + \varepsilon_t \\ \varepsilon_t = z_t \sigma_t \\ \sigma_t^2 = a_0 + a_1 \varepsilon_{t-1}^2 + \gamma \mathrm{sgn}(\varepsilon_{t-1}) \varepsilon_{t-1}^2 + b_1 \sigma_{t-1}^2 \\ \varepsilon_t^2 = a_0 + (a_1 + \gamma \mathrm{sgn}(\varepsilon_{t-1}) + b_1) \varepsilon_{t-1}^2 - b_1 (\varepsilon_{t-1}^2 - \sigma_{t-1}^2) + (\varepsilon_t^2 - \sigma_t^2) \end{cases} \tag{8.16}$$

2. ARMA – TGARCH 模型参数估计的广义矩法

我们知道在正态分布的假设条件下，GARCH 族模型的参数估计以极大似然估计（QMLE）最为常见。但是，由于金融资产的收益率普遍存在非对称性和"尖峰厚尾"现象，此时，使用极大似然估计法虽然理论上仍可保持参数向量 $\theta = (a_0，a_1，\gamma，b_1，\phi'，\xi')$ 的一致渐进性，但估计的效率较差且得到的残差序列 z_t 存在很大的误差。由于 z_t 是下一步利用极值理论进行尾部拟合的输入变量，因此使用极大似然估计方法估计模型参数时产生的误差和效率损失，可能会直接影响最后的预测结果。这就有必要采用比极大似然估计法更有效的参数估计方法。这里本章将借鉴汉森

（Hansen，1982）[158]引入的广义矩（GMM）方法，并将其应用到 ARMA – TGARCH 模型的参数估计。

广义矩估计方法是矩方法的一种，其基本原理为利用给定的条件矩来构造样本判别函数，通过将其最小化得到估计的未知参数[159]。因为不需要知道样本序列的确切分布信息，所以 GMM 估计法很实用。下面给出未知参数估计的求解过程：

设残差序列 z 的可能分布族为 $\{F(z, \theta), \theta \in \Theta\}$，其中属于参数空间 Θ 的 $\theta = (\theta_1, \theta_2, \cdots, \theta_k)$ 是待估计的未知参数。假定序列 z 分布的 k 阶矩存在，则序列 z 分布的 v 阶矩

$$\alpha_v(\theta_1, \theta_2, \cdots, \theta_k) = \int z^v dF(z, \theta) \mid 1 \leqslant v \leqslant k \qquad (8.17)$$

是 $\theta = (\theta_1, \theta_2, \cdots, \theta_k)$ 的函数。对于 z 中已观测向量 $X = (x_1, x_2, \cdots, x_n)$，其 v 阶矩是 $m_v = \frac{1}{n} \sum_{i=1}^{n} X_i^v$。

参数的广义矩法估计就是用样本矩即已观测向量 X 的 v 阶矩作为序列 z 的 v 阶矩的估计值，即令

$$\alpha_v(\theta_1, \theta_2, \cdots, \theta_k) = m_v = \frac{1}{n} \sum_{i=1}^{n} X_i^v \quad v = 1, 2, \cdots, k \quad (8.18)$$

式（8.17）确定了包含 k 个未知参数 $\theta = (\theta_1, \theta_2, \cdots, \theta_k)$ 的 k 个方程式。求解式（8.17）就可以得到 $\theta = (\theta_1, \theta_2, \cdots, \theta_k)$ 的一组解 $\hat{\theta} = (\hat{\theta}_1, \hat{\theta}_2, \cdots, \hat{\theta}_k)$。则 $\hat{\theta}$ 即为未知参数 θ 的广义矩估计。因为 m_v 是随机变量，故解得的 $\hat{\theta}$ 也是随机变量。

设 $w_t = (z_t, x_t^T)^T$ 为模型权向量，y_t 为工具变量。考虑 R 个矩条件 $E[f(w_t, y_t, \theta)] = 0$，这里 θ 是 $K \times 1$ 个向量，$f(g)$ 是 R 维向量函数且连续的。考虑相应的样本矩条件：

$$g_T(\theta) = \frac{1}{T} \sum_{t=1}^{T} f(w_t, y_t, \theta) = 0 \qquad (8.19)$$

它构成了 GMM 判别函数的基础。因为 $f(g)$ 是连续的，依据大数定理可得：

$$g_T(\theta) \to E(f(w_t, y_t, \theta))$$

则未知参数 θ 的广义矩估计就是找到 $\hat{\theta}$ 值使得 $g_T(\hat{\theta})$ 和 0 的总偏差最小。只要 $E[f(w_t, y_t, \theta)]$ 在 ∞ 上是连续的，那么在相当一般的正则条件下，此估计量是一致的。

若 R < K 即模型欠识别，则不存在唯一解使得 $g_T(\theta) = 0$，从而参数不

能识别。

若 R = K 即模型恰好识别，则存在唯一解 $\hat{\theta}$ 使得 $g_T^{\cdot}(\theta)=0$，从而参数正好识别。此时可采用 OLS 估计和 IV 估计，因此 OLS 估计和 IV 估计是 GMM 估计的特例。

若 R > K 即模型过度识别，这时方程组中方程的个数多于要估计参数的个数，为此我们需要对矩条件的权重进行修正，即采用最优 GMM 估计方法[160]。

考虑 GMM 的判别函数 $Q(\theta)=g(\theta, z_T)^T \hat{S}_T^{-1} g(\theta, z_T)$，采用平方形式 $Q_T(\theta)=g_T(\theta)^T W_T g_T(\theta)$，求解问题就转化为求判别函数最小化问题：

$$\hat{\theta}(W_T) = \arg\min\{g_T(\hat{\theta})^T W_T g_T(\hat{\theta})\} \tag{8.20}$$

对于 W_T 的选择，根据大数定理和中心极限定理：$g_T(\theta) \to E(f(g))$，$\sqrt{T} g g_T(\theta) \to N(0, S)$，方差较小的矩就赋予较小的权重，即 $\underset{T\to\infty}{p\lim} W_T^{opt} = W^{opt} = S^{-1}$。如不存在自相关，则：

$$\hat{S} = Var(\sqrt{T} g g_T(\theta)) = T g Var(g_T(\theta))$$

$$= T g Var\left(\frac{1}{T}\sum_{t=1}^{T} f(w_t, y_t, \theta)\right)$$

$$= \frac{1}{T} g \sum_{t=1}^{T} f(w_t, y_t, \theta) f(w_t, y_t, \theta)^T \tag{8.21}$$

从而得到最优权重矩阵为：$W_T^{opt} = \hat{S}^{-1} = \left[\dfrac{1}{T} g \sum_{t=1}^{T} f(w_t, y_t, \theta) f(w_t, y_t, \theta)^T\right]^{-1}$，将 W_T^{opt} 代入式（8.19）解得 $\hat{\theta}$ 值。这样我们就得到有效的参数估计值 $\hat{\theta}$ 和残差序列 $\{z_t\}$。

8.2.2　极值理论概述

极值理论主要探讨极端市场条件下风险损失的测量问题，它具有超越样本数据的估计能力，从而能有效处理数据的"厚尾"现象，是预测金融市场极端波动风险的有效工具。极值理论中有两种研究极端事件的模型：极大值模型（BMM）和超阈值模型（POT）[161]。由于极大值模型需要大量的数据，实际中往往不能满足这一条件，因此本章选择 POT 模型对残差序列的尾部进行建模。

首先，假设残差序列 $\{z_t\}$ 中对于超过某一阈值 u 的随机变量 Z，其条件分布函数 $F_u(y)$ 为 $F_u(y) = P\{Z-u \leq y \mid Z > u\}$，y > 0。从而可得

$$F_u(y) = \frac{F(u+y) - F(u)}{1 - F(u)} = \frac{F(z) - F(u)}{1 - F(u)} \qquad z \geqslant u \qquad (8.22)$$

$$\Rightarrow F(z) = F_u(y)(1 - F(u)) + F(u)$$

其中，$F(u)$ 是阈值 u 处的分位数。

由皮堪德（Pickands，1975）[162] 给定的定理，对于充分大的阈值 u，存在一个非负量 σ 使得超限分布函数 $F_u(y)$ 收敛于广义帕累托分布，即：

$$F_u(y) \approx G'_{\xi,\sigma}(y) \begin{cases} 1 - \left(1 + \dfrac{\xi}{\sigma}y\right)^{-1/\xi} & \xi \neq 0 \\ 1 - e^{-y/\sigma} & \xi = 0 \end{cases} \qquad u \to \infty \qquad (8.23)$$

这里 $\sigma > 0$ 是尺度参数，ξ 是形状参数。当 $\xi > 0$ 时，$F_u(y)$ 为帕累托分布且具有"厚尾"性；当 $\xi = 0$ 时，$F_u(y)$ 表现为指数分布且具有正常的尾部；当 $\xi < 0$ 时，$F_u(y)$ 为帕累托 II 分布且具有"薄尾"性。

继而根据公式（8.22）得到广义帕累托分布的概率密度函数 $g'_{\xi,\sigma}(y)$ 为：

$$g'_{\xi,\sigma}(y) \begin{cases} \dfrac{1}{\sigma}\left(1 + \dfrac{\xi}{\sigma}y\right)^{-\left(1 + \frac{1}{\xi}\right)} & \xi \neq 0 \\ \dfrac{1}{\sigma}e^{-y/\sigma} & \xi = 0 \end{cases}$$

因此对于残差序列 $\{z_t\}$，其对数似然函数 $L(\xi, \sigma \mid z)$ 为：

$$L(\xi, \sigma \mid y) \begin{cases} -n\ln\sigma - \left(1 + \dfrac{1}{\xi}\right)\sum\limits_{i=1}^{n} \ln\left(1 + \dfrac{\xi}{\sigma}y_i\right) & \xi \neq 0 \\ -n\ln\sigma - \dfrac{1}{\sigma}\sum\limits_{i=1}^{n} y_i & \xi = 0 \end{cases} \qquad (8.24)$$

其次，根据阿斯利（Asli，1998）[163] 提出的利用样本超额限望图来对阈值 u 进行估计。即令 $X_{(1)} > X_{(2)} > \cdots > X_{(n)}$，定义样本的超限期望函数为：

$$e(u) = \frac{\sum\limits_{i=k}^{n}(X_i - u)}{n - k - 1} \qquad k = \min\{i \mid X_i > u\} \qquad (8.25)$$

并选取超限期望图上充分大的 u 作为阈值。

最后，根据公式（8.23）进行极大似然估计得到 ξ 和 σ 的估计值。设 N_u 是序列中超过阈值 u 的个数，因为 N_u 服从二项分布 $Bin(n, \zeta_u)$，所以 ζ_u 的极大似然估计为 N_u/N。由式（8.22）我们可得 $F(z)$ 在 $x > u$ 时的表达式为：

$$F(z) = F_u(y)(1 - F(u)) + F(u)$$

$$= \begin{cases} \dfrac{N_u}{N}\left(1 - \left(1 + \dfrac{\xi}{\sigma}(z - u)\right)^{-1/\xi}\right) + \left(1 - \dfrac{N_u}{N}\right) \\[3mm] \dfrac{N_u}{N}(1 - e^{-(z-u)/\sigma}) + \left(1 - \dfrac{N_u}{N}\right) \end{cases}$$

$$= \begin{cases} 1 - \dfrac{N_u}{N}\left(1 + \dfrac{\xi}{\sigma}(z - u)\right)^{-1/\xi} & \xi \neq 0 \\[3mm] 1 - \dfrac{N_u}{N}e^{-(z-u)/\sigma} & \xi = 0 \end{cases} \tag{8.26}$$

因此，对于给定某个给定的置信水平 p，由残差序列 $\{z_t\}$ 的广义帕累托分布式求反函数可以得到 VaR_p 的估计为：

$$\mathrm{VaR}_p = \begin{cases} u + \dfrac{\sigma}{\xi}\left(\left(\dfrac{N}{N_u}p\right) - 1\right) & \xi \neq 0 \\[3mm] u - \sigma\ln\left(\dfrac{N}{N_u}p\right) & \xi = 0 \end{cases} \tag{8.27}$$

同时，由期望损失模型的定义可以得到 ES_p 的估计为：

$$\mathrm{ES}_p = \mathrm{VaR}_p + E(Z - \mathrm{VaR}_p \mid Z > \mathrm{VaR}_p)$$

$$= \mathrm{VaR}_p + \frac{\sigma + \xi(\mathrm{VaR}_p - u)}{1 - \xi} = \frac{\mathrm{VaR}_p}{1 - \xi} + \frac{\sigma - \xi u}{1 - \xi} \tag{8.28}$$

8.2.3　VaR 和 ES 置信区间的估计

通常，对于参数置信区间的估计方法，在大样本的情况下我们可以从似然比率检验的思路中获得。似然比率检验用来检验两个同类型模型的拟合程度的好坏。两个同类型模型的似然比率符合 χ^2 分布，它的自由度等于复杂模型中新加入的参数的个数。因本章选用的是 POT 模型，所以要估计参数 ξ 和 σ 在给定置信水平 p 下的置信区间可以通过下式得到：

$$L(\xi,\ \sigma) > L(\hat{\xi},\ \hat{\sigma}) - \frac{1}{2}\chi^2_{p,2}$$

其中，$\hat{\xi}$ 和 $\hat{\sigma}$ 为估计的最优值，$L(x,\ y)$ 表示似然函数。这样我们就得到了 ξ 和 σ 的联合置信区间，如果我们希望得到 VaR_p 的区间值，则可以根据公式（8.26）反解出 σ 代入公式（8.23）得到 $L(\xi,\ \mathrm{VaR}_p)$，令 $\bar{L}(\mathrm{VaR}_p) = \max_{\xi} L(\xi,\ \mathrm{VaR}_p)$，$\mathrm{VaR}_p$ 的置信区间可以通过下式得到：

$$\overline{L}(VaR_p) > L(\hat{\xi}, \hat{\sigma}) - \frac{1}{2}\chi^2_{p,1} \qquad (8.29)$$

但是，由于超过阈值的极值数据量不会很多，使得这一估计的渐进效果可能不佳。为此，我们引入 Bootstrap 方法来获得置信区间的估计[164]。既然我们得到的序列 $\{z_t\}$ 是独立同分布，就可以每次独立从中抽取 N 个点组成新的序列，用该序列估计 VaR_p 和 ES_p，重复这一操作，就可以得到一系列的 VaR_p 和 ES_p 估计值，求出 VaR_p 和 ES_p 的经验分布，最后根据经验分布得到 VaR_p 和 ES_p 的置信区间。我们在这里只给出了本章选用的POT 模型中 VaR_p 置信区间的求法，其他参数的置信区间可以类似的求得不再赘述。该方法在确定置信区间的同时，也是一种检验模型稳定性的方法。

8.3 实证分析：基于某银行 2004～2014 年数据的研究

我们采用某国有商业银行公布的日信贷资产值 P 为原始数据（数据来源：清华金融数据库（THFD），计量单位为亿元），样本空间选自 2004 年2 月 19 日至 2014 年 12 月 15 日。样本容量为 3953 个（使用 Eviews 和 Matlab 软件）。我们定义收益率为 $R_t = \ln P_t - \ln P_{t-1}$。我们的实证过程分为四步：（1）估计 ARMA – TGARCH 模型并对收益率序列进行过滤，得到近似独立同分布的残差序列 $\{z_t\}$；（2）选用极值理论的 POT 模型对所得到的残差序列进行建模分析，并估计相应的风险价值 VaR 和预期损失 ES 值；（3）整合第一步和第二步的结果，计算收益率 R_t 的 VaR 和 ES 值；（4）用似然比率和 Bootstrap 方法估计出 VaR 和 ES 的置信区间，并对两种方法的结果进行比较。

8.3.1 收益率序列 ARMA – TGARCH 模型的估计

首先，对收益率序列 R_t 的统计量进行描述，检验序列的平稳性及自相关性。

序列 R_t 的整体统计量如图 8 – 2 所示。可以看到序列具有明显的非正态分布特征，偏度系数 4.390510 为正偏，峰度值是 149.1935，远大于正态分布的峰度值 3，序列的尾部较厚，整体呈现"尖峰厚尾"现象。从 Jarque – Bera 正态性检验结果可知，Q 统计量为 884. 2743，对应的概率值为 0，从而显著地拒绝正态性假设。

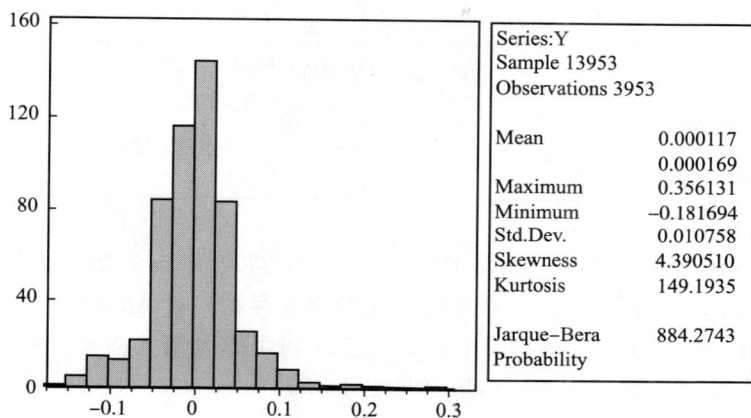

Series:Y
Sample 13953
Observations 3953

Mean	0.000117
	0.000169
Maximum	0.356131
Minimum	−0.181694
Std.Dev.	0.010758
Skewness	4.390510
Kurtosis	149.1935
Jarque–Bera	884.2743
Probability	

图 8 – 2 收益序列 R_t 的描述性统计

由表 8 – 3 可知，对收益序列 R_t 进行单位根 ADF 检验，由于检验的 t 统计量是 − 19. 4354，明显小于各显著性水平下的临界值，所以拒绝原假设，序列是平稳序列。再进一步分析数据的自相关和偏相关现象，发现滞后 10 期，在 99% 的置信水平下都不能拒绝没有自相关和偏相关的原假设，为此可以认为收益序列中不存在自相关现象。

表 8 – 3   收益率序列 R_t 的单位根检验

ADF 检验统计量	− 19. 4354	1% 临界值*	− 3. 1675
		5% 临界值	− 2. 7451
		10% 临界值	− 2. 5077

注：* 表示 MacKinnon 拒绝单位根假设的临界值。

其次，求取对数收益率序列 R_t 的残差序列 z_t。

直接用序列 R_t 对常数项作最小二乘回归得到残差项 z_t，并对残差序列 z_t 进行 ARCH 效应的 LM 检验（见表 8 – 4）。

表 8 - 4　　　　　　　　　　ARCH 效应的 LM 统计量检验

ARCH 检验：			
F 统计量	5. 974716	概率	0. 002364
样本数可决系数	11. 04404	概率	0. 002365
所包含的观测值：调整后为 3942			
可决系数	0. 7727		
DW 统计量	2. 0019		

由检验结果计算得 $LM = TR^2 = 3942 \times 0.7727 = 3045.98 > \chi^2_{0.05}$，$F = 5.974716 > F_{0.05}$ 两种检验结果都认为残差序列存在高阶 ARCH 效应，即有 GARCH 效应。因此，根据以上分析检验，利用最大似然估计，依据公式（8.15）进一步建模得相应结果（见表 8 - 5）。

表 8 - 5　　　　　ARMA - TGARCH 模型的最大似然估计结果

	Coefficient	Std. Error	z - Statistic	Prob.
AR（2）	- 0. 068847	0. 027628	- 2. 491885	0. 0127
MA（3）	0. 054145	0. 026407	2. 049895	0. 0012
Variance Equation				
C	0. 006310	0. 001626	3. 881650	0. 0000
ARCH（1）	0. 057142	0. 006379	7. 390206	0. 0000
（RESID < 0）* ARCH（1）	- 0. 007142	0. 007193	- 0. 992869	0. 0000
GARCH（1）	0. 950111	0. 005823	163. 1553	0. 0000
R - squared	0. 006784			
Durbin - Watson stat	1. 909240			

根据以上输出结果计算得

$$\begin{cases} y_t = -0.0688y_{t-2} + 0.0541y_{t-3} + z_t \\ \qquad (-2.5) \qquad\qquad R^2 = 0.007, \ DW = 1.91 \\ \sigma_t^2 = 0.0063 + 0.0571\varepsilon_{t-1}^2 - 0.0071\,\mathrm{sgn}(\varepsilon_{t-1})\varepsilon_{t-1}^2 + 0.9501\sigma_{t-1}^2 \\ \qquad (3.9) \qquad (7.4) \qquad (-1.40) \qquad\qquad (163.2) \end{cases}$$

$$(8.30)$$

从计算结果可以看到，正如我们所预见的那样 $\gamma = -0.0071 \neq 0$，条件方差对冲击的反应是非对称的，收益的负方向变动将会导致更大的波动率出现，从而说明商业银行信用风险与收益率之间具有杠杆效应。下面我们按照前面所介绍的方法进行 GMM 估计，其结果见表 8 – 6。

表 8 – 6　　　　　　　　最大似然估计和广义矩估计的比较

	$\hat{\alpha}_0$	$\hat{\alpha}_1$	$\hat{\gamma}$	$\hat{b}_1$	$\hat{\phi}$	$\hat{\xi}$
最大似然估计	0.006310	0.057142	-0.007142	0.950111	-0.068847	0.054145
广义矩估计	0.003717	0.051722	-0.022231	0.94097	-0.076988	0.043146

在广义矩估计与最大似然估计的结果比较中，我们可以清楚地看到，GMM 估计明显地增加了非对称项系数的绝对值，使收益率的正负向变动对波动率表现的不同影响更加明显。另外，在最大似然估计中 $\hat{\alpha}_1 + \hat{\gamma} + \hat{b}_1 = 1.000111 > 1$，这意味 z_t 不存在有限的方差，而在 GMM 估计中 $\hat{\alpha}_1 + \hat{\gamma} + \hat{b}_1 = 0.970461 > 1$，保证了 z_t 的方差有限性。广义矩估计在不知道 z_t 分布的情况下给出了参数的取值，并有效地降低了判别函数的取值。

把经过广义矩估计的模型参数值代入公式（8.16）得到残差序列 z_t（见图 8 – 3），从图像上可以看出对数收益率序列 R_t 和残差序列 z_t 变得更平稳，"波动率聚类"现象明显下降，更接近于独立同分布。

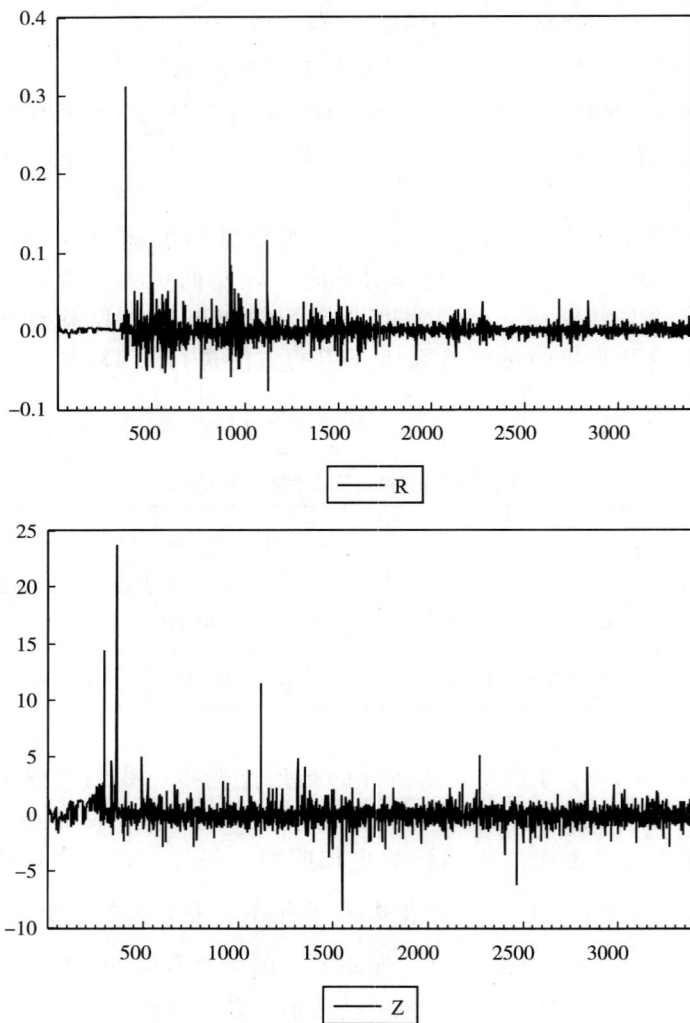

图 8 - 3   对数收益率序列 R_t 和残差序列 z_t

8.3.2   基于 POT 模型的仿真实验

依据极值理论中 POT 模型的要求，我们需要利用充分大的阈值 u，对超限分布进行 GPD 拟合，根据公式（8.20），得到超限期望图（见图 8 - 4）。发现样本的平均超限函数图在 u≥0.8 时近似直线，具有明显的 Pareto 分布特征。当 u = 0.8 时数据超过阈值 u 的个数 $N_u = 496$；当 u = 0.9 时 $N_u =$ 378；当 u = 1 时 $N_u = 192$，我们的总样本个数 N = 3390，在 u 允许的情况下一般选取 10% 左右的数据作为极值数据组是比较合适的选择，否则可能抓不住序列尾部分布的特征，样本内过度拟合，样本外不适用。

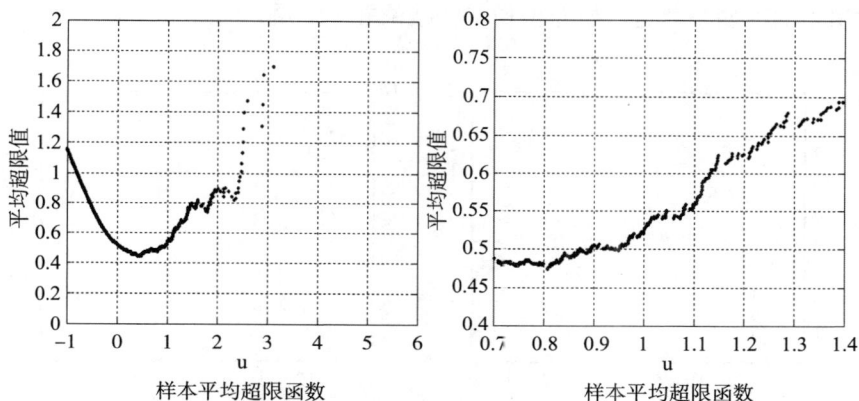

样本平均超限函数　　　　　　　　样本平均超限函数

图 8 - 4　残差序列 z_t 的超限期望图

为此，我们分别给出阈值取 0.8，0.9 的情况下，利用公式（8.23）和式（8.24）得到各参数、$VaR_{0.05}$、$ES_{0.05}$ 的取值及 95% 的置信区间（见表 8 - 7），以及在这些参数下的分布图（见图 8 - 5 和图 8 - 6）。从图形中我们可以看到极值分布有效拟合了我们的样本分布，只有个别地方出现异常现象。

表 8 - 7　　　　　　　　　　模型的参数估计值和 95% 置信区间

	\multicolumn{4}{c|}{u = 0.8　$N_u = 496$}	\multicolumn{4}{c}{u = 0.9　$N_u = 378$}
	$\hat{\xi}$	$\hat{\sigma}$	$VaR_{0.05}$	$ES_{0.05}$	$\hat{\xi}$	$\hat{\sigma}$	$VaR_{0.05}$	$ES_{0.05}$
下界	0.115	0.328	1.811	2.459	0.146	0.303	1.834	2.452
估计值	0.274	0.387	1.907	2.808	0.254	0.391	1.985	2.923
上界	0.304	0.430	2.153	3.399	0.369	0.414	2.043	3.501
区间长度	0.189	0.102	0.342	0.940	0.223	0.111	0.209	1.049

对于 $\hat{\xi}$ 的估计恩布里切特（Embrechets，1999）认为金融序列的 $\alpha = \frac{1}{\xi}$ 的取值范围在 3 到 4 之间，而我们这里计算出来的 α，几乎不落在 ［3，4］的区域内，这主要是因为我们对金融序列用 ARMA – TGARCH 模型进行了过滤，得到的序列 z_t 在一定程度上消除了的尖峰后尾现象，使得 $\hat{\xi}$ 估计出来的值偏小，这与恩布里切特的结论并不矛盾。

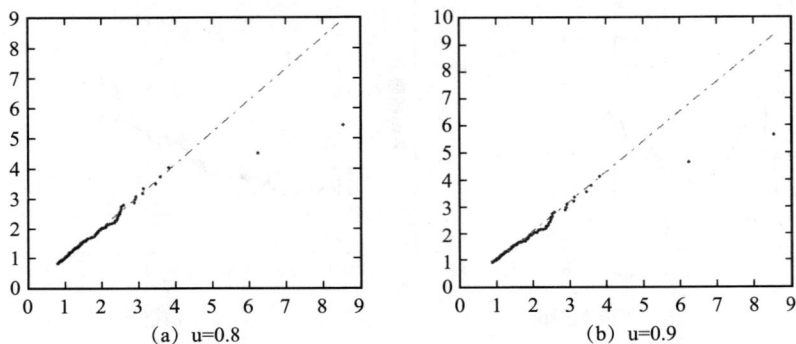

图 8 – 5　u = 0.8 和 u = 0.9 时的 Q – Q 图

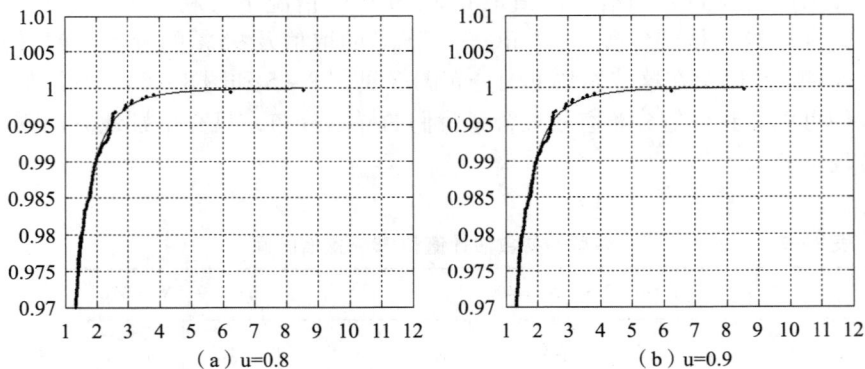

图 8 – 6　u = 0.8 和 u = 0.9 极值分布与经验分布的比较

另外在 Q – Q 图中，我们可以看到在 0.95 的分位数之前拟合效果非常好，在后面出现了个别的异常值，这不会影响我们对 $VaR_{0.05}$ 的估计，因为 $VaR_{0.05}$ 只关心 0.95 分位数之前的分布情况，而不受到 0.95 分位数之后分布情况的影响。但是 $ES_{0.05}$ 的估计由于受到 0.95 分位数之后分布情况的影响，所以这会对 $ES_{0.05}$ 的估计造成一定的误差，这也是为什么我们在表 8 - 7 中看到 $ES_{0.05}$ 的 95% 估计区间明显比 $VaR_{0.05}$ 的 95% 估计区间要宽的原因之一。

　　下面我们采用 Bootstrap 的方法来确定各参数的置信区间，首先在序列 z_t 中进行 3390 次重复抽取得到一个包含 3390 个数据的新样本，利用这些新样本估计 ξ、σ、$VaR_{0.05}$ 和 $ES_{0.05}$ 取值，重复上述 1000 次，则得到四个估计序列，其中每个序列中包含了 1000 关于某个参数的估计值，我们把它看作是一个样本，把这些样本与前面估计出来的参数区间相比较，如图 8 - 7 (a) 中方形区域是 ξ、σ 单参数确定的 95% 置信区间，椭圆形区域是 ξ、σ 的 95% 联合置信区间，图形中的散点表示每次估计出来的 ξ、σ 的值构成的点。从图形中我们可以看到大概有 5% 的点落在了 95% 的联合置信区间的外面，但是当我们考虑单参数置信区间时发现在区域以外的点超过了 5%，这表明单参数估计的置信区间存在一定的问题，类似的现象我们还可以在 ξ 和 $ES_{0.05}$ 的估计中（见图 8 - 7 (b)）看到，联合置信区间比较准确地捕获了数据的特性，单参数置信区间的表示方法就有较大的误差。

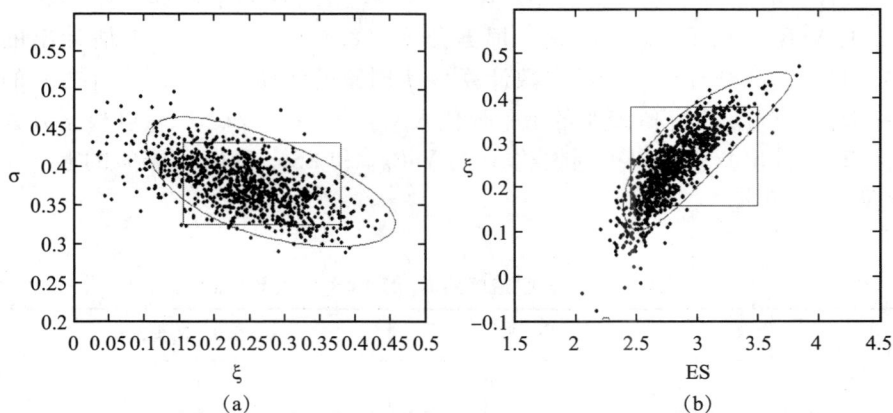

图 8 - 7　单参数和联合置信区间以及 Bootstrap 的估计点

　　另外，从四个参数估计序列我们可以得到四个参数的经验分布，通过线性插值的方法得到参数的估计值和置信区间（见表 8 - 8），用 Bootstrap 方法估计的置信区间明显比最大似然估计得到的置信区间要宽，这可能是因为我们的样本与广义帕累托分布并不是完全符合，且样本数量有限，但是两种方法估计出来的参数值比较接近，特别是对 $VaR_{0.05}$ 和 $ES_{0.05}$ 的估计的误差都在 10^{-3} 以上，没有明显的差别，只需要对使用似然比率计算出的置信区间做适当的调整。

表 8 - 8 参数的 Bootstrap 估计和置信区间

	u = 0.8 N_u = 496				u = 0.9 N_u = 378			
	$\hat{\xi}$	$\hat{\sigma}$	$VaR_{0.05}$	$ES_{0.05}$	$\hat{\xi}$	$\hat{\sigma}$	$VaR_{0.05}$	$ES_{0.05}$
下界	0.079	0.324	1.813	2.402	0.075	0.305	1.879	2.438
估计值	0.285	0.385	1.977	2.691	0.302	0.397	1.905	2.796
上界	0.366	0.423	2.043	3.457	0.371	0.428	2.039	3.280
区间长度	0.287	0.099	0.230	1.055	0.296	0.123	0.160	0.842

8.3.3 仿真结果与分析

有了前面的结果，我们还可以把两个模型结合起来计算收益率序列 R_t 的 $VaR_{0.05}$ 和 $ES_{0.05}$。首先，根据公式（8.14）和第一步中估计出的 ARMA - TGARCH 模型中的参数计算 $t+1$ 时刻的波动率 h_{t+1}，然后把 z_t 的 $VaR_{0.05}$、$ES_{0.05}$ 的值和 95% 的上下界代入 $y_{t+1} = c + h_{t+1} z_{t+1}$（$c$ 可根据方程（8.29）算出）就可以得到收益 R_t 的 $VaR_{0.05}$ 和 $ES_{0.05}$ 的值和 95% 的上下界（见表 8 - 9）。

表 8 - 9 残差序列 z_t 和收益序列 R_t 的 $VaR_{0.05}$ 和 $ES_{0.05}$

h_{t+1} = 0.01397	u = 0.8 N_u = 496				u = 0.9 N_u = 378			
	z_t		R_t		z_t		R_t	
	$VaR_{0.05}$	$ES_{0.05}$	$VaR_{0.05}$	$ES_{0.05}$	$VaR_{0.05}$	$ES_{0.05}$	$VaR_{0.05}$	$ES_{0.05}$
下界	1.813	2.402	0.023479	0.033042	1.879	2.438	0.024214	0.03304
估计值	1.977	2.691	0.026236	0.038093	1.905	2.796	0.025837	0.03709

续表

$h_{t+1} =$ 0.01397	u = 0.8　N_u = 496				u = 0.9　N_u = 378			
	z_t		R_t		z_t		R_t	
	$VaR_{0.05}$	$ES_{0.05}$	$VaR_{0.05}$	$ES_{0.05}$	$VaR_{0.05}$	$ES_{0.05}$	$VaR_{0.05}$	$ES_{0.05}$
上界	2.043	3.457	0.029089	0.044189	2.039	3.280	0.028378	0.04403
区间长度	0.230	1.055	0.005610	0.011147	0.160	0.842	0.004164	0.01099

未经 ARMA – TGARCH 模型调整估计出来的 z_t 的 $VaR_{0.05}$ 和 $ES_{0.05}$					
$VaR_{0.05}$			$ES_{0.05}$		
下界	估计值	上界	下界	估计值	上界
0.806	1.101	1.329	0.887	1.604	2.142

由表 8 - 9 可知，当阈值取 0.8（0.9）即 8000（9000）万元时，该银行在 95% 的置信度下的整体风险值为 1.977（1.905）亿元，VaR 的期望值 ES 为 2.691（2.796）亿元，即在样本时间段内，该银行最大损失金额超过 2.691（2.796）亿元的概率低于 5%。因此，在 95% 的置信度下，该银行用于抵御全部风险需要配置的风险资本约为 2.691（2.796）亿元，即该银行为了控制所有风险应配置的最少减值准备金额。

比较上面计算出来的 $VaR_{0.05}$ 和 $ES_{0.05}$ 值，我们发现 ARMA – TGARCH 模型调整估计出来的 $VaR_{0.05}$ 和 $ES_{0.05}$ 比未经调整估计出来的值明显偏大，这是因为在 2000 年前后我国金融机构受亚洲金融危机影响，将风险管理与控制正式提上议程，金融监管处于起步阶段，监督力度不够，市场波动幅度比较大，也使得未经调整的超限收益主要发生在 2001 年以前（见图 8 - 3），并没有考虑到在 2001 年以后国有商业银行改革迈出重大步伐，防范和处置金融风险力度加大，超限收益波动减小，从而应该对 $VaR_{0.01}$ 和 $ES_{0.01}$ 进行相应的调整。而数据调整过的极值预测，可以有效地考虑到这一因素所造成的影响，使得对未来的估计更多地考虑到所处的宏观环境风险，更准确估计银行机构现在的风险。

8.4 本 章 小 结

本章在传统单纯采用极值理论描述金融资产收益尾部特征的基础上，把 TGARCH 模型和极值理论有机地结合起来研究风险价值的估算方法。

首先，通过广义矩法估计 ARMA – TGARCH 模型并捕获金融时间序列中的自相关性及"波动聚类"现象，获得近似独立同分布的残差序列 $\{z_t\}$。

其次，再选用极值理论的 POT 模型对残差序列 $\{z_t\}$ 进行拟合分析，得到监控指标 VaR 和 ES 的估计值，克服了单纯进行极值分析时，由于序列的非独立同分布不能满足极值理论假设所造成的估计误差。

再次，本章还采用 Bootstrap 方法给出了 VaR 和 ES 在 95% 下的置信区间，改进了采用似然比率法估计置信区间时，由于极值事件的小样本所造成的误差。

最后，我们利用某商业银行自 2004 年 2 月 19 日至 2014 年 12 月 15 日的日信贷资产收益率进行仿真实验，得到控制银行风险的动态 VaR 值及置信区间，并通过与未经调整的预测值相比，证实该方法在实际应用中能够准确地估计银行机构面临的整体风险。

第 9 章

全面风险管理框架下商业银行
风险预警机制的构建

本章在前面五章关于商业银行四大类风险的度量分析基础上，结合银行整体风险的控制研究，将各类业务、各种客户承担的信用风险、市场风险、流动性风险、操作风险纳入全面风险管理范畴，构建面向全面风险管理的商业银行风险预警机制。

9.1 商业银行风险预警机制的需求分析

风险预警机制不仅仅是对银行系统内任何问题直接做出判断的监测机制，更是在度量模型、评价方法、实时数据及预警知识的基础上，对各类风险的未来发展趋势做出预测并辅助管理层进行决策的一种管理机制。因此，基于全面风险管理理念，本书认为构建一个具有较高辅助决策功能的商业银行风险预警机制应满足以下需求：

9.1.1 具有风险实时监测功能

既往系统具有的功能主要包括预警指标数据分析功能和风险实时监测功能。其中，预警指标数据分析是指对任意选定的预警指标和基准指标进行定量分析，判断选定指标相对于基准指标的先行性、一致性和滞后性。风险实时监测是商业银行风险研究方法中的核心部分，即通过对风险预警参数变化的实时监测，及时发布商业银行风险的预警信息，有效做到提供事前预控及预警决策的功能。

9.1.2 具有决策模拟功能

在现实经济运行环境中，由于决策制定者无法在同一时间段内比较不同管理决策实施效果的有效性。因此，建立风险度量模型，通过设定不同的内外生变量组合，模拟仿真各类风险变动对商业银行的影响也是风险预警机制构建的原则之一。其中，建立风险度量模型是决策模拟的基础。风险度量模型是各国中央银行和世界各大金融机构进行决策分析时使用的重要工具，它是风险监测方法的重要补充。

9.1.3 具有全面风险预控功能

为银行管理层提供整个银行系统各类风险及整体风险详实的定量化与定性化的分析结果是本章构建的预警机制的必备功能之一。既往的风险预警机制主要集中于银行面临的主要风险的预警管理，对于各类风险下的银行整体风险的控制研究就很少涉及。

9.2 基于全面风险管理的风险预警机制的整体架构

随着信息技术的发展，对风险预警机制的要求越来越高。由于预警机制本身的复杂性和需求不断变化的特点，以及商业银行风险管理的特性，所以需要一种更好的框架来满足商业银行风险预警机制可更改性和可集成性的要求。

9.2.1 预警机制的整体运行结构组成

在本研究设计的商业银行风险预警机制解决方案的整体架构中，我们参考国内某股份制商业银行金融风险管理系统的内部建设，将银行流动性风险管理、信用风险管理、操作风险管理及市场风险管理在银行整体风险控制管理范畴下统一建立在系统架构之上。为了有效地收集并整理全行风险数据、生成有用的结果并及时方便地表达这些结果，风险预警机制必须完善一系列构成部件之间的工作流程。该预警机制将这个过程划分为三个不同的功能区：监测层、分析层和显示层。从概念上来说，这些功能模块可以自下而上分为三个层面：数据采集与整合、风险模拟与分析、分析报告输出与反馈。具体的运行结构如图 9 - 1 所示。

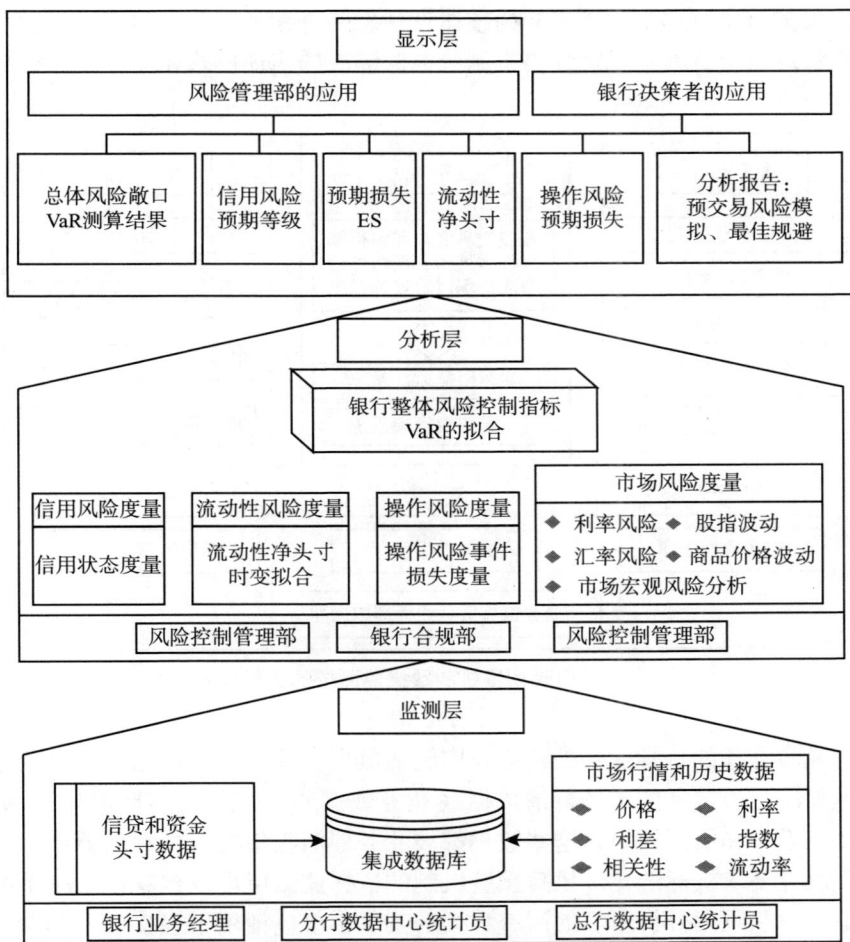

图 9 - 1　预警机制的运行结构

　　从运行结构图中可以看出，预警管理机制采用统一的后台管理系统进行风险实时监测，而后按照不同的风险管理业务需求进行风险度量（流行性风险度量、信用风险度量、操作风险度量和市场风险度量），最后做出相应的结果和报表展示，以辅助管理层进行决策。商业银行风险预警机制是由多个功能层组成的，对于这些功能层的实现我们将分别介绍。

9.2.2 预警机制数据监测层的构成

根据前文所述的预警机制的整体设计思路，参考国际先进商业银行的业务管理系统，本书风险预警机制数据监测层的实现模式如图 9-2 所示。

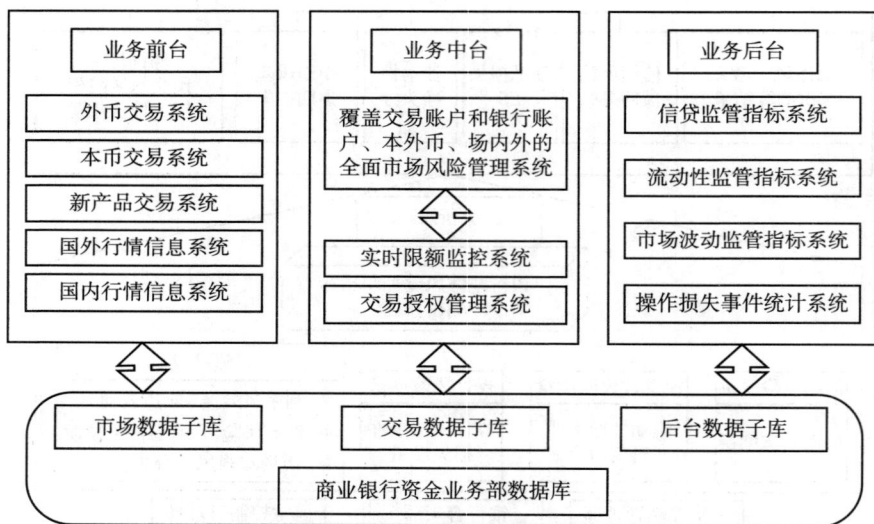

图 9-2　风险预警机制数据监测层的实现模式

风险管理的日常业务处理需要广泛的数据，其中包括特定的交易数据和更加广泛、广义的市场行情数据（业务数据的具体分类详见附录），如利率、汇率和信用评级，这些数据都被业务部门收集在集中存储器中，并按照测算要求被标准化。风险预警机制的数据监测层可以被看作是一个数据集市，它收集分析所需的所有数据，其中不仅包括用于直接做出判断的各项监管指标的源数据，也包括工具期限和条件、头寸/持仓、组合信息、风险因子数据、组合结构和用于生成报告的字段。因此，数据监测层是其他功能层的基础。

9.2.3　预警机制分析层的构成

商业银行风险预警机制的核心是一系列强大、灵活的风险分析方法和风险度量模型，这些方法和模型是实现风险模拟与分析功能的基础。风险预警机制的分析层通过对监测层所传递的数据集进行分析研究，不仅可以对各类银行风险的实时走势及未来发展趋势作出准确判断，也可以对银行所面临的整体风险进行测算。商业银行风险预警机制中的风险分析方法及度量模型如图 9 - 3 所示。

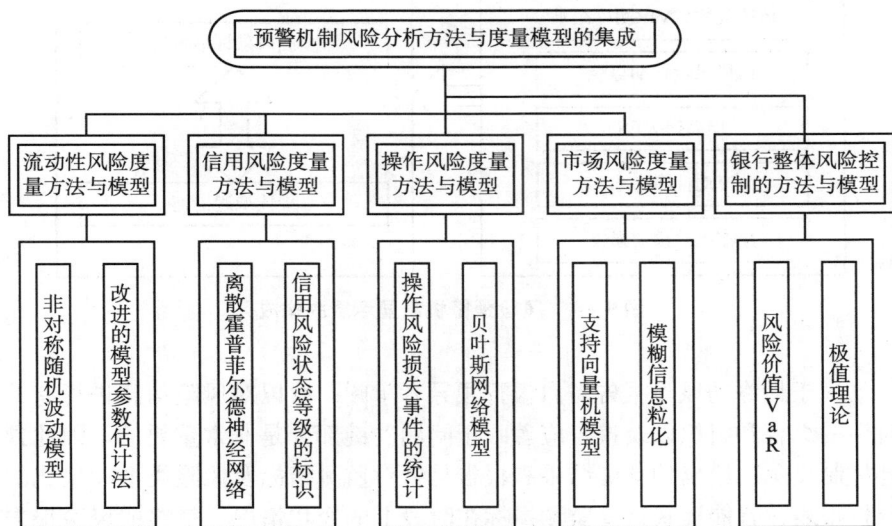

图 9 - 3　预警机制风险分析方法与度量模型集成组合

该风险分析方法及度量模型的集成组合具有可扩展性，能针对行领导、风险管理部领导、资金部领导、资金前中后台业务人员提供多层次的技术支持，并且由于所有的风险分析都基于透明、一致的信息源，所以银行风险管理部可以获得全行各层次风险的准确、完全集成的计量。

9.2.4　预警机制显示层的构成

商业银行风险预警机制的显示层包含一系列的预测结果和分析报告，

能够向银行风险管理部及银行领导者提供直观的风险信息。风险预警机制显示层的构成如图9-4所示。

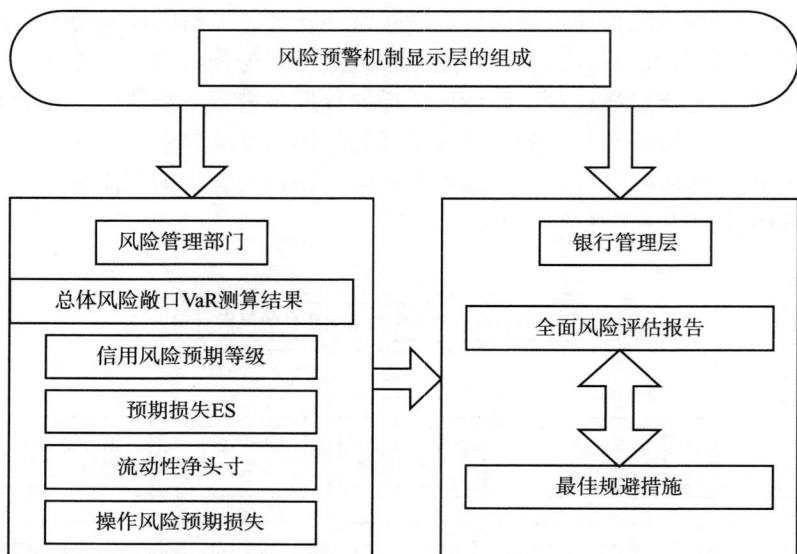

图9-4　风险预警机制显示层的构成

由于最终的风险报告需由银行领导者审阅，所以对风险信息进行有针对性的综合和组织以及报告应着眼于问题关键部分是非常重要的。因此预警机制显示层给出的预测结果和报告是针对监测指标及风险类型而生成的分析报表，且能反映这些监测指标在时段上的变化情况。最终的风险报告不仅能够满足银行管理者的日常信息需求，也便于管理层监控并管理全行的风险特征，能够通过报告里普通的风险指标而快速确认风险敞口的主要区域。

9.3　本章小结

本章在前几章的研究基础上，将各类业务、各种客户承担的信用风险、市场风险、流动性风险、操作风险纳入全面风险管理范畴，构建了面向全面风险管理的商业银行风险预警机制。

　　首先，对商业银行风险预警机制所具有的实时监测功能、决策模拟功能及全面风险预控功能进行了详细论述；

　　其次，根据商业银行风险预警机制的功能需求，提出了预警机制的框架结构组成。本章所构建的风险预警机制包括三个不同的功能区即监测层、分析层和显示层，用以完成数据采集与整合、风险模拟与分析、分析报告输出与反馈等工作。

第 *10* 章

结论与展望

10.1 研 究 结 论

金融的安全与稳定直接关系到整个国民经济能否健康运行。2008 年暴发的全球金融危机，首先从美国银行系统开始，最后波及整个欧美各国，给许多国家和地区的经济发展带来了巨大的损失。金融危机给人们留下了沉重的阴影，各国政府纷纷加强了对本国金融系统稳定性的重视程度，采取各种措施加强金融监管。而对金融系统中的主体——银行业来说，由于其行业的特殊性，决定了它在国民经济中的特殊地位。世界经济全球化和我国加入 WTO 后的金融业开放，给国内商业银行的经营带来了巨大的机遇和挑战，银行业竞争日趋激烈，银行风险逐渐积累并凸显。因此，控制和化解银行风险在维护金融安全与稳定中必将首当其冲，银行业的稳定对于经济发展和社会安定至关重要。

本书依据巴塞尔新资本协议所蕴含的银行管理原则，将全面风险管理理念引入商业银行风险预警机制的研究中，通过对银行机构的不同类别风险（信用风险、流动性风险、市场风险、操作风险）进行连贯一致、准确和及时的度量，最终建立了一个面向全面风险管理的商业银行风险预警机制。本书主要研究工作和研究成果如下：

第一，论述了基于巴塞尔新资本协议的全面风险管理理论。作为本书研究的理论基础，这一部分首先概述了巴塞尔新资本协议框架下的全面风险管理的概念，以及与传统管理模式相比，全面风险管理模式所具有的优势和特点，并在此基础上对全面风险管理体系的结构进行阐述；然后结合本书研究重点，对巴塞尔新资本协议下的现代风险管理新方法即风险调整资本收益率法、资产组合调整法、风险价值法进行了介绍；最后根据论文研究目标详细论述了商业银行风险预警机制建立的必要性和可行性，以及风险预警机制的组成部分。

第二，研究了基于 MCMC 有效估计与非对称随机波动（SV）模型的商业银行流动性风险度量问题。在流动性风险管理相关理论的基础上，针对目前我国商业银行流动性管理现状，考虑流动性头寸与银行资金收益率之间的特殊相关性，提出了一种基于 MCMC 有效估计的非对称随机波动（SV）模型来对商业银行的流动性风险进行度量。经过随机模拟以及两家银行（一家为国有商业银行，另一家为股份制商业银行）的仿真实验，得出以下结论：商业银行流动性头寸波动率与银行资金收益率之间存在显著的杠杆效应，且股份制商业银行杠杆效应强于国有商业银行杠杆效应；在对两家商业银行收益率非对称 SV 模型的 MCMC 估计中，参数 MCMC 迭代的自相关图和无效性因子表明本书给出的非对称 SV 模型估计方法是非常有效的，且 MCMC 估计的收敛性较快；通过非对称 SV 模型拟合后，获得的随机波动率能够很好地描述商业银行的流动性头寸波动情况，标准化后的收益率序列基本上服从为标准正态分布，从而证明本书提出的基于改进 MCMC 估计的非对称随机波动模型可以作为监管银行流动性风险的辅助决策工具。

第三，研究了基于离散 Hopfield 神经网络的商业银行信用风险度量问题。由于人工神经网络具有较强的"鲁棒性"、较高的预测精度及非结构化性等优势，本书利用 DHNN 的联想记忆功能，构建了基于离散 Hopfield 神经网络的信用风险度量模型。首先，本书借鉴常用的专家调查法及先前学者研究成果及经验，实现监管指标从定性到定量的转化。其次，构建基于 Hopfield 网络的信用风险度量模型，以期进行对信用风险的评价。最后，利用某商业银行的真实数据进行仿真实验。结果表明，基于 Hopfield 神经网络的信用风险度量模型能准确反映银行机构所处的信用风险状态。从而说明，本书所提出的信用风险度量模型不仅具备为商业银行管理者提供辅助决策的功能，也是金融监管部门及时掌握风险变动趋势的有效途径。

第四，研究了基于模糊信息粒化与支持向量机的商业银行市场风险度量问题。针对市场风险影响因子的复杂多变，利用模糊集方法对时间序列进行模糊粒化，进而提出了基于支持向量机的商业银行市场风险度量模型。首先根据前文有关市场风险理论的分析构建监管指标体系，其次，根据本书所提出的改进的 SVM 方法对监管因子进行仿真试验，最后给出影响商业银行的各市场风险因子的波动趋势。实验结果证明，本书提出的基于模糊信息粒化与支持向量机的股指波动预测度量模型不仅能给出未来股指的波动空间及波动趋势，而且预测精度也非常满意，该度量模型应用在商业银行市场风险的度量中是可行有效的，并且对商业银行管理者及时掌握市场风险因子波动趋势，快速做出正确的决策起到重要的辅助作用。

第五，研究了基于贝叶斯网络的商业银行操作风险度量问题。针对操作风险损失事件的统计样本量小、信息不完全等特点，根据贝叶斯网络方法，通过构建由关键风险指标和关键风险诱因组成的操作风险拓扑结构，分析了各类操作风险指标对操作风险的作用形式，在对各级指标节点赋值的基础上，运用贝叶斯网络测算了各类指标对操作风险的影响程度，从而建立操作风险的预警模型。计算结果表明，基于贝叶斯网络的商业银行操作风险预警模型能有效帮助监管部门在出现可能导致巨额操作风险损失事件前及时采取措施化解风险。

第六，研究了基于 TGARCH 模型与极值理论的商业银行全面风险控制问题。针对金融时间序列所存在的"尖峰厚尾"现象，在利用极值理论描述金融资产收益尾部特征的基础上，把 ARMA – TGARCH 模型和极值理论有机地结合起来，构建了基于 ARMA – TGARCH – POT 的商业银行全面风险控制模型，并利用该模型对用于风险控制的 VaR 值及 ES 值进行了估计。首先利用 ARMA – TGARCH 模型捕获金融数据中的序列自相关和异方差现象，利用 GMM 估计参数，获得近似独立同分布的残差序列，再采用传统的极值理论对经过 ARMA – TGARCH 模型筛选处理过的残差进行极值分析，在一定程度上克服了传统单纯采用极值理论时，由于金融数据序列自相关和波动率聚类现象不能满足极值理论假设所造成的估计误差。另外，还采用 Bootstrap 的方法给出了采用极值理论估计出的 VaR 和 ES 在某一置信水平 α 下的置信区间，改进了采用似然比率法估计置信区间时，由于极值事件的小样本所造成的误差。最后，利用某商业银行的真实数据进行实证研究给出银行风险的动态 VaR 和 ES 值及置信区间。

第七，构建了基于全面风险管理的商业银行风险预警机制。在前面几章的研究基础上，将各类业务、各种客户承担的信用风险、市场风险、流动性风险、操作风险纳入全面风险管理范畴，构建了面向全面风险管理的具有数据采集与整合、风险模拟与分析、结果输出与反馈等功能的商业银行风险预警机制，并以国内具有代表性的某商业银行（ZSB 银行）为范例，对本书所构建的风险预警机制进行实际运用。首先针对报告期内的主要监测数据进行统计，然后利用前文提出的风险度量模型对 ZSB 银行进行全面风险评估，最后以评估报告为基础制定了该行规避风险的最佳策略。实际范例的应用，表明本书所构建的商业银行风险预警机制是可行且有效的。

10.2 研究展望

（1）在 8.3.2 小节，由于所取数据的局限性，本书只对 95% 置信度下风险资本的取值进行了估计和测算。虽然 95% 的置信度也符合巴塞尔新资本协议的监管规定，但是在今后的研究中，测算 97.5%、99%、99.9% 置信度下风险资本的取值仍然具有更重要的实践意义和指导作用。

（2）在 9.3.2 小节，对汇率波动的敏感性分析是基于资产和负债具有静态的外汇风险结构。考虑到人民币汇率制度的性质，有关的分析基于以下假设：①各种汇率敏感度是指各币种对人民币汇率基准波动 100 个基点造成的汇兑损益；②各币种汇率变动是指各币种对人民币汇率同时同向波动；③计算外汇敞口时，包含了即期外汇敞口、远期外汇敞口和期权。基于上述假设，汇率变化导致 ZSB 银行汇兑净损益出现的实际变化可能与此敏感性分析的结果不同。因此，考虑动态的外汇风险结构将是下一步研究的重点。

附　　录

1. 流动性风险测算的 Matlab 源码

```
% SV 法建模
% 标准化的建模数据集
m_data = [0.26667   0.47647   0.35   0.30741   0.39565   0.9;
0.2   0.75882   0.35   0.27778   0.53479   0.46001;
0.2   0.52353   0.4   0.33704   0.32609   0.48001;
0.66667   0.52353   0.29999   0.21852   0.27391   0.50001;
0.26667   0.75882   0.6   0.33704   0.32609   0.44001;
0.16667   0.57059   0.29999   0.27778   0.3087   0.46001;
0.2   0.71176   0.4   0.36667   0.44783   0.48001;
0.23333   0.71176   0.5   0.30741   0.15218   0.34001;
0.16667   0.42941   0.5   0.24815   0.5   0.48001;
0.13333   0.57059   0.5   0.3963   0.41305   0.48001;
0.16667   0.75882   0.5   0.21852   0.3087   0.52001;
0.16667   0.71176   0.4   0.27778   0.48261   0.44001;
0.23333   0.75882   0.5   0.33704   0.3087   0.48001;
0.13333   0.75882   0.5   0.33704   0.23913   0.42001;
0.16667   0.75882   0.2   0.18889   0.13478   0.1;
0.13333   0.71176   0.35   0.27778   0.32609   0.14;
0.2   0.24119   0.35   0.24815   0.3087   0.88001;
0.70001   0.47647   0.25   0.33704   0.20435   0.38001;
0.4   0.52353   0.2   0.15927   0.23913   0.34001;
0.26667   0.47647   0.35   0.12963   0.16957   0.36;
0.16667   0.6647   0.35   0.27778   0.27391   0.40001;
0.3   0.61764   0.55   0.24815   0.25652   0.62001;
0.13333   0.75882   0.6   0.30741   0.20435   0.62001;
0.3   0.71176   0.55   0.18889   0.20435   0.70001;
```

0. 13333　0. 57059　0. 5　0. 30741　0. 29131　0. 72001；

0. 16667　0. 80588　0. 5　0. 21852　0. 23913　0. 60001；

0. 1　0. 61764　0. 6　0. 21852　0. 16957　0. 62001；

0. 23333　0. 61764　0. 5　0. 3963　0. 3087　0. 70001；

0. 2　0. 80588　0. 45　0. 18889　0. 1　0. 48001；

0. 23333　0. 6647　0. 45　0. 1　0. 11739　0. 54001；

0. 2　0. 52353　0. 29999　0. 30741　0. 16957　0. 50001；

0. 16667　0. 71176　0. 6　0. 24815　0. 23913　0. 70001；

0. 1　0. 85293　0. 6　0. 12963　0. 16957　0. 52001；

0. 3　0. 61764　0. 5　0. 21852　0. 13478　0. 64001；

0. 13333　0. 61764　0. 4　0. 27778　0. 23913　0. 62001；

0. 16667　0. 80588　0. 6　0. 3963　0. 23913　0. 36；

0. 23333　0. 75882　0. 75　0. 30741　0. 1　0. 66001；

0. 13333　0. 9　0. 6　0. 27778　0. 20435　0. 44001；

0. 16667　0. 61764　0. 29999　0. 27778　0. 32609　0. 60001；

0. 16667　0. 71176　0. 6　0. 27778　0. 27391　0. 52001；

0. 1　0. 85293　0. 45　0. 1　0. 23913　0. 54001；

0. 1　0. 71176　0. 69999　0. 27778　0. 43044　0. 76001；

0. 1　0. 38236　0. 6　0. 30741　0. 32609　0. 64001；

0. 1　0. 75882　0. 6　0. 33704　0. 25652　0. 46001；

0. 73333　0. 71176　0. 25　0. 45556　0. 5　0. 50001；

0. 56667　0. 61764　0. 35　0. 33704　0. 34348　0. 74；

0. 13333　0. 6647　0. 75　0. 75186　0. 69131　0. 56001；

0. 83334　0. 61764　0. 25　0. 60371　0. 44783　0. 38001；

0. 9　0. 33529　0. 2　0. 3963　0. 3087　0. 54001；

0. 4　0. 61764　0. 5　0. 3963　0. 44783　0. 48001；

0. 1　0. 57059　0. 4　0. 57408　0. 7261　0. 88001；

0. 16667　0. 61764　0. 35　0. 27778　0. 34348　0. 38001；

0. 1　0. 47647　0. 35　0. 75186　0. 83045　0. 62001；

0. 2　0. 47647　0. 35　0. 81111　0. 83045　0. 70001；

0. 1　0. 33529　0. 6　0. 9　0. 9　0. 50001；

0. 13333　0. 24119　0. 4　0. 81111　0. 86522　0. 58356；

0. 4　0. 80588　0. 6　0. 48519　0. 55218　0. 42001；

0.5 0.42941 0.45 0.57408 0.37826 0.56001；

0.16667 0.28824 0.25 0.75186 0.79567 0.54001；

0.23333 0.33529 0.4 0.84075 0.65653 0.68001；

0.13333 0.57059 0.6 0.57408 0.67392 0.46001；

0.5 0.57059 0.5 0.51482 0.55218 0.44001；

0.1 0.6647 0.69999 0.57408 0.65653 0.88001；

0.3 0.75882 0.75 0.21852 0.37826 0.70001；

0.23333 0.57059 0.6 0.3963 0.41305 0.48001；

0.59999 0.80588 0.45 0.24815 0.25652 0.42001；

0.70001 0.28824 0.65 0.63334 0.58696 0.60001；

0.4 0.61764 0.4 0.33704 0.34348 0.34001；

0.46666 0.1 0.5 0.63334 0.65653 0.54001；

0.23333 0.33529 0.25 0.84075 0.7261 0.50001；

0.2 0.47647 0.1 0.27778 0.3087 0.42001；

0.36667 0.52353 0.5 0.51482 0.83045 0.62001；

0.4 0.47647 0.45 0.33704 0.32609 0.50001；

0.33333 0.33529 0.4 0.63334 0.7261 0.46001；

0.23333 0.24119 0.55 0.63334 0.7261 0.53778；

0.13333 0.24119 0.45 0.33704 0.3087 0.76001；

0.33333 0.47647 0.45 0.42593 0.41305 0.70001；

0.5 0.1 0.35 0.3963 0.48261 0.70001；

0.46666 0.52353 0.4 0.63334 0.86522 0.52001；

0.26667 0.33529 0.25 0.69259 0.83045 0.68001；

0.26667 0.71176 0.6 0.42593 0.55218 0.34001；

0.4 0.42941 0.5 0.45556 0.43044 0.52001；

0.23333 0.47647 0.6 0.54445 0.62175 0.52001；

0.36667 0.47647 0.4 0.69259 0.69131 0.52001；

0.26667 0.61764 0.29999 0.63334 0.81306 0.44001；

0.1 0.33529 0.65 0.3963 0.23913 0.44001；

0.13333 0.57059 0.6 0.51482 0.55218 0.38001；

0.2 0.33529 0.55 0.45556 0.55218 0.52001；

0.33333 0.24119 0.29999 0.57408 0.83045 0.64001；

0.16667 0.42941 0.5 0.45556 0.76088 0.58001；

0. 13333　0. 71176　0. 65　0. 45556　0. 37826　0. 22001；
0. 1　0. 71176　0. 6　0. 63334　0. 69131　0. 28001；
0. 2　0. 52353　0. 9　0. 36667　0. 48261　0. 36446；
0. 16667　0. 71176　0. 8　0. 36667　0. 32609　0. 42001；
0. 13333　0. 42941　0. 55　0. 51482　0. 48261　0. 58001；
0. 4　0. 47647　0. 5　0. 30741　0. 37826　0. 48001；
0. 8　0. 52353　0. 4　0. 30741　0. 34348　0. 48001；
0. 1　0. 6647　0. 69999　0. 51482　0. 5　0. 38001；
0. 16667　0. 6647　0. 55　0. 45556　0. 32609　0. 34001；
0. 23333　0. 61764　0. 65　0. 51482　0. 41305　0. 2；
0. 3　0. 71176　0. 5　0. 33704　0. 5174　0. 70001；
0. 13333　0. 57059　0. 5　0. 33704　0. 44783　0. 60001；
0. 3　0. 80588　0. 69999　0. 54445　0. 5174　0. 50001；
0. 13333　0. 75882　0. 65　0. 3963　0. 37826　0. 28001；
0. 16667　0. 71176　0. 65　0. 57408　0. 5　0. 70001；
0. 16667　0. 75882　0. 6　0. 45556　0. 62175　0. 44001；
0. 26667　0. 61764　0. 65　0. 3963　0. 34348　0. 74；
0. 36667　0. 57059　0. 5　0. 30741　0. 39565　0. 62001；
0. 16667　0. 57059　0. 65　0. 3963　0. 29131　0. 62001；
0. 2　0. 52353　0. 5　0. 48519　0. 39565　0. 44001；
0. 4　0. 52353　0. 45　0. 33704　0. 34348　0. 56001；
0. 13333　0. 52353　0. 5　0. 33704　0. 29131　0. 52001；
0. 26667　0. 42941　0. 5　0. 75186　0. 65653　0. 76001；
0. 13333　0. 24119　0. 5　0. 54445　0. 58696　0. 64001；
0. 13333　0. 14707　0. 1　0. 51482　0. 5174　0. 58001；
0. 2　0. 24119　0. 29999　0. 60371　0. 62175　0. 74；
0. 26667　0. 42941　0. 25　0. 57408　0. 65653　0. 60001；
0. 56667　0. 19412　0. 4　0. 78148　0. 69131　0. 70001；
0. 4　0. 57059　0. 25　0. 60371　0. 58696　0. 50001；
0. 33333　0. 47647　0. 25　0. 48519　0. 65653　0. 72001；
0. 4　0. 38236　0. 29999　0. 42593　0. 23913　0. 58001；
0. 13333　0. 61764　0. 65　0. 57408　0. 55218　0. 70001；
0. 23333　0. 42941　0. 69999　0. 63334　0. 48261　0. 62001；

```
0. 2   0. 28824   0. 55   0. 81111   0. 76088   0. 58];
X = m_data( : ,1 :5) ;T = m_data( : ,6) ;
% 随机选取中心
C = X;
% 定义 delta 平方为样本各点的协方差之和
delta = cov( X') ;
delta = sum( delta) ;
% 隐含层输出 H
for i = 1 :1 :124
    for j = 1 :1 :124
        H( i,j) = (( X( i, :) − C( j, :))) * (( X( i, :) − C( j, :))') ;
        H( i,j) = exp( − H( i,j). /delta( j)) ;
    end
end
p = H;
% 建模
%
err_goal = 0. 001 ;
sc = 3 ;
net = newrb( p,T,err_goal,sc,1000,1) ;
Y = sim( net,p) ;
E = T − Y;
SSE = sse( E) ;
MSE = mse( E) ;
% 拟合图
figure;
plot( T) ;
hold on;
plot( Y,'r :') ;
title( 'SV 网络拟合曲线图') ;
legend( '化验值', '估计值') ;
ylabel;
xlabel( '输入样本点') ;
```

axis（［1,130,0,1］）；

％SV 预测模型
％标准化后的测试数据集 t_data
t_data =［0. 1　0. 68668　0. 67143　0. 79999　0. 79091　0. 40004；
0. 36667　0. 58001　0. 1　0. 7　0. 71818　0. 20001；
0. 26　0. 47334　0. 1　0. 29997　0. 2091　0. 80009；
0. 36667　0. 9　0. 9　0. 29997　0. 13637　0. 37504；
0. 26　0. 84668　0. 67143　0. 1　0. 42727　0. 37504；
0. 36667　0. 58001　0. 44286　0. 49999　0. 1　0. 55006；
0. 15333　0. 47334　0. 44286　0. 7　0. 42727　0. 60006；
0. 1　0. 84668　0. 67143　0. 29997　0. 5　0. 1；
0. 15333　0. 42　0. 21429　0. 49999　0. 5　0. 55006；
0. 20667　0. 79335　0. 21429　0. 59999　0. 5　0. 32503；
0. 1　0. 42　0. 21429　0. 9　0. 5　0. 45005；
0. 1　0. 84668　0. 32857　0. 59999　0. 5　0. 27502；
0. 20667　0. 47334　0. 32857　0. 29997　0. 13637　0. 50005；
0. 1　0. 68668　0. 67143　0. 49999　0. 24546　0. 20001；
0. 42　0. 58001　0. 21429　0. 9　0. 9　0. 42504；
0. 31334　0. 58001　0. 44286　0. 49999　0. 31818　0. 25002；
0. 15333　0. 42　0. 1　0. 19999　0. 35454　0. 55006；
0. 20667　0. 47334　0. 32857　0. 29997　0. 31818　0. 27502；
0. 15333　0. 68668　0. 44286　0. 29997　0. 31818　0. 40004；
0. 20667　0. 20667　0. 21429　0. 39999　0. 28183　0. 52506；
0. 26　0. 79335　0. 21429　0. 49999　0. 57273　0. 9；
0. 42　0. 36667　0. 1　0. 59999　0. 35454　0. 30003；
0. 47334　0. 36667　0. 1　0. 59999　0. 57273　0. 35003；
0. 1　0. 47334　0. 67143　0. 7　0. 42727　0. 49894；
0. 42　0. 58001　0. 67143　0. 49999　0. 24546　0. 47505；
0. 31334　0. 1　0. 32857　0. 9　0. 79091　0. 8501；
0. 1　0. 52667　0. 21429　0. 9　0. 5　0. 50005；
0. 52667　0. 55867　0. 21429　0. 1　0. 28183　0. 42504；
0. 9　0. 58001　0. 55715　0. 1　0. 17273　0. 32503；

0. 15333　0. 68668　0. 62572　0. 29997　0. 2091　0. 57506];

```
% 初始化数据
tt = t_data( :,6);x = t_data( :,1:5);tt = tt';
% 随机选取中心
c = x;
% 定义 delta 平方为样本各点的协方差之和
delta = cov( x');
delta = sum( delta);
% 隐含层输出 R
for i = 1 :1 :30
    for j = 1 :1 :30
        R(i,j) = ( ( x(i,:) - c(j,:) ) ) * ( ( x(i,:) - c(j,:) )');
        R(i,j) = exp( - R(i,j)./delta(j) );
    end
end
p = R;
% 建模
% r = radbas( p);
err_goal = 0. 001;
sc = 3;
net = newrb( p,tt,err_goal,sc,200,1);
% 测试
ty = sim( net,p);
tE = tt - ty;
tSSE = sse( tE);
tMSE = mse( tE);
% 预测(测试)曲线
figure;
  plot( tt,' - +');
  hold on;
  plot( ty,'r: * ');
  legend('化验值','预测值');
  title( 'SV 网络模型输出预测曲线');
```

```
    xlabel('输入样本点');
    ylabel;
axis([1,30,0,1]);
```

2. 信用风险测算的 Matlab 源码

```
clear all
clc
%% 导入数据
load class. mat
%% 目标向量
T = [class_1 class_2 class_3 class_4 class_5];
%% 创建网络
net = newhop(T);
%% 导入待分类样本
load sim. mat
A = {[sim_1 sim_2 sim_3 sim_4 sim_5]};
%% 网络仿真
Y = sim(net,{25 20},{},A);
%% 结果显示
Y1 = Y{20}(:,1:5)
Y2 = Y{20}(:,6:10)
Y3 = Y{20}(:,11:15)
Y4 = Y{20}(:,16:20)
Y5 = Y{20}(:,21:25)
%% 绘图
result = {T;A{1};Y{20}};
figure
for p = 1:3
    for k = 1:5
        subplot(3,5,(p-1)*5+k)
        temp = result{p}(:,(k-1)*5+1:k*5);
        [m,n] = size(temp);
        for i = 1:m
```

```
            for j = 1 : n
                if temp( i , j ) > 0
                    plot( j , m - i , 'ko' , 'MarkerFaceColor' , 'k') ;
                else
                    plot( j , m - i , 'ko') ;
                end
                hold on
            end
        end
        axis( [ 0 6 0 12 ] )
        axis off
        if p = = 1
            title( [ 'class' num2str( k ) ] )
        elseif p = = 2
            title( [ 'pre - sim' num2str( k ) ] )
        else
            title( [ 'sim' num2str( k ) ] )
        end
    end
end
%
noisy = [ 1  - 1  - 1  - 1  - 1; - 1  - 1  - 1 1  - 1;
        - 1 1  - 1  - 1  - 1; - 1 1  - 1  - 1  - 1;
        1  - 1  - 1  - 1  - 1; - 1  - 1 1  - 1  - 1;
        - 1  - 1  - 1 1  - 1; - 1  - 1  - 1  - 1  - 1 1;
        - 1 1  - 1  - 1  - 1; - 1  - 1  - 1 1  - 1;
        - 1  - 1 1 1  - 1  - 1 ];
y = sim( net , { 5 100 } , { } , { noisy } ) ;
a = y { 100 }
```

3. 市场风险测算的 Matlab 源码

```
clc
clear
```

```
close all
tic
% ──────────────────────────────────────────────
load cancer_input;
load cancer_output;

% num = 0;   % % 控制迭代次数
num_svm = 0;   % % 计算支持向量总数

% % ──────────────────────────────────────────
% % 将训练样本分成 2 的整数倍份。
% % 前一份作为训练样本,后一份作为训练样本,分别进行 PSO 优化
% % 找出支持向量

% for n = 1:13
    % while num < 12 & Percent < 0.9
        % num = num + 1;
max_iterations   = 20;
no_of_particles  = 20;
dimensions       = 2;

% delta_min       = -0.003;
% delta_max       = 0.003;

c1 = 1.3;
c2 = 1.3;
% ──────────────────────────────────────────────
% 产生总体测试样本
TestX = cancer_input(301:367,:)
for i = 1:67
    TestY(i) = cancer_output(300 + i) - 3;
end
```

```
% -------------------------------------------------------------
% initialise the particles and their velocity components

for count_x = 1:no_of_particles
    for count_y = 1:dimensions
        particle_position(count_x,count_y) = rand * 10;
        particle_velocity(count_x,count_y) = rand * 1000;
        p_best(count_x,count_y) = particle_position(count_x,count_y);
    end
end

% initialize the p_best_fitness array
for count = 1:no_of_particles
    p_best_fitness(count) = -1000;
end

for n = 1:6
% particle_position
% particle_velocity
count = 1;
Percent = 0;
% main particle swrm routine
while count < max_iterations & Percent < 0.99
% for count = 1:max_iterations

    % find the fitness of each particle
    % change fitness function as per equation required and dimensions
    for count_x = 1:no_of_particles
        x = particle_position(count_x,1);
        y = particle_position(count_x,2);
% -------------------------------------------------------------
% 产生训练样本与测试样本
% 特别注意:此工具箱用于分类时,只能处理 2 类分类,且目标值必须
```

为 1 或 −1。

```
% n1  = [rand(3,5),rand(3,5) +1];
% x1  = [1 * ones(1,5), −1 * ones(1,5)];
%% 产生接龙式样本
% if n  < = 15
  for i  = 1:50
      for j  = 1:9
          n1(j,i)  = cancer_input((n −1) * 50 +i,j);
      end
  end
  for i  = 1:50
      x1(i)  = cancer_output((n −1) * 50 +i) −3;
  end

% n2  = [rand(3,5),rand(3,5) +1];
% x2  = [1 * ones(1,5), −1 * ones(1,5)];
  for i  = 1:67
      for j  = 1:9
          % n2(j,i)  = cancer_input((n +1) * 20 +i,j);
          n2(j,i)  = cancer_input(300 +i,j);
      end
  end
  for i  = 1:67
      % x2(i)  = cancer_output((n +1) * 20 +i) −3;
      x2(i)  = cancer_output(300 +i) −3;
  end
% else
%      for i  = 1:10
%          for j  = 1:9
%              n1(j,i)  = cancer_input(n * 10 +i,j);
%          end
%      end
% end
```

```matlab
%  for i = 1:10
%        x1(i) = cancer_output(n * 10 + i) - 3;
%  end


%  n2 = [rand(3,5),rand(3,5) + 1];
%  x2 = [1 * ones(1,5), -1 * ones(1,5)];
%  for i = 1:10
%     for j = 1:9
%           %  n2(j,i) = cancer_input(i,j);
%           n2(j,i) = cancer_input(300 + i,j);
%       %  end
%   end
%  for i = 1:10
%        %  x2(i) = cancer_output(i) - 3;
%        x2(i) = cancer_output(300 + i) - 3;
%    end
%  end


    xn_train = n1;             %  训练样本,每一列为一个样本
    dn_train = x1;             %  训练目标,行向量

    xn_test = n2;              %  测试样本,每一列为一个样本
    dn_test = x2;              %  测试目标,行向量


%  ----------------------------------------------------------
%  参数设置

    trnX = xn_train';
    trnY = dn_train';
    tstX = xn_test';
    tstY = dn_test';

    ker = 'rbf';              %  核函数 k = exp( - (u - v) * (u - v)'/
```

```
(2 * p1^2))
                global p1 ;
                p1 = x;                    % p1 is width of rbfs (sigma)
                C = y;                     % 折衷系数
```

% ——
% 训练与测试

```
        [nsv, alpha, bias] = svc(trnX, trnY, ker, C);        % 训练

        actfunc = 0;                                        % 1 为
实际输出,0 为取 sign 输出
        predictedY = svcoutput(trnX, trnY, tstX, ker, alpha, bias, act-
func);   % 测试
```

% ——
% 结果统计

```
        Result = ~abs(predictedY − tstY)                    % 正确分
类显示为 1
        Percent = sum(Result)/length(Result)     % 正确分类率
        soln = 1 − Percent

        % x = particle_position(count_x, 1);
        % y = particle_position(count_x, 2);
        % z = particle_position(count_x, 3);
        % soln = x^2 − 3 * y * x + z;

        % x = particle_position(count_x);
        % soln = x^2 − 2 * x + 1;

        % x = particle_position(count_x);
    % soln = x − 7;
```

```
        if soln ~ = 0
            current_fitness(count_x) = 1/abs(soln) + 0.0001;
    else
            current_fitness(count_x) = 1000;
        end
    end


% decide on p_best etc for each particle
for count_x = 1:no_of_particles
    if current_fitness(count_x) > p_best_fitness(count_x)
        p_best_fitness(count_x) = current_fitness(count_x);
        for count_y = 1:dimensions
                p_best(count_x,count_y) = particle_position(count_x,
count_y);
            end
        end
    end


% decide on the global best among all the particles
[g_best_val,g_best_index] = max(current_fitness);


% g_best contains the position of the global best
for count_y = 1:dimensions
    g_best(count_y) = particle_position(g_best_index,count_y);
end


% update the position and velocity components
for count_x = 1:no_of_particles
    for count_y = 1:dimensions
            p_current(count_y) = particle_position(count_x,count_y);
        end


    for count_y = 1:dimensions
```

```
                particle_velocity(count_y) = particle_velocity(count_y) +
c1 * rand * (p_best(count_y) - p_current(count_y)) + c2 * rand * (g_best
(count_y) - p_current(count_y));
                particle_position(count_x,count_y) = p_current(count_y) +
particle_velocity(count_y);
            end
        end
        count = count + 1;
    end
    %% ------------------------------------------------------------
    %% 计算支持向量
        p1 = g_best(1);                % p1 is width of rbfs(sigma)
        C =  g_best(2);                % 折衷系数
        [nsv,alpha,bias] = svc(trnX,trnY,ker,C);        % 训练
        actfunc = 0;                                    % 1 为
实际输出,0 为取 sign 输出
        PredictedY(:,n) = svcoutput(trnX,trnY,TestX,ker,alpha,bi-
as,actfunc);  % 测试
        Result = ~abs(PredictedY(:,n) - tstY)                % 正
确分类显示为 1
        PercentY(n) = sum(Result)/length(Result)    % 正确分类率
        % ------------------------------------------------------------
        actfunc = 1;
        PredictedY2(:,n) = svcoutput(trnX,trnY,TestX,ker,alpha,
bias,actfunc)
        % ------------------------------------------------------------
        for i = 1:20
        %    afa(n,i) = alpha(i);
          %  b0(n) = bias;
            if alpha(i) < 0.0001
                num_svm = num_svm + 1;
        %    afa(n,i) = 0;
                for j = 1:9
```

```
                                    sv_in(j,num_svm) = cancer_input((n-1)*
20+i,j);
                end
                sv_out(num_svm) = cancer_output((n-1)*20+i)-3;
            end
        end
        for i = 1:2
            best(n,i) = g_best(i);
        end
    end
    % ————————————————————————
    %加权输出

    p_max = max(PercentY);
    p_min = min(PercentY);
    for i = 1:67
        predicted_Y(i) = 0;
    end
    for i = 1:15
        P(i) = (PercentY(i)-p_min+0.0001)/(p_max-p_min+0.0001);
        PredictedY3(:,i) = PredictedY2(:,i)*P(i);
    end
    for n = 1:15
        for i = 1:67
            predicted_Y(i) = predicted_Y(i)+PredictedY3(i,n);
        end
    end
    predicted_Y2 = sign(predicted_Y);

    Result = ~abs(predicted_Y2-TestY)                % 正确分类显
示为1
    Percent = sum(Result)/length(Result)    % 正确分类率
    t = toc;
```

参 考 文 献

[1] Bernstein, Peter L., 2001: The power of gold: the history of an obsession, Geographical Review, Vol. 92, No. 1.

[2] Nadler Paul, 1995: Wriston: Walter Wriston, Citibank, and the Rise and Fall of American Financial Supremacy, Crown Publishers.

[3] 赵巍:《金融危机环境下我国商业银行的全面风险管理研究》,北京邮电大学硕士学位论文,2010年。

[4] 武皓军:《我国商业银行全面风险管理体系的建设与优化》,西南财经大学硕士学位论文,2009年。

[5] 刘明康:《金融危机对中国银行业影响有限》,载《中国经济周刊》2009年第8期。

[6] 汪办兴:《我国银行业全面风险管理改进研究》,复旦大学博士学位论文,2007年。

[7] 陈岱松、蔡利初:《银行风险管理前沿理论及对我国银行业监管的影响》,载《南方金融》2009年第2期。

[8] James Lam, 2001: Defining and Managing Operational Risk at Community Banks, Operational Risk Management.

[9] James Lam, 2004: Enterprise Risk Management From Incentives To Controls, Wiley.

[10] Robert J. Barro and Xavier Sala-i-Martin, 2004: Economic Growth, 2nd Edition, The MIT Press, Cambridge.

[11] 刘堃、巴曙松、任亮:《中国信用风险预警模型及实证研究——基于企业关联关系和信贷行为的视角》,载《财经研究》2009年第7期。

[12] 陈德胜、文根第、刘伟、庄健:《商业银行全面风险管理》,清华大学出版社2009年版。

[13] 陈忠阳:《违约损失率研究》,载《国际金融研究》2004年第5期。

［14］唐国储：《对国有商业银行信贷体制改革与信贷机制建设的思考》，载《金融论坛》2002 年第 2 期。

［15］毛应梁、张吉光：《我国商业银行全面风险管理组织框架问题分析》，载《新金融》2007 年第 7 期。

［16］孙劼：《国内银行业呼唤全面风险管理》，载《上海交通大学学报》2007 年第 1 期。

［17］苏邃墨：《企业风险管理（ERM）框架在我国商业银行内部控制中的应用》，载《北京师范大学学报（自然科学版)》2008 年第 4 期。

［18］高志强、张梦琳：《全面风险管理体系中的风险整合问题》，载《系统工程理论与实践》2009 年第 12 期。

［19］刘堃：《我国商业银行信用风险预警与缓释研究——基于全面风险管理视角》，中国科学科技大学博士学位论文，2010 年。

［20］董唯俭：《建立现代化商业银行我国银行实施全面风险管理》，载《中国金融》2000 年第 12 期。

［21］陈四清：《商业银行风险管理通论》，中国金融出版社 2006 年版。

［22］赵志宏、袁平、金鹏：《银行全面风险管理体系》，中国金融出版社 2005 年版。

［23］杜平：《浅析我国商业银行风险管理文化的构建》，载《金融发展研究》2009 年第 12 期。

［24］李广海：《基于巴塞尔新资本协议的全面风险管理研究》，载《山东财政学院学报》2010 年第 2 期。

［25］岳毅：《实现全面风险管理与银行战略的融合——基于巴塞尔新资本协议视角》，载《中国金融》2011 年第 4 期。

［26］徐慧玲、许传华：《金融风险预警模型述评》，载《经济学动态》2010 年第 11 期。

［27］Frankel J. A. and A. K. Rose, 1996：Currency Crashes in Emerging Markets：An Empirical Treatment, Journal of International Econometrics, Vol. 41, No. 3.

［28］Jeffrey D. Sachs, Aaron Tornell, Andrés Velasco, et al. 1996：Financial Crises in Emerging Markets：the Lessons from 1995, Brookings Papers on Economic Activity, Vol. 1.

［29］Kaminsky Graciela, Saul Lizondo and Carmen M. Reinhart, 1998：

Leading indicators of currency crises, IMF Staff Papers, Vol. 45, No. 1.

［30］Kaminsky, G. L., Reinhart C. M., 1999: The Twin Crises: The Causes of Banking and Balance of Payments Problems, American Economic Review, Vol. 89, No. 3.

［31］Berg A and Pattill, B. C., 1999: Are Currency Crises Predictable? A Test, IMF Staff Papers, Vol. 46, No. 2.

［32］Andrew Berg, Catherine Pattillo, 1999: What Caused the Asian Crises: An Early Warning System Approach, Economic Notes, Vol. 28, No. 3.

［33］Fratzscher M., M. Bussiere, 2006: Towards a New Early Warning System of Financial Crises, Journal of International Money and Finance, Vol. 25, No. 6.

［34］赵雪飞:《国内商业银行风险管理能力关键影响因素及其作用机理实证研究》, 吉林大学博士学位论文, 2010 年。

［35］Hali J. Edison, 2003: Do Indicators of Financial Crises Work? An Evaluation of an early warning system, International Journal of Finance and Economics, Vol. 8, No. 1.

［36］Jeffrey Sachs, Xiaokai Yang, Woo, Wing Thye, 2000: Economic Reforms and Constitutional Transition, CID Working Paper, No. 43.

［37］吴军:《当代金融预警方法述评》, 载《世界经济文汇》2006 年第 6 期。

［38］刘遵义、汪同三:《东亚经济增长的源泉与展望》, 载《数量经济技术经济研究》1997 年第 10 期。

［39］Kumar M., Moorthy U., Perraudin W, 2002: Predicting emerging market currency crashes, Journal of Empirical Finance.

［40］Ashok K. Nag, Amit Mitra, 1999: Neural Networks and Early Warning Indicators of Currency Crisis, Reserve Bank of India Occasional Papers, Vol. 20, No. 2.

［41］Abdul G. Abiad, 2003: Early – Warning Systems: A Survey and a Regime – Switching Approach, IMF Working Papers.

［42］Quandt R. E., 1958: The estimation of parameters of a linear regression system obeying two separate regimes, Journal of the American Statistical Association, Vol. 53, No. 284.

［43］Stephen M. Goldfeld, David Fand and William C Brainard, 1976: The Case of the Missing Money, Brookings Papers on Economic Activity, Vol. 3.

［44］Quandt R. E. , 1967: A probabilistic abstract mode model In Studies in Travel Demand VIII, NJ: Mathematica Inc, 1967.

［45］James D. Hamilton, 1990: Analysis of time series subject to changes in regime, Journal of Econometrics, Vol. 45, No. 1.

［46］Jeanne Olivier, Paul Masson, 2000, Currency Crises, Sunspots and Markov Switching Regimes, Journal of International Economics, Vol. 50, No. 2.

［47］Fratzscher M. , 1999: What Causes Currency Crises: Sunspots, Contagion or Fundamentals, EUI Working Paper: European University Institute Department of Economics, No. 99.

［48］Cerra V. , Sweta Chaman Saxena, 2002: Contagion, Monsoons, and Domestic Turmoil in Indonesia's Currency Crisis, Review of International Economics, Vol. 10.

［49］Maria Soledad Martinez Peria, 2002: A regime-switching approach to the study of speculative attacks: A focus on EMS crises, Empirical Economics, Vol. 27, No. 2.

［50］张伟:《体制转换模型能预测货币危机吗?》, 载《经济研究》2004 年第 7 期。

［51］Jeanne Olivier, Paul Masson, 2000: Currency Crises, Sunspots and Markov-switching Regimes, Journal of International Economics, Vol. 50.

［52］Fratzscher, M. , 1999: What Causes Currency Crises: Sunspots, Contagion or Fundamentals, European University Institute Department of Economics, Vol. 7.

［53］Martinez Peria, Maria Soledad, 2002: A Regime Switching Approach to The Study of Speculative Attacks: A Focus on EMS Crises, Empirical Economics, Vol. 27, No. 2.

［54］刁忠亮:《金融危机预警理论与实证研究》, 天津财经大学硕士学位论文, 2009 年。

［55］Arias G and U G Erlandsson, 2004: Regime Switching as an Alternative Early Warning System of Currency Crises-an Application to South – East Asia：Department of Economics Working Paper.

［56］穆春舟：《中国金融风险评估与风险预警研究》，吉林大学硕士学位论文，2008 年。

［57］Ruey S. Tsay，Michael Yuanjie Zhang，Jeffrey R. Russell，2001：A nonlinear autoregressive conditional duration model with applications to financial transaction data，Journal of Econometrics，Vol. 104，No. 1.

［58］Burkart O. and Coudert V. ，2002：Leading indicators of currency crises for emerging countries，Emerging Markets Review，Vol. 3，No. 2.

［59］MMI Blejer，M. L. Schumacher，1998：Central Bank Vulnerability and the Credibility of Commitments：A Value-at – Risk Approach to Currency Crises，IMF Working Paper.

［60］Blaschke，W. ，M. T. Jones，G. Majnoni and Peria，M. S. M. ，2006：Stress Testing of Financial Systems：An Overview of Issues，Methodologies，and FASP Experiences，IMF Working Papers.

［61］胡辉：《我国金融风险预警机制研究》，江苏大学硕士学位论文，2008 年。

［62］刘志强：《金融危机预警指标体系研究》，载《世界经济》1999 年第 4 期。

［63］刘志强：《国外预警金融危机的方法评价》，载《世界经济》2000 年第 7 期。

［64］唐旭、张伟：《论建立中国金融危机预警系统》，载《经济学动态》2002 年第 6 期。

［65］冯芸、吴冲锋：《货币危机早期预警系统》，载《系统工程理论方法应用》2002 年第 1 期。

［66］张元萍、孙刚：《金融危机预警系统的理论透析与实证分析》，载《国际金融研究》2003 年第 10 期。

［67］张瀛、王浣尘：《货币危机预警综合评价方法研究》，载《统计研究》2004 第 7 期。

［68］石柱鲜、牟晓云：《关于我国外汇风险预警研究——利用三元Logit 模型》，载《金融研究》2005 年第 7 期。

［69］陈守东、陈雷、刘艳武：《中国沪深股市收益率及波动性相关分析》，载《金融研究》2003 年第 7 期。

［70］陈守东、杨莹、马辉：《中国金融风险预警研究》，载《数量经济技术经济研究》2006 年第 7 期。

［71］John Geweke, 1999：Using simulation methods for Bayesian econometric models：inference, development, and communication, Econometric Reviews, Vol. 18, No. 1.

［72］Abanto – Valle, C. A., Bandyopadhyay, D., Lachos, V. H., and Enriquez, I., 2010：Robust Bayesian analysis of heavy-tailed stochastic volatility models using scale mixtures of normal distributions, Computational Statistics & Data Analysis, Vol. 54, No. 12.

［73］刘晓星：《流动性调整地风险价值度量：基于金融高频数据的实证分析》，载《系统工程理论与实践》2009 年第 7 期。

［74］李徐：《流动性风险与市场风险的集成风险度量研究》，复旦大学博士学位论文，2008 年。

［75］李红梅：《中国商业银行整体风险管理研究》，辽宁大学博士学位论文，2010 年。

［76］汪办兴：《中国银行业全面风险管理改进研究》，复旦大学博士学位论文，2007 年。

［77］赵丽琴：《基于 Copula 函数的金融风险度量研究》，厦门大学博士学位论文，2009 年。

［78］Black, F., 1976："Studies of stock market volatility changes", in Proceedings of the American Statistical Association, Business and Economic Statistics Section, Vol. 2.

［79］Yu, J., 2005：On leverage in a stochastic volatility model, Journal of Econometrics, Vol. 127, No. 2.

［80］Escobar Marcos, Olivares Pablo, 2011：Risk management under a factor stochastic volatility model, Asia – Pacific Journal of Operational Research, Vol. 28, No. 1.

［81］A. F. M. Smith and G. O. Roberts, 1993：Bayesian Computation Via the Gibbs Sampler and Related Markov Chain Monte Carlo Methods, Journal of the Royal Statistical Society. Series B (Methodological), Vol. 55, No. 1.

［82］Joanna J. J. Wang and Jennifer S. K. Chan, 2011：Stochastic volatility models with leverage and heavy-tailed distributions：A Bayesian approach using scale mixtures, Computational Statistics & Data Analysis, Vol. 55,

No. 1.

[83] Choy, S. T. B. , and C. M. Chan, 2014: Bayesian estimation of stochastic volatility model via scale mixtures distributions, Proceedings of the Hong Kong International Workshop on Statistics and Finance: An Interface, Imperial College Press.

[84] Yasuhiro Omori and Toshiaki Watanabe, 2008: Block sampler and posterior mode estimation for asymmetric stochastic volatility models, Computational Statistics & Data Analysis, Vol. 52, No. 6.

[85] Tierney L. , 1994: Markov Chains for exploring Posterior Distributions, Annals of Statistics, Vol. 22.

[86] Kim S. , Shepherd N. and Chib S. , 1998: Stochastic volatility: likelihood inference and comparison with ARCH models, Review of Economic Studies, Vol. 65, No. 3.

[87] Carter, C. K. and Kohn R. , 1994: On Gibbs sampling for state space models, Biometrika, Vol. 81.

[88] Omori Y. , Chib S. , Shephard N. and Nakajima J. , 2007: Stochastic volatility with leverage: fast and efficient likelihood inference, Journal of Econometrics, Vol. 140, No. 2.

[89] Durham G. B. , 2006: Monte Carlo methods for estimating, smoothing, and filtering one-and two-factor stochastic volatility models, Journal of Econometrics, Vol. 133, No. 1.

[90] Jacquier, E. , Polson, N. G. and Rossi, P. E. , 2004: Bayesian analysis of stochastic volatility models with fat-tails and correlated errors, Journal of Econometrics, Vol. 122, No. 1.

[91] 刘志刚:《银行信用风险、资本要求和经济周期问题研究》,吉林大学博士学位论文,2008 年。

[92] 马海英:《基于神经网络及 Logistic 回归的混合信用卡评分模型》,载《华东理工大学学报(社会科学版)》2008 年第 2 期。

[93] Juri Marcucci, Mario Quagliariello, 2008: Is bank portfolio riskiness procyclical?: Evidence from Italy using a vector autoregression, Journal of International Financial Markets, Institutions and Money, Vol. 18.

[94] KMV Corporation, 1993: Credit Monitor Overview, San Francisco, California.

［95］ Greg M. Gupton, Christopher C. Finger, Mickey Bhatia, 1997: CreditMetrics™—Technical document, J. P. Morgan & Co. Incorporate, New York.

［96］ Credit Suisse Financial Products, 1997: Credit Risk + : a Credit risk management framework, London: Available at http: //www. csfb. com/ creditrisk.

［97］ J. A. Wilson, 1980: Some Hypergeometric Orthogonal Polynomials, SIAM J. Math. Anal, Vol. 11, No 4.

［98］ British and Bankers, 2000: International Swaps and Derivatives Association and Robert Morris Associates, Operational Risk Management – The Next Frontier, The Journal of Lending & Risk Management, Vol. 3.

［99］ Gordy, J. D. and Bruton L. T. , 2000: Performance evaluation of digital audio watermarking algorithms, Midwest Symposium on Circuits and Systems.

［100］ Nickell, Thomas, 1997: Cooling analysis eliminates fan, reducing weight and power draw, Aircraft Engineering and Aerospace Technology, Vol. 69, No. 3.

［101］ Bhekisipho Twala, 2010: Multiple classifier application to credit risk assessment, Expert Systems with Applications, Vol. 37, No. 4.

［102］ Rosenberg, J. V. and Schuermann, Til. , 2006: A general approach to integrated risk management with skewed, fat-tailed risks, Journal of Financial Economics, Vol. 79, No. 3.

［103］ 沈沛龙、崔婕:《内部评级法中违约损失率的度量方法研究》, 载《金融研究》2005 年第 12 期。

［104］ 庞晓波、孙叶萌、王晨:《基于 ANN 方法对汇率波动非线性的检验与预测比较》, 载《吉林大学社会科学学报》2008 年第 1 期。

［105］ Hopfield, J. J. , 1984: Neurons with graded response have collective computational properties like those of two-state neurons, Proceedings of National Academy of Sciences, Vol. 81, No. 10.

［106］ Kaslik Eva, Sivasundaram Seenith, 2011: Multistability in impulsive hybrid Hopfield neural networks with distributed delays, Nonlinear Analysis: Real World Application, Vol. 12, No. 3.

［107］ Wang, Jiahai, Cai Yiqiao and Yin Jian, 2011: Multi-start stochastic competitive Hopfield neural network for frequency assignment problem in satellite communications, Expert Systems with Applications, Vol. 38, No. 1.

[108] Luonan, Chen, Aihara, Kazuyuki, 1995: Chaotic simulated annealing by a neural network model with transient chaos, Neural Networks, Vol. 8.

[109] B. Winblad, G. Grossberg, L. Frölich, et al., 2007: IDEAL: a 6 – month, double-blind, placebo-controlled study of the first skin patch for Alzheimer disease, Neurology, Vol. 69.

[110] Hughes, C. P., Berg, L., Danziger, W. L., et al., 1982: A new clinical scale for the staging of dementia, The British Journal of Psychiatry, Vol. 140, No. 6.

[111] J. J., Hopfield, 1982: Neural networks and physical systems with emergent collective computational abilities, Proceedings of the National Academy of Sciences, Vol. 79, No. 8.

[112] J. J., Hopfield, 1984: Neurons with graded response have collective computational properties like those of two-state neurons, Proceedings of The National Academy of Sciences, Vol. 81, No. 10.

[113] J. J., Hopfield and D. W. Tank, 1985: "Neural" computation of decisions in optimization problems, Biological Cybernetics, Vol. 52, No. 3.

[114] Vapnik, N., 1995: The Nature of Statistical Learning Theory: Springer.

[115] 吴冲、郭英见、夏晗:《基于模糊积分支持向量机集成的商业银行信用风险评估模型研究》,载《运筹与管理》2009 年第 2 期。

[116] Sejong Y., Saejoon K., 2009: Mutual information-based SVM – RFE for diagnostic classification of digitized mammograms, Pattern Recognition Letters, Vol. 30, No. 16.

[117] V. Vapnik, 1998: Statistical learning Theory, New York: John Wiley & Sons.

[118] Everthon, S. F., Rodrigo, C. G., 2007: Wavelet time-frequency analysis and least squares support vector machines for the identification of voice disorders, Computers in Biology and Medicine, Vol. 37, No. 4.

[119] S. Iplikci, 2010: Support vector machines based neuro-fuzzy control of nonlinear systems, Neurocomputing, Vol. 73, No. 10.

［120］Mathias M. A. and Mohamed C. , 2009: Model selection for the LS – SVM. Application to handwriting recognition, Pattern Recognition, Vol. 42, No. 12.

［121］Olivier Devos and Cyril Ruckebusch, et al. , 2009: Support vector machines（SVM）in near infrared（NIR）spectroscopy: Focus on parameters optimization and model interpretation, Chemometrics and Intelligent Laboratory Systems, Vol. 96, No. 1.

［122］S. Lafuente – Arroyo and S. Salcedo – Sanz, et al. , 2010: A decision support system for the automatic management of keep-clear signs based on support vector machines and geographic information systems, Expert Systems with Applications, Vol. 37, No. 1.

［123］L. A. Zadeh 1979: Fuzzy Sets and Information Granularity: Fuzzy Sets, Fuzzy Logic, And Fuzzy Systems: Selected Papers by Lotfi A Zadeh.

［124］Yaman D. , Polat S. , 2009: A fuzzy cognitive map approach for effect-based operations: An illustrative case, Information Sciences, Vol. 179, No. 4.

［125］张耀军:《农业银行操作风险管理研究》, 哈尔滨工程大学硕士学位论文, 2009 年。

［126］潘建国:《基于非直接损失性的商业银行操作风险度量研究》, 天津财经大学博士学位论文, 2007 年。

［127］汪办兴:《中国银行业全面风险管理改进研究》, 复旦大学博士学位论文, 2007 年。

［128］陈晓慧、吴应宇:《基于 ERM 的商业银行操作风险生态内部控制系统研究》, 载《金融论坛》2008 年第 7 期。

［129］袁德磊、赵定涛:《基于媒体报道的国内银行业操作风险损失分布研究》, 载《国际金融研究》2007 年第 2 期。

［130］冯梅:《我国商业银行操作风险的内部控制研究》, 山东经济学院硕士学位论文, 2010 年。

［131］田华、童中文:《操作风险测度的内外部数据混合方法》, 载《系统工程》2008 年第 10 期。

［132］陆静、唐小我:《基于贝叶斯网络的操作风险预警机制研究》, 载《管理工程学报》2008 年第 4 期。

［133］卢安文、任玉珑、唐浩阳:《基于贝叶斯推断的操作风险度量

模型研究》，载《系统工程学报》2009 年第 3 期。

［134］Armagan Artin, Zaretzki Russell L, 2011：A note on mean-field variational approximations in Bayesian probit models, Computational Statistics and Data Analysis, Vol. 55, No. 4.

［135］Fatemeh Hosseini, Mohsen Mohammadzadeh, Jo Eidsvik, 2011：Approximate Bayesian inference in spatial GLMM with skew normal latent variables, Computational Statistics and Data Analysis, Vol. 55, No. 4.

［136］G. Consonni, J. M. Marin, 2007：Mean-field variational approximate Bayesian inference for latent variable models, Computational Statistics & Data Analysis, Vol. 52, No. 2.

［137］Lerner, Boaz and Malka, Roy, 2011：Investigation of the K2 algorithm in learning Bayesian network classifiers, Applied Artificial Intelligence, Vol. 25, No. 1.

［138］卢安文：《我国商业银行操作风险形成机理及度量模型研究》，重庆大学博士学位论文，2010 年。

［139］莫建明：《基于损失分布法的重尾性操作风险的度量精度与管理研究》，电子科技大学博士学位论文，2009 年。

［140］佟欣、许健：《商业银行操作风险预警指标体系研究》，载《管理评论》2010 年第 1 期。

［141］王双成、刘喜华、张丕强：《用于操作风险分析的小样本贝叶斯网络结构学习》，载《系统管理学报》2008 年第 4 期。

［142］施乃骏：《基于贝叶斯网络软件项目风险管理系统的研究》，上海交通大学硕士学位论文，2008 年。

［143］张金清、李徐：《资产组合的集成风险度量及其应用——基于最优拟合 Copula 函数的 VaR 方法》，载《系统工程理论与实践》2008 年第 6 期。

［144］周孝华、张燕：《一种新的风险价值（VaR）计算方法及其应用研究》，载《管理学报》2008 年第 6 期。

［145］Philippe Jansen and Hiroshi Mizuta, et al. , 1996：Theoretical study of tunneling current in the access region of various heterojunction field-effect transistor structures, Journal of Applied Physics, Vol. 79, No. 7.

［146］Danielsson J. and C. G. de Vries. , 2000：Value at Risk and Extreme Returns, Annales Deconomie Et De Statistique, Vol. 60, No. 60.

［147］ Dempster, M. A. H. 2002：Risk Management：Value at Risk and Beyond, Cambridge University Press.

［148］王春峰、万海晖、张维：《金融市场风险测量模型——VaR》，载《系统工程学报》2000 年第 1 期。

［149］戴国强、徐龙炳、陆蓉：《VaR 方法对我国金融风险管理的借鉴及应用》，载《金融研究》2000 年第 7 期。

［150］Katz Y. , Kupiec M. , Bussiba A. , 1995：The Frequency role on cyclic damage：reflection on electronic materials/devices, Journal of Materials Processing Technology, Vol. 53, No. 53.

［151］陈守东、孔繁利、胡铮洋：《基于极值分布理论的 VaR 与 ES 度量》，载《数量经济技术经济研究》2007 年第 3 期。

［152］覃筱、任若恩：《基于极值相依性的金融危机共生强度研究》，载《财经研究》2010 年第 10 期。

［153］江涛：《基于 GARCH 与半参数法 VaR 模型的证券市场风险的度量和分析：来自中国上海股票市场的经验证据》，载《金融研究》2010 年第 6 期。

［154］方立兵、郭炳伸、曾勇：《GARCH 模型的预测能力比较：一种半参数方法》，载《数量经济技术经济研究》2010 年第 4 期。

［155］Zakoian J M. 1994：Threshold heteroskedastic models, Journal of Quantitative Economics and Technical Economics Research, Vol. 3.

［156］Lars Peter Hansen, 1982：Large Sample Properties of GMM Estimators, Econometrica, Vol. 50, No. 4.

［157］洪宁、万建平：《广义矩估计及其在资产定价模型中的应用》，应用数学，2006 年第 s1 期。

［158］Reinhart C. M. and Rogoff K. S. , 2009：This time is different：Eight centuries of financial folly, Princeton and Oxford：Princeton University Press.

［159］高岳、朱宪辰：《基于极值理论的同业拆借利率风险度量——基于 AR – GARCH – POT 方法的 VaR 值比较研究》，载《数量经济技术经济研究》2009 年第 8 期。

［160］James Pickands Iii, 1975：Statistical Inference Using Extreme Order Statistics, The Annals of statistics, Vol. 3, No. 1.

［161］Demirguc – Kunt Asli, Detragiache E, 1998：The determinants of banking crises in developing and developed countries, IMF Economic Review, Vol. 45, No. 1.

[162] Qin Xiao, REN Ruo-en, 2010: Modeling the Intensity of Twin Crises Based on Extreme-value Dependence, Journal of Finance and Economics.